utb 4320

Eine Arbeitsgemeinschaft der Verlage

Böhlau Verlag · Wien · Köln · Weimar
Verlag Barbara Budrich · Opladen · Toronto
facultas · Wien
Wilhelm Fink · Paderborn
A. Francke Verlag · Tübingen
Haupt Verlag · Bern
Verlag Julius Klinkhardt · Bad Heilbrunn
Mohr Siebeck · Tübingen
Nomos Verlagsgesellschaft · Baden-Baden
Ernst Reinhardt Verlag · München · Basel
Ferdinand Schöningh · Paderborn
Eugen Ulmer Verlag · Stuttgart
UVK Verlagsgesellschaft · Konstanz, mit UVK/Lucius · München
Vandenhoeck & Ruprecht · Göttingen · Bristol
Waxmann · Münster · New York

Für Heidi,

Max, Hans, Leonel und Hannes

Michael Bohnet

Geschichte der deutschen Entwicklungspolitik

Strategien
Innenansichten
Zeitzeugen
Herausforderungen

UVK Verlagsgesellschaft mbH · Konstanz
mit UVK/Lucius · München

Prof. Dr. habil. Michael Bohnet ist Professor für Volkswirtschaftslehre und Ministerialdirektor i.R.
Er war sowohl Leiter der multilateralen als auch der bilateralen Abteilung und in dieser Funktion stellvertretender Staatssekretär im Bundesministerium für wirtschaftliche Zusammenarbeit und Entwicklung (BMZ).
Er war ferner Sonderbeauftragter des BMZ für den Wiederaufbau Afghanistans und Beauftragter des BMZ für die neuen EU-Länder.

Lob und Kritik

Wir freuen uns darüber, dass Sie sich für ein UTB-Lehrbuch entschieden haben und hoffen, dass Sie dieses Buch in Ihrem Studium sinnvoll unterstützt.

Für Lob und Kritik haben wir stets ein offenes Ohr: Schreiben Sie uns einfach eine E-Mail an das Lektorat (wirtschaft@uvk.de).

Online-Angebote oder elektronische Ausgaben sind erhältlich unter www.utb-shop.de.

Bibliografische Information der Deutschen Bibliothek
Die Deutsche Bibliothek verzeichnet diese Publikation in der Deutschen Nationalbibliografie; detaillierte bibliografische Daten sind im Internet über <http://dnb.ddb.de> abrufbar.

Lektorat: Rainer Berger
Einbandgestaltung: Atelier Reichert, Stuttgart
Einbandmotiv: © chones – Fotolia.com
Druck und Bindung: fgb · freiburger graphische betriebe, Freiburg

UVK Verlagsgesellschaft mbH
Schützenstr. 24 · 78462 Konstanz
Tel. 07531/9053-0 · Fax 07531/9053-98
www.uvk.de

UTB-Nr. 4320
ISBN 978-3-8252-4320-3

Vorwort

Die vergangenen 60 Jahre deutscher Entwicklungspolitik waren geprägt durch ein *Wechselbad unterschiedlicher strategischer Ansätze* – deutschlandpolitische, außenpolitische, sicherheitspolitische, wirtschaftspolitische, rohstoffpolitische, umweltpolitische und friedenspolitische Interessen waren und sind durchwoben von moralisch-humanitären Motiven. Dieses Buch verdeutlicht den häufigen *Paradigmenwechsel* in der deutschen Entwicklungspolitik.

Auf den folgenden Seiten beschreibe und bewerte ich die *Strategien, Inhalte und Ergebnisse* von 14 Etappen deutscher Entwicklungspolitik, beginnend mit den mühseligen Anfängen in den 1950er-Jahren und dem ersten Entwicklungsminister Walter Scheel in der ersten Hälfte der 1960er-Jahre bis hin zum Entwicklungsminister Gerd Müller heute.

Das erste Kapitel skizziert die Kernelemente der deutschen Entwicklungspolitik. Es definiert Ziele, Arten, Instrumente und Formen der Entwicklungspolitik und vermittelt Ihnen dadurch einen guten Einstieg. Diese Begriffsklärungen erleichtern es Ihnen, die in den folgenden Kapiteln genannten Fachausdrücke zu verstehen und in einen Gesamtzusammenhang einzuordnen.

Um den *zeitgeschichtlichen Hintergrund* zu verdeutlichen, werden Äußerungen einzelner Minister an verschiedenen Stellen im Originalwortlaut wiedergegeben und zu allen Epochen deutscher Entwicklungspolitik Stimmen von *Zeitzeugen* aufgenommen. Sie erläutern und bewerten die entwicklungspolitischen Inhalte der einzelnen Phasen und die Arbeit der verschiedenen Minister.

Das Buch schließt mit einer *Bilanz*. *Fortschritte* und *Rückschläge* werden deutlich benannt.

Die *Erfolgsgeschichten* betreffen vor allem die verbesserte wirtschaftliche und soziale Lage in Entwicklungsländern – auch in

Afrika. Angesichts einer Medienlandschaft, in der oft gilt: „bad news sells“, zeige ich anhand faktenbasierten Wissens auf, wie sich in den letzten 20 bis 30 Jahren die Armut, die Kinder- und Müttersterblichkeit, die Ausbreitung von Tuberkulose, Malaria und AIDS verringert haben und wie sich der Grundschulbesuch und der Zugang zu sauberem Trinkwasser drastisch erhöht haben – auch in Afrika. Das ist eine Erfolgsgeschichte, die in der Öffentlichkeit weitgehend unbekannt ist, da sie überdeckt wird durch aktuelle Katastrophenmeldungen, z. B. Ebola in Liberia, Guinea und Sierra Leone oder politische Krisen in Syrien, in der Zentralafrikanischen Republik, Mali und Südsudan.

Ich schildere allerdings auch die Rückschläge: Die *Misserfolgsgeschichten* betreffen vor allem die Hungerbekämpfung und die ökologische Lage (Zerstörung der Wälder, Verlust der Artenvielfalt, Anstieg der Treibhausgasemissionen, Überfischung der Meere). Der Anteil der Entwicklungspolitik an diesen positiven und negativen Entwicklungen wird deutlich benannt.

Der Blick in die Zukunft verlangt von der Entwicklungspolitik einen intelligenten *strategischen* Mix, denn in den vergangenen Jahren wurde die Welt von zwei heftigen Turbulenzen erschüttert, der globalen Finanzkrise und der Nahrungsmittelkrise. Hinzu kommt ein drastischer Klimawandel als eine Art Schiffbruch in Zeitlupe. Diese drei Faktoren zusammen haben unsere Vorstellung davon, wie sich die Welt entwickelt, gründlich verändert. Hier gilt es, „neu zu denken“ und unkonventionelle entwicklungspolitische Antworten zu finden. Das Buch zeigt deswegen *neun große Herausforderungen* auf dem Weg von der *Entwicklungszusammenarbeit zur globalen Kooperation* auf.

Die nächsten Jahrzehnte werden entscheiden, ob Armut und Hunger ebenso Geschichte werden wie die Sklaverei oder ob ein neues von Konflikten und Chaos bestimmtes Zeitalter die Fortschritte der vergangenen 60 Jahre wieder zunichtemachen wird.

Zusatzbemerkung

Konkrete Politik wird nicht nur von Ministern gemacht, die entscheidenden Akteure sind daneben die Staatssekretäre und die Mitarbeiterinnen und Mitarbeiter der entwicklungspolitischen Institutionen. Deshalb werden in einem Anhang die Namen aller Minister, aller beamteten und parlamentarischen Staatssekretäre, der Abteilungsleiter (die sog. politischen Beamten) und der Unterabteilungsleiter des BMZ von 1961 bis heute aufgeführt. Auch die Vorsitzenden des Ausschusses für wirtschaftliche Zusammenarbeit und Entwicklung im Deutschen Bundestag von 1961 bis heute werden genannt. Ferner werden Organisationspläne aus allen Perioden des BMZ zugänglich gemacht, aus denen die Namen aller Referatsleiter seit 1961 bis heute zu ersehen sind. Des Weiteren wird eine Liste wichtiger entwicklungspolitischer Institutionen (mit dem Namen der derzeit Verantwortlichen) beigefügt.

Politik wird nicht nur „von oben" gemacht, sondern entscheidend auch von den Mitarbeiterinnen und Mitarbeitern in den Ministerien im Zusammenspiel mit den Durchführungsorganisationen, mit dem Parlament und vielen zivilgesellschaftlichen Gruppen. Da in historischen Abhandlungen fast ausschließlich die „Oberen" genannt werden, halte ich es für angemessen und notwendig, *stellvertretend für die entwicklungspolitische Community* die Namen der BMZ-Personen aus den vergangenen über 60 Jahren zu nennen, die die eigentlichen „Gestalter" waren.

Danksagung

An dieser Stelle möchte ich insbesondere Herrn Dipl. oec. Rainer Berger danken, der als verantwortlicher Lektor des UVK Verlages das Buch in all seinen Phasen äußerst kundig und wirkungsvoll betreut hat. Ihm verdanke ich viele wertvolle Hinweise.

Ich danke auch den zahlreichen Zeitzeugen, die durch ihre konstruktiven und kritischen Beiträge, die in diesem Buch abgedruckt sind, dem Buch die richtige Würze gegeben haben.

Ferner danke ich meiner langjährigen Sekretärin Frau Elke Treu, die durch ihren unermüdlichen Einsatz, ihren bewundernswerten Fleiß, ihre Sachkunde und ihre Geduld das Buch erst ermöglicht hat.

Mein Dank gilt auch meiner Frau Dr. Heidi Bohnet-von der Thüsen, die als Lektorin – jahrzehntelang beim Piper Verlag München tätig – darauf verzichtet hat, den Rotstift zu ziehen. Sie wusste mich bei Herrn Rainer Berger in besten Händen.

Organisationspläne

Die Organisationspläne des BMZ aus den unterschiedlichen Epochen finden Sie online:
www.uvk-lucius.de/bohnet

Inhalt

Abkürzungsverzeichnis

AA	Auswärtiges Amt
ADB	Asian Development Bank
AfDB	African Development Bank
AGEH	Arbeitsgemeinschaft für Entwicklungshilfe e. V.
AIDS	Acquired Immunodeficiency Syndrom
AKP	Afrikanische, Karibische und Pazifische Staaten
AvH	Alexander von Humboldt-Stiftung
AwZ	Ausschuss für wirtschaftliche Zusammenarbeit
BfE	Bundesstelle für Entwicklungshilfe
BGR	Bundesanstalt für Geowissenschaften und Rohstoffe
BK	Betriebliche Kooperation
BM	Bundesminister
BMWi	Bundesministerium für Wirtschaft
BMZ	Bundesministerium für wirtschaftliche Zusammenarbeit und Entwicklung
BRICS-Länder	Brasilien, Russland, Indien, China, Südafrika
BSP	Bruttosozialprodukt
CDG	Carl Duisberg Gesellschaft e. V.
CFI	Christliche Fachkräfte International
CIC	Center for International Cooperation
CSR	Corporate Social Responsibility
DAAD	Deutscher Akademischer Austauschdienst
DAC	Development Assistance Committee
DDR	Deutsche Demokratische Republik
DED	Deutscher Entwicklungsdienst
DEG	Deutsche Investitions- und Entwicklungsgesellschaft

DEVAL	Deutsches Evaluierungsinstitut der Entwicklungszusammenarbeit
DFB	Deutscher Fußballbund
DFG	Deutsche Forschungsgemeinschaft
DGVN	Deutsche Gesellschaf für die Vereinten Nationen
DIE	Deutsches Institut für Entwicklungspolitik
DIHT	Deutscher Industrie- und Handelstag
DOSB	Deutscher Olympischer Sportbund
DSE	Deutsche Stiftung für internationale Entwicklung
DSU	Deutsche Soziale Union
DÜ	Dienste in Übersee
EED	Evangelischer Entwicklungsdienst
EF	Entwicklungspolitisches Forum
EG	Europäische Gemeinschaft
Eirene	Internationaler Christlicher Friedensdienst
EKD	Evangelische Kirche Deutschlands
ERP	European Recovery Programm
ERT	Entwicklungspolitischer Runder Tisch
EU	Europäische Union
EZ	Entwicklungszusammenarbeit
FAO	Food and Agriculture Organization of the United Nations
FCKW	Fluorchlorkohlenwasserstoff
FZ	Finanzielle Zusammenarbeit
GAWi	Garantie Abwicklungsgesellschaft
GEP	Globale Entwicklungspartner
GEF	Global Environmental Facility
G7/G8	Gruppe der sieben großen westlichen Industrieländer (Deutschland, Frankreich, Großbritannien, Italien, Japan, Kanada, USA) und Russland
GIZ	Deutsche Gesellschaft für Internationale Zusammenarbeit
GSG 9	Grenzschutztruppe 9 der Bundespolizei

GTZ	Deutsche Gesellschaft für Technische Zusammenarbeit
HIPC	Highly Indebted Poor Countries
HIV	Human Immunodeficiency Virus
HO	Handelsorganisation der DDR
IDA	International Development Association
IFAD	Internationaler Fonds für Landwirtschaft und Entwicklung
IG Metall	Industriegewerkschaft Metall
IMF	International Monetary Fund
INEF	Institut für Entwicklung und Frieden
InWEnt	Internationale Weiterbildung und Entwicklung gGmbH
IRA	Interministerieller Referentenausschuss
ISAF	International Security Assistance Force
IUCN	International Union for Conservation of Nature
IWF	Internationaler Währungsfonds
KfW	Kreditanstalt für Wiederaufbau
LDC	Least Developed Countries
MDB	Mitglied des Bundestages
MDG	Millennium Development Goals
MIGA	Multilateral Investment Guarantee Agency
Misereor	Bischöfliches Hilfswerk (lat. Misereor „Ich erbarme mich")
MWZ	Ministerium für wirtschaftliche Zusammenarbeit der DDR
NATO	North Atlantic Treaty Organization
NGO	Non-Governmental Organization
NRO	Nichtregierungsorganisation
ODA	Official Development Assistance
ODI	Overseas Development Institute
OECD	Organization for Economic Cooperation and Development

OMVG	Organisation pour la Mise en Valeur du Fleuve Gambie
OMVS	Organisation pour la Mise en Valeur du Fleuve Sénégal
OPEC	Organization for Petroleum Exporting Countries
PPP	Public Private Partnership
PSPPA	Poverty and Social Policy Programme for Africa
PTB	Physikalisch-Technische Bundesanstalt
SADCC	Southern Africa Development Coordination Conference
SDG	Sustainable Development Goals
SED	Sozialistische Einheitspartei Deutschlands
SEF	Stiftung Entwicklung und Frieden
SES	Senior Experten Service
S24/E31	Sonderheit 24/Einheit 31
TOSD	Total Official Support for Development
TZ	Technische Zusammenarbeit
UdSSR	Union der Sozialistischen Sowjetrepubliken
UN	United Nationes
UNCCD	United Nations Convention to Combat Desertification
UNCED	United Nations Conference on Environment and Development
UNDP	United Nations Development Programme
UNEP	United Nations Environment Programme
UNFCCC	United Nations Framework Convention on Climate Change
UNFPA	United Nations Population Fund
UN-Habitat	United Nations Human Settlerments Programme
UNHCR	United Nations High Commissioner for Refugees
UNICEF	United Nations International Children's Emergency Fund

UNIFEM	United Nations Development Fund for Women
UNV	United Nations Volunteers
UVP	Umweltverträglichkeitsprüfung
VENRO	Verband Entwicklungspolitik deutscher Nichtregierungsorganisationen
VN	Vereinte Nationen
WBGU	Wissenschaftlicher Beirat der Bundesregierung Globale Umweltveränderungen
WFD	Weltfriedensdienst
WFP	World Food Programme
ZEF	Zentrum für Entwicklungsforschung
ZEi	Zentrum für Europäische Integration
ZFD	Ziviler Friedensdienst

1 Grundwissen Entwicklungspolitik

Definitionen

Die *Entwicklungspolitik* umfasst alle Maßnahmen der Industrieländer zur Förderung der sozialen, ökonomischen und ökologischen Entwicklung in Entwicklungsländern.

Der Begriff *Entwicklungsland* wird häufig unscharf verwendet, denn eine einheitliche Definition gibt es nicht. Entwicklungsländer weisen in der Regel gemeinsame Merkmale auf: Unterernährung größerer Gruppen der Bevölkerung, Armut im Sinne eines niedrigen Pro-Kopf-Einkommens und mangelnder Teilhabe am gesellschaftlichen und politischen Prozess, schlechte Gesundheitsversorgung, unzureichende Bildungsmöglichkeiten, hohe Arbeitslosigkeit sowie eine extrem ungleiche Einkommens- und Vermögensverteilung.

Eine Liste der Entwicklungsländer hat der Entwicklungsausschuss (DAC) der OECD erstellt. Diese Liste wird ständig aktualisiert. Über die Website des BMZ kann diese Liste eingesehen werden:

www.bmz.de/de/ministerium/zahlen_fakten/hintergrund/dac_länderliste

Ziele

Die deutsche Entwicklungspolitik verfolgt vier Ziele:

[1] die weltweite Armut zu bekämpfen,

[2] den Frieden zu sichern und Demokratie zu verwirklichen,

[3] die Globalisierung gerecht zu gestalten und

[4] die Umwelt zu schützen.

Diese Anliegen ergänzen sich gegenseitig und stehen in einem inneren Wirkungszusammenhang.

Arten

Unter Entwicklungspolitik im engeren Sinne versteht man die Entwicklungszusammenarbeit. Die Entwicklungspolitik im weiteren Sinne ist die globale Strukturpolitik.

Entwicklungspolitik im engeren Sinne (Entwicklungszusammenarbeit)

Der Entwicklungsausschuss der Organisation für wirtschaftliche Zusammenarbeit und Entwicklung (Development Assistance Commitee, DAC) definiert *Öffentliche Entwicklungszusammenarbeit* (Official Development Assistance, ODA) als Leistungen der OECD-Länder, die von öffentlichen Stellen stammen und

- in Form von Zuschüssen oder Darlehen gewährt werden, was im Falle der Darlehen bedeutet, dass die Mittel ein Zuschusselement von 25 Prozent aufweisen müssen (Konzessionalität),
- dem Hauptziel der Förderung der wirtschaftlichen und sozialen Entwicklung von Entwicklungsländern dienen und
- an Entwicklungsländer bzw. Staatsangehörige von Entwicklungsländern oder an internationale Organisationen zugunsten von Entwicklungsländern vergeben werden.[1]

In der entwicklungspolitischen Praxis wird zwischen *bilateraler und multilateraler* Entwicklungszusammenarbeit unterschieden: Bilaterale Entwicklungszusammenarbeit wird von einem einzelnen Staat, multilaterale Entwicklungszusammenarbeit hingegen von einer internationalen Einrichtung vergeben. Grundsätzlich bevorzugen staatliche Geber die bilaterale gegenüber der multilateralen Entwicklungszusammenarbeit, nur knapp 30 Prozent wird über multilaterale Stellen (einschließlich der EU) zur Verfügung gestellt.

Bilaterale Entwicklungszusammenarbeit

Im Rahmen der bilateralen staatlichen Zusammenarbeit unterstützt die Bundesregierung Projekte und Programme der Partner. Sie leistet ihre Beiträge unmittelbar an ein Partnerland und schließt mit ihm darüber völkerrechtlich gültige Verträge ab.

Die staatliche bilaterale Entwicklungszusammenarbeit verfügt im Wesentlichen über folgende *Instrumente*:

- *Finanzielle Zusammenarbeit (FZ)*: Sie dient überwiegend dem Aufbau leistungsfähiger Strukturen sowie der Finanzierung von Sachgütern bzw. Anlageinvestitionen und wird den Entwicklungsländern in der Regel in Form günstiger Kredite – für ärmste Entwicklungsländern (LDC) als nichtrückzahlbare Finanzierungsbeiträge – zur Verfügung gestellt. Bei der Finanziellen Zusammenarbeit werden vornehmlich Investitionen zum Ausbau der sozialen und wirtschaftlichen Infrastruktur, zum Umwelt-, Klima- und Ressourcenschutz sowie zur Stärkung des Finanzsektors finanziert.
- *Technische Zusammenarbeit (TZ):* Sie hat vor allem die Aufgabe, die Fähigkeiten von Menschen, Organisationen und Gesellschaften in den Partnerländern zu erhöhen (Capacity Development). Technische Zusammenarbeit umfasst unter anderem folgende Leistungen: Beratung durch Fachkräfte, Finanzierung von Beratungsleistungen, Bereitstellung von Ausrüstung und Material für die Ausstattung der geförderten Einrichtungen und die Erstellung von Studien und Gutachten. Die Leistungen der Technischen Zusammenarbeit werden unentgeltlich erbracht.

Das Bundesministerium für wirtschaftliche Zusammenarbeit und Entwicklung beauftragt *Durchführungsorganisationen* mit der konkreten Umsetzung der entwicklungspolitischen Vorhaben der Bundesregierung. Die verantwortliche Organisation für die

- finanzielle Zusammenarbeit ist die
  Kreditanstalt für Wiederaufbau Entwicklungsbank (KfW),
- technische Zusammenarbeit die
  Deutsche Gesellschaft für Internationale Zusammenarbeit (GIZ).

In Einzelfällen werden die Leistungen auch direkt von der Bundesregierung erbracht, z.B. von der *Bundesanstalt für Geowissen-*

schaften und Rohstoffe (BGR) oder der *Physikalisch-Technischen Bundesanstalt (PTB)*.

Neben der staatlichen technischen Zusammenarbeit, die im Auftrag der Bundesregierung geleistet wird, umfasst die bilaterale Zusammenarbeit auch die *nicht-staatliche Zusammenarbeit*, in deren Rahmen private Träger in eigener Verantwortung – aber gefördert mit staatlichen Zuschüssen – TZ-Maßnahmen durchführen.

Auch *Nahrungsmittel-*, *Not- und Flüchtlingshilfe*, die *Ernährungssicherungsprogramme* und die Förderung der *Zusammenarbeit mit der deutschen Wirtschaft* mit Entwicklungsländern sind Formen der bilateralen Zusammenarbeit.

Zu den *zivilgesellschaftlichen Organisationen*, deren eigene Entwicklungsarbeit die Bundesregierung seit über 40 Jahren fördert, gehören

- *die Kirchen* (Evangelischer Entwicklungsdienst, Misereor),
- *politische Stiftungen* (Konrad-Adenauer-Stiftung, Hanns-Seidel-Stiftung, Friedrich-Ebert-Stiftung, Friedrich-Naumann-Stiftung, Heinrich-Böll-Stiftung, Rosa-Luxemburg-Stiftung),
- *private Träger* (z. B. Welthungerhilfe, Kolping International, Terres des Hommes, Deutscher Genossenschaft- und Raiffeisenverband, Kindernothilfe, Deutscher Volkshochschulverband, Weltfriedensdienst, Andheri-Hilfe, Karl-Kübel-Stiftung, Don Bosco Mondo e. V.)

Die Förderung zivilgesellschaftlicher Organisationen macht etwa 10 Prozent an den Gesamtausgaben des BMZ-Haushaltes aus.

Zur Lösung globaler Strukturprobleme werden weltweit engagierte akademische Führungskräfte benötigt. Mit vielfältigen Programm-Maßnahmen fördert das Ministerium daher im Rahmen der *Wissenschafts- und Hochschulkooperation* die Anbindung der Partnerländer an globale Wissensnetze und die Qualifizierung akademischer Fach- und Führungskräfte in entwicklungsrelevanten Sektoren. Dazu zählen die Programme des *Deutschen Akademischen Austauschdienstes (DAAD)*, der *Alexander von Hum-*

boldt-Stiftung (AVH) und der *Deutschen Forschungsgemeinschaft (DFG)*, die auch vom BMZ finanziell gefördert werden.

Das BMZ arbeitet in der bilateralen Entwicklungszusammenarbeit mit folgenden Partnerländern zusammen.

Tab. 1: Bilaterale entwicklungspolitische Zusammenarbeit: Kooperationsländer mit bilateralem Länderprogramm

Region	Kooperationsland
Asien	Afghanistan, Bangladesch, Indien, Indonesien, Kambodscha, Kirgistan, Laos, Mongolei, Nepal, Pakistan, Tadschikistan, Usbekistan, Vietnam
Südosteuropa/ Kaukasus	Albanien, Kosovo, Serbien, Ukraine
Lateinamerika und Karibik	Bolivien, Brasilien, Ecuador, Guatemala, Honduras, Kolumbien, Mexiko, Peru
Naher Osten	Ägypten, Jemen, Palästinensische Gebiete
Afrika	Äthiopien, Benin, Burkina Faso, Burundi, Ghana, Kamerun, Kenia, Demokratische Republik Kongo, Mali, Malawi, Marokko, Mauretanien, Mosambik, Namibia, Niger, Ruanda, Sambia, Südafrika, Südsudan, Tansania, Togo, Uganda

Tab. 2: Bilaterale entwicklungspolitische Zusammenarbeit: Kooperationsländer mit fokussierter regionaler oder thematischer Zusammenarbeit

Region	Kooperationsland
Asien	Myanmar, Philippinen, Sri Lanka, Timor-Leste, Länderübergreifende Zusammenarbeit Zentralasien (bezieht auch die Länder Kasachstan und Turkmenistan mit ein)
Südosteuropa/ Kaukasus	Bosnien und Herzegowina, Kaukasus-Initiative (Armenien, Aserbaidschan, Georgien), Moldau
Lateinamerika und Karibik	Karibik-Programm (Dominikanische Republik, Haiti, Kuba), Costa Rica, El Salvador, Nicaragua, Paraguay
Naher Osten	Jordanien, Syrien
Afrika	Algerien, Programm „Fragile Staaten Westafrika“ (Côte d'Ivoire, Sierra Leone, Liberia, Guinea), Madagaskar, Nigeria, Senegal, Tunesien

Thematische Schwerpunkte der deutschen Entwicklungszusammenarbeit sind: Bildung, Gesundheit, ländliche Entwicklung, gute Regierungsführung, Klimaschutz und nachhaltige wirtschaftliche Entwicklung. Leitprinzip ist dabei der Schutz der Menschenrechte.

Multilaterale Entwicklungszusammenarbeit

Lösungen für die immer dringender werdenden globalen Entwicklungsprobleme mit weltweiten Ursachen und Auswirkungen können nicht von einzelnen Staaten alleine gefunden werden, sie erfordern multilaterale Zusammenarbeit.

Die wichtigsten Institutionen der multilateralen Entwicklungszusammenarbeit, die die Bundesregierung finanziell unterstützt, sind

- der *Europäische Entwicklungsfonds* und das *Entwicklungszusammenarbeitsbudget* der Europäischen Union,
- die *Weltbankgruppe*,
- die Asiatische, Lateinamerikanische, Karibische und die Afrikanische Entwicklungsbank (*Regionalbanken*),
- die *UN-Fonds und Programme* (wie z. B. UNDP, UNFPA, UNIFEM, UNICEF, WFP, UNHCR und UN-Habitat),
- der *Globale Fonds zur Bekämpfung von AIDS, Tuberkulose und Malaria.*

Entwicklungspolitik im weiteren Sinne (globale Strukturpolitik)

Entwicklungspolitik im weiteren Sinne wird als globale Strukturpolitik bezeichnet. Unterschieden werden vier Arten von Globalisierung, die

- ökonomische Globalisierung,
- soziale Globalisierung,
- ökologische Globalisierung und
- politische Globalisierung.

Wenn sich Probleme globalisieren, muss sich auch die Politik globalisieren, d. h. globale Verantwortung übernehmen und Strukturen aufbauen, die globales Handeln ermöglichen. Der Versuch zur Bewältigung von globalen Herausforderungen heißt *Global Governance* (globale Ordnungspolitik). Global Governance hat die Aufgabe, die Globalisierung politisch so zu gestalten, dass deren Risiken minimiert und deren Chancen optimiert sowie Ungerechtigkeiten abgebaut werden. Entwicklungspolitik wird also als *globale Strukturpolitik* definiert, deren Ziel es ist, die wirtschaftlichen, sozialen, ökologischen und politischen Verhältnisse in den Entwicklungsländern zu verbessern und einen Beitrag zur Mitgestaltung der globalen Ordnungspolitik zu leisten. Dabei lassen sich vier Ansatzpunkte unterscheiden:

- *Ökonomische Globale Ordnungspolitik:*
  Regeln für eine gerechtere Welthandelsordnung, internationale Regeln gegen das Unterwandern national-staatlicher Steuergesetze, die Einführung internationaler Steuern und Abgaben.
- *Soziale Globale Ordnungspolitik:*
  Internationale Sozialstandards, Kernarbeitsnormen, Kampf gegen Kinderarbeit, Sozialklauseln, Soziale Gütesiegel, Global Compact.
- *Ökologische Globale Ordnungspolitik:*
  Insbesondere Klimarahmenkonvention, Artenvielfaltkonvention, Montrealer Protokoll zur FCKW-Minderung, Wüstenkonvention.
- *Politische Globale Ordnungspolitik:*
  Internationaler Strafgerichtshof, reformierter Weltsicherheitsrat, Idee: UN-Sicherheitsrat für wirtschaftliche und soziale Rechte.

Schließlich hat die Entwicklungspolitik den Auftrag, einen Beitrag zur „Weltinnenpolitik", die Carl-Friedrich von Weizsäcker in den 1960er-Jahren bereits vorgedacht hat, zu leisten.

Erfolgskontrolle

Entwicklungszusammenarbeit ist nur dann erfolgreich, wenn die finanziellen und personellen Mittel sinnvoll und effektiv eingesetzt werden. Daher überprüft das BMZ nicht nur regelmäßig die ordentliche Verwendung der eingesetzten Haushaltsmittel, sondern lässt die entwicklungspolitische Wirksamkeit seiner Vorhaben zusätzlich im Rahmen sog. *Evaluierungen* überprüfen. Das Ministerium verfügt über ein umfangreiches Instrumentarium, mit dem es die Vorhaben auswertet. Hierzu zählen Feldforschungen, Wirkungsanalysen, Befragungen, Ex-post-Analysen und internationale Vergleiche. So kann es aus Rückschlägen lernen und Erfolge auf andere Vorhaben übertragen. Zur Stärkung der Unabhängigkeit der Evaluierung hat das BMZ ein eigenes Evaluierungsinstitut mit Sitz in Bonn gegründet – das Deutsche Evaluierungsinstitut der Entwicklungszusammenarbeit (DEval).

Auf der Website 🖱 www.deval.org kann das Evaluierungsprogramm, aktuelle Evaluierungen und Berichte eingesehen werden.

2 Die mühseligen Anfänge der deutschen Entwicklungspolitik (1953–1961)

Die ersten entwicklungspolitischen Versuche im Wirtschaftsministerium und im Auswärtigen Amt sowie Gründung des Bundesministeriums für wirtschaftliche Zusammenarbeit.

Beschreibung und Wertung

Die Anfänge der Entwicklungszusammenarbeit waren mühselig, mutig und verwirrend zugleich. Sie gehen auf den Beginn der 1950er-Jahre zurück.

Die Bundesrepublik Deutschland hat erstmals im Jahre 1953 Entwicklungshilfe geleistet. Im Haushaltsplan dieses Jahres wurde aus *Gegenwertmitteln des Marshallplans*[2] ein Betrag von 500.000 DM für Entwicklungshilfe ausgewiesen und zwar im Etat des Bundesministeriums für Wirtschaft als „Zuschüsse für die Förderung des Erfahrungsaustausches mit weniger entwickelten Gebieten".[3] Bemerkenswert ist, dass diese Mittel aus dem ERP-Sondervermögen stammten, obwohl nach dem Gesetz über die Verwaltung des ERP-Sondervermögens ERP-Mittel nur zur „Förderung der deutschen Wirtschaft" ausgegeben werden durften. Als Hilfsbrücke diente die Bezeichnung „Erfahrungsaustausch".[4] Was Deutschland von den Amerikanern an Hilfe erfahren hatten, wurde weitergereicht an Entwicklungsländer – aus „Nehmenden" wurden „Gebende". Die Einschätzung, dass die Entwicklungshilfe als *genuiner Bestandteil der Außenwirtschaftspolitik* zu betrachten sei, ließ das neue Sachgebiet wie selbstverständlich in die Kompetenz des *Bundesministeriums für Wirtschaft (BMWi)* fallen.[5] Dem Drängen des BMWi auf eine Erhöhung der Mittel folgte der Bundestag im Bundeshaushalt 1956 mit einem Titel von 3,5 Millionen DM mit der

Zweckbestimmung „Hilfeleistungen für den wirtschaftlichen Aufbau von weniger entwickelten Ländern".[6]

In der Zwischenzeit hatte sich im Bundestag ein interfraktioneller Konsens unter entwicklungspolitisch motivierten Abgeordneten herausgebildet, die sich mit ihrer Forderung nach Erhöhung der Entwicklungshilfebeiträge allerdings nur langsam gegen die Haushalts- und Finanzexperten der Fraktionen durchsetzen konnten. Gleichzeitig wirkten die *USA* über diplomatische Kanäle massiv auf eine Erhöhung der Beträge hin. Die USA begründeten ihr Drängen mit der notwendigen Aufteilung der Verteidigungslasten, zu denen sie auch die Kosten der *Eindämmungspolitik gegenüber der Sowjetunion in der Dritten Welt* rechneten.[7, 8]

Folgerichtig wurde im gleichen Haushaltsjahr 1956 ein weiterer Titel von 50 Millionen DM angesetzt, der – *nunmehr im Auswärtigen Amt* – den Zweck „Förderung wirtschaftlich unterentwickelter Länder" auswies. Dieser Impuls kam vom sozialdemokratischen Abgeordneten Helmut Kalbitzer. Mit diesen 50 Millionen DM begann im Auswärtigen Amt die deutsche Entwicklungshilfepolitik.[9]

Allerdings häuften sich *im Auswärtigen Amt* damit zugleich die *Probleme.* Für das neue Aufgabenfeld fehlte es an einem geeigneten Verwaltungsapparat. Dennert vergleicht zutreffend die damalige Situation des Auswärtigen Amtes mit der eines Mannes, „*dem unverhofft ein Elefant geschenkt wird*",[10] denn es fehlten Entwicklungshilfefachleute ebenso wie sachkundig durchgeprüfte Projekte und vor allem eine mit den Einzelproblemen und Eigenheiten der Entwicklungshilfe vertraute Administration.[11] Um die neue Staatsaufgabe administrativ zu bewältigen, griff die Bundesregierung zunächst auf vorhandene Arbeitseinheiten der obersten Bundesverwaltung zurück, insbesondere auf die des Auswärtigen Amtes, des Bundesministeriums für Wirtschaft und des Bundesministeriums für Ernährung, Landwirtschaft und Forsten.[12]

Um die Interessen und Prioritäten aller beteiligten Ressorts gebührend zu bündeln, wurden die sog. *interministeriellen Koordinie-*

rungsausschüsse auf Ministerialebene gebildet. Es war dies vor allem der interministerielle Ausschuss für Entwicklungspolitik, allgemein Lenkungsausschuss genannt, und die beiden interministeriellen Referentenausschüsse (IRAs) für Technische Hilfe und Kapitalhilfe.[13, 14]

Der Lenkungsausschuss bestand aus Vertretern der beteiligten Ministerien und zwar unter wechselndem Vorsitz des AA und des BMWi. Er entschied unter Vorbehalt der Zuständigkeit des Kabinetts in allen Fragen der Entwicklungshilfe von grundsätzlicher Bedeutung. Ihm oblag die Bestimmung des Mitteleinsatzes, während die Durchführung der Projekte von den jeweils zuständigen Fachressorts übernommen wurde (etwa dem Bundesministerium für Ernährung, Landwirtschaft und Forsten, dem Bundesarbeitsministerium oder dem Bundesverkehrsministerium). Doch die Kompetenzkonflikte häuften sich. Vor allem das *AA* und das *BMWi* gerieten in einen *permanenten Zuständigkeitskonflikt*, der sich noch dadurch verschärfte, dass andere, sachlich an einzelnen Projekten beteiligte Ressorts ebenfalls Zuständigkeiten beanspruchten. Ordner um Ordner füllten Regale mit „Zuständigkeitsunterlagen“.[15]

Die *Anstöße* zur *Errichtung eines Entwicklungsministeriums* als Koordinationsorgan gingen nicht von der Verwaltung, sondern gegen Ende der dritten Bundesregierung unter Konrad Adenauer *von Abgeordneten des Deutschen Bundestages* aus.[16,17] Insbesondere die Sprecher der oppositionellen SPD sowie der entwicklungspolitische Sprecher der FDP, Walter Scheel, forderten immer wieder ein eigenes Entwicklungsministerium.[18] Walter Scheel: „Die Kompetenz sollte in einer Hand, in einer politisch verantwortlichen Hand konzentriert sein. Ich sehe überhaupt nicht ein, warum man bei Finanzhilfen, bei Investitionshilfen neun Ressorts braucht. Das halte ich für baren Unsinn“.[19] Niemand hat stärkeren Einfluss auf die Gründung des BMZ ausgeübt als Scheel selbst.[20]

Im Parlament herrschte die Ansicht vor, dass der viel beklagte Mangel an Koordination der Hauptnachteil der deutschen Entwicklungshilfe sei. Die Verstärkung der Kompetenzkonflikte im

Zuge der rapiden Steigerung der finanziellen Mittel könne durch „ein *Koordinierungsministerium*“ am besten aufgefangen werden. Die Bedeutung der Entwicklungshilfe sei durch eine selbstständige Vertretung im Kabinett zu unterstreichen, zumal das Mittelvolumen für Entwicklungshilfe bereits dasjenige bestehender Ministerien überstieg. Die Existenz eines eigenen Ressorts sollte den Willen der Bundesrepublik Deutschland zur praktischen Entwicklungshilfe manifestieren, das Image der deutschen Maßnahmen verbessern und die Kontakte zu den Entwicklungsländern konzentriert in geordnete Bahnen lenken.[21] Der *Bundestag* kann also mit Recht die *Entwicklungspolitik als sein ureigenes Kind* betrachten. Von Anfang an sah das Parlament in der Entwicklungspolitik eine Sache sui generis.[22]

Im Vorfeld der Gründung des BMZ war 1959 die Deutsche Stiftung für Entwicklungsländer (DSE)[23] in Berlin-Tegel errichtet worden, die die Aufgabe hatte, die Beziehungen der Bundesrepublik zu den Entwicklungsländern auf der Grundlage gegenseitigem Erfahrungsaustausches zu pflegen, insbesondere durch Tagungen, Seminare, Exkursionen und die Vorbereitung von Fachkräften für eine Tätigkeit in Entwicklungsländern. Die DSE war eine Art Vorhut des späteren Entwicklungsministeriums.

Bei der Bundestagswahl vom 15. September 1961 verlor die Union die absolute Mehrheit. In den Koalitionsverhandlungen mit der FDP Mitte November 1961 fiel die Entscheidung, ein eigenes Fachressort für Entwicklungshilfe bzw. -politik zu gründen. Noch kurz davor, am 10. November 1961, hatten Außenminister Heinrich von Brentano und Wirtschaftsminister Ludwig Erhard mit ihren Spitzenbeamten versucht, mit einer gemeinsamen Kabinettvorlage zu „Fragen der Zusammenarbeit und Organisation der Entwicklungshilfe“ dies zu verhindern, mit der Argumentation, dass das Ausschusssystem die optimale Lösung darstelle.[24] Adenauer entschied jedoch gegen ihr Votum und gründete das BMZ.

Stimmen von Zeitzeugen: Walter Kiefer, Dr. Günther Oldenbruch

Walter Kiefer

1959–1963 stellvertretender Geschäftsführer von Misereor und seit 1962 Vorstandsmitglied der Katholischen Zentralstelle für Entwicklungshilfe, 1963–1966 Leiter der Projektabteilung des DED, 1966–1973 Vorstand der Kübelstiftung, 1973–1990 Geschäftsführer der Carl Duisberg Centren.

Erwachende Solidarität: Die Kirchen als Wegbereiter der Entwicklungszusammenarbeit

Auf der Jahresversammlung der deutschen Bischöfe in Fulda im August 1958 trug Kardinal Frings in einem großangelegten Referat einen mutigen Plan zur Gründung von Misereor vor. Frings: „Bei dem zu gründenden Werk geht es nicht um ein Mittel der Mission, sondern um die Teilnahme an der Leibsorge des Herrn. Es geht nicht darum, den Gefahren auf politischen und religiösen Gebiet zu begegnen, also auch nicht um eine Aktion, um dem Bolschewismus zuvorzukommen, sondern schlicht um die Betätigung der christlichen Barmherzigkeit". Die Not Christi in seinen Brüdern zu erkennen, am Erbarmen Christi für sie teilzunehmen, das waren die Leitmotive, die Kardinal Frings dem Werk Misereor mit auf den Weg gab. Als Grundsatz galt: Misereor sucht sich den zu Helfenden nicht nach seiner Religion oder seiner politischen Orientierung aus.

Einen so großzügigen und großherzigen Plan zu verwirklichen, wie ihn Kardinal Frings vor Augen hatte, musste Ende der 1950er-Jahre – also rund 13 Jahre nach Ende des Krieges – als Wagnis und Risiko erscheinen. Dass die Bischöfe dennoch zustimmten, dass der Durchbruch erzielt werden konnte, dass auch die Evangelische Kirche die gleiche Idee aufgriff und ihre Aktion „Brot für die Welt" ins Werk setzte, darauf dürfen die katholischen und evangelischen Christen diese Landes mit einiger Dankbarkeit und einigem Stolz zurückblicken.

Niemand unterlag damals der Versuchung, zu meinen, mit den beschränkten Mitteln der Kirche könnten Hunger und Not in der Welt beseitigt werden. Die Kirchen wollten mit ihrer Hilfe ein Beispiel geben. Ihr regelmäßiger Aufruf sollte der Öffentlichkeit das Unrecht in der Welt vor Augen stellen. So verstand sich Misereor als ein ständiger Mahner an das eigene Volk und die Regierung, um im Sinne der Sozialenzyklika „Mater et Magistra“ zu handeln, das heißt Armut und Ungerechtigkeit zu bekämpfen.

Das eigentliche Abenteuer, das Misereor bis heute darstellt, besteht in der Verbindung des Impulses christlicher Liebe, christlicher Solidarität mit rationalem und pragmatischem Handeln zugunsten der Armen. Die Kirchen waren somit auch die Wegbereiter der staatlichen Entwicklungszusammenarbeit. Daran gilt es zu erinnern.

Dr. Günther Oldenbruch

Von 1967 bis 1999 Leiter der Zentralstelle für Auslandskunden der DSE. Heute Lehrbeauftragter an der Universität Potsdam und an der Hochschule für öffentliche Verwaltung in Kehl. Seit 1999 Vorsitzender des Bonner Chapter der Society for International Development (SiD).

Der lange Weg zum Uhlhof – die Vorbereitungsstätte der DSE

Im Frühjahr 1956 verbrachte ich auf Einladung einer ägyptischen Familie drei Monate in Ägypten. Ohne mich sonderlich auf diese Zeit vorzubereiten, trank ich das Wasser, aß, was auf den Tisch kam, lebte völlig integriert in dieser Familie. Die Amöbenruhr war mir sicher. Die Frau meines Gastgebers war Leiterin der Ballettfakultät. Als ich mich in eine ihrer Sportlehrerinnen verliebte, wies sie mich darauf hin, dass, wenn ich „so weitermachte“, ich sie heiraten müsste. Das sei hier so üblich. Und ich hatte plötzlich das unendliche Bedürfnis nach einem deutschen Essen.

Später übersetzt in die Kategorien von „Vorbereitung für eine Tätigkeit in Entwicklungsländern“ hieß das „Kenntnis über und Respekt vor der anderen Kultur“ und „Kenntnis der eigenen kulturellen Prägung als Voraussetzung für eine gelingende interkulturelle Kommunikation“.

Ich bewarb mich um ein Promotionsstipendium beim DAAD. Die Fragen des Kunsthistorikers Prof. Lützeler, dem Vorsitzenden des Prüfungsausschusses, über Indien habe ich anscheinend nicht so richtig beantwortet, was ihn zu der Schlussfrage veranlasste, ob ich denn wohl wenigstens (!) den Unterschied zwischen Hinduismus und Christentum kennen würde. Wenn schon nicht vorbereitet, dann wenigstens forsch: „Ich bin Diplom-Kaufmann und fahre ja deswegen dorthin.“

Wir trafen uns wenige Wochen später auf einem Frachtdampfer von Rotterdam nach Indien wieder. In den vier Wochen der Reise waren Lützeler und ich sehr auf uns angewiesen. Und ich lernte viel. Und ich kam gut vorbereitet in Indien an.

Ich verbrachte einige Tage im „German Social Center“ des Stahlwerks Rourkela. Ein wichtiges Thema: Wie muss und kann man die deutschen Fachkräfte auf diese Arbeit vorbereiten.

Die Deutsche Stiftung für Entwicklungsländer war 1959 zur Erhöhung der Berlin-Präsenz des Bundes in Berlin gegründet worden. Ich lernte ihren Ableger „Auslandkunde“ in Bonn kennen. Und habe in der Folge ca. 30 einwöchige Kurse für Rourkela-Personal durchgeführt.

Als dieser Ableger einen neuen Chef brauchte, machte ich das Rennen. Und stellte mich einschlägig im BMZ vor. Dort musste ich die Frage beantworten, was ich denn von solch einwöchigen Kursen hielte: „Nicht viel“. „Wie lange müsste denn eine sorgfältige Vorbereitung dauern?“ „Drei Monate – mit Sprache“. „Dann machen Sie doch mal einen Vorschlag“: Dieser wurde angenommen.

Die dreimonatige Vorbereitung in der neu der DSE zur Verfügung gestellten alten Villa Mauser, dem Uhlhof, in Bad Honnef hatte das Licht der Welt erblickt.

Womit die Konflikte begannen. Der Höhepunkt: Vier Wochen nach Beginn ihrer Vorbereitung erklärte eine Teilnehmerschaft die Vorbereitung für beendet. Unser Bild von Entwicklungsländern und Entwicklungshilfe war nicht das ihre. Dort wollten sie nicht hin.

Erst mit der von BM Eppler am 11. Februar 1971 vorgestellten „Entwicklungspolitischen Konzeption für die zweite Entwicklungsdekade“ bekamen wir Boden unter den Füßen: Entwicklungshilfe dient nicht nur dem wirtschaftlichen Wachstum, sondern auch dem sozialen Fortschritt. Es war ein mühseliger Anfang.

3 Entwicklungspolitik im Dienste der Deutschlandpolitik

Minister: Walter Scheel (1961–1966)

• Beschreibung und Wertung

Als „Geburtstag" des BMZ gilt der 14. November 1961, der Tag, an dem Walter Scheel mit 42 Jahren im Kabinett von Bundeskanzler Konrad Adenauer zum ersten Bundesminister für wirtschaftliche Zusammenarbeit ernannt wurde – übrigens gegen massive Bedenken von Ludwig Erhard.[25] Für Walter Scheel sprachen verschiedene Faktoren: Zum einen war er im Europaparlament seit 1958 Vorsitzender des Entwicklungshilfeausschusses und brachte von dorther die erforderliche fachliche Kompetenz mit, zum anderen war er der prominenteste Sprecher der FDP in Sachen Entwicklungspolitik[26], und schließlich spielten koalitionspolitische Gesichtspunkte eine wichtige Rolle.[27] Adenauer, den die FDP im Wahlkampf aufs Altenteil schicken wollte, brauchte, um die Widerspenstigen doch noch ins Boot zu holen, ein Ministerium für Walter Scheel. Anekdoten zufolge soll Scheel selbst nicht zuletzt deshalb an einem Amt des Entwicklungshilfeministers gelegen haben, weil er sich ein Ressort wünschte, das ein überschaubares Maß an Aktenarbeit und viele Auslandreisen mit sich brachte.[28]

Wenn der damalige Kanzler Adenauer dem Minister Walter Scheel, der auf Einrichtung dieses Ministeriums gedrängt hatte, eine „*Dorne ohne Rosen*" verhieß[29], so lag das vor allem an den Kompetenzüberschneidungen, die die Arbeit des Ministeriums erschwerten.

Der Aufbau des neuen Hauses selbst begann zunächst im Bundeshausrestaurant. Ehe die Bundestagsadministration Scheel ein Ministerbüro zur Verfügung stellen konnte, tagte der Ressortchef mit seinen Mitarbeitern an einem Esstisch. Erst nach einigen Wochen konnte man in mehreren Räumen der amerikanischen Botschaft und anschließend in eine Baracke auf dem Gelände des Finanzministeriums umziehen.[30] Das BMZ nahm mit 34 Mitarbeiterinnen und Mitarbeitern seine Arbeit auf. Ein eigenständiges Ministerium für Entwicklungsaufgaben – das war ein Novum in ganz Europa. Die Tatsache, dass Scheel trotz aller widrigen Umstände in kurzer Zeit einen Stab hervorragender Fachleute zusammen bekam, hatte eine Ursache wohl auch in den Aufstiegschancen, die ein neues Ministerium nun einmal zu bieten hat.[31]

Bei der bilateralen Hilfe gab es zwei wichtige Stränge: mit der *Kapitalhilfe*, meist zinsgünstige Kredite, wurden überwiegend große Infrastruktur- und Industrievorhaben finanziert (Häfen, Flughäfen, Straßen, Staudämme, Wasserkraftwerke, Stahlwerke, Düngemittelfabriken, Zementfabriken etc.). Neben dieser Projekthilfe wurden in begründeten Einzelfällen auch Kredite bewilligt, um die Einfuhr dringend benötigter Rohstoffe, Maschinen und Ersatzteile zu finanzieren (Warenhilfe). Bei der *Technischen Hilfe* (Zuschüsse) standen technisch-gewerbliche Ausbildungsstätten, Mustereinrichtungen und Demonstrationsprojekte im Vordergrund.

Nach dem *Bundeskanzlererlass vom 29. Januar 1962* oblag dem BMZ im Wesentlichen die Koordinierung der Entwicklungshilfepolitik des Bundes. Die fachliche Zuständigkeit für Kapitalhilfe und Technische Hilfe als auch der Vorsitz und die Geschäftsführung der interministeriellen Referentenausschüsse für Kapitalhilfe und Technische Hilfe blieben dem BMWi und dem AA überlassen. Mit der Durchführung der Technischen Hilfe betraute das AA die „Treuarbeit", die Deutsche Revisions- und Treuhand GmbH, die sog. GAWi. Das Kürzel war vom Vorkriegsnamen der Organisation „Garantie-Abwicklungs-Gesellschaft" übrig geblieben.[32] Mit der Durchführung der Kapitalhilfe betraute das BMWi die Kreditanstalt für Wiederaufbau (KfW). Mit anderen Worten: *Das BMZ erhielt in summa das Recht, über alle Vorgänge auf dem Gebiet der Entwicklungspolitik informiert zu sein.*[33]

Die Koordinierungsprobleme bei der Entwicklungshilfe verschärften sich 1962/1963 weiter. Einem Gutachten des Bundesrechnungshofs vom Dezember 1963 zufolge war die *Entwicklungshilfe* schließlich auf *16 Ressorts mit zusammen 231 Referaten* in der Ministerialbürokratie verteilt. In den interministeriellen Referentenausschüssen für Kapitalhilfe und Technische Hilfe befanden bis zu 45 Beamte aus bis zu 10 Ministerien über einzelne Projekte.[34] Es war die Zeit des sog. „Verwaltungskrieges", der alle Beteiligte Zeit und Kraft gekostet hat.[35]

Auf diese Situation reagierte der *Bundeskanzlererlass vom 23. Dezember 1964*. Er verbriefte zum ersten Mal die Eigenständigkeit der Entwicklungshilfepolitik.[36] Dem BMZ wurde die Zuständigkeit für die Grundsätze und Programme der Entwicklungshilfepolitik sowie die Planung und Durchführung der Technischen Zusammenarbeit übertragen, die bisher beim AA lag. Die Zuständigkeit des BMWi für die Kapitalhilfe und die Verantwortung des AA für alle außenpolitischen Fragen der Entwicklungshilfe blieben unangetastet.[37, 38] Walter Scheel bekannte in der Haushaltsdebatte am 24. Mai 1965: „Nun ich muss sagen, dass bei der Neuregelung von Zuständigkeiten die Umsetzung einer Grundsatzentscheidung in die Praxis ein ungewöhnlich qualvoller Prozess ist. Aber dieser Prozess muss nun einmal durchgestanden werden."[39]

Während seiner Amtszeit (1961–1966) erarbeitete Walter Scheel die ersten *Konturen der deutschen Entwicklungspolitik*.

Vor über 40 Jahren kam der *Hallstein-Doktrin* eine besondere Bedeutung zu. Der Hallstein-Doktrin zufolge wurde die Aufnahme diplomatischer Beziehungen dritter Staaten mit der DDR von der Bundesrepublik aufgrund ihres Alleinvertretungsanspruches für das gesamte deutsche Volk als unfreundlicher Akt angesehen und in der Regel mit dem Abbruch bzw. der Nichtaufnahme diplomatischer Beziehungen beantwortet. Entwicklungspolitik war ein Instrument zur Durchsetzung der Hallstein-Doktrin.[40, 41] Man drohte bei der Anerkennung der DDR mit der Einstellung der Entwicklungshilfe. Die Entwicklungshilfe wurde gezielt an Länder vergeben, um die Anerkennung der

DDR durch Staaten der Dritten Welt zu verhindern.[42] Der Erfolg dieser Politik war, dass außer Kuba (1963) bis 1969 kein Entwicklungsland volle diplomatische Beziehungen zur DDR aufnahm.[43] Die Instrumentalisierung der Entwicklungspolitik als Mittel der Deutschlandpolitik schlug sich in einer breiten Streuung der Entwicklungshilfe nieder („*Gießkannenprinzip*")[44]. Scheel schrieb dazu: „Der wichtigste Grund für die Ausarbeitung eigener Hilfsprogramme für jedes einzelne Empfängerland ist der, dass die Bundesrepublik – ähnlich wie die USA, nur mit einem sehr viel geringeren Hilfspotenzial gezwungen ist, praktisch alle Entwicklungsländer bei der Durchführung ihres Aufbauprozesses zu unterstützen. Die Bundesrepublik kann sich nicht – wie dies vor allem Frankreich und Großbritannien tun – ausschließlich oder überwiegend auf bestimmte Regionen konzentrieren."[45] Und an anderer Stelle: „Großbritannien arbeitete in den letzten Jahren mit 40 Entwicklungsländern zusammen, Frankreich mit 23, wir jedoch mit 71, im Bereich der Technischen Hilfe sogar mit 90. Die besondere politische Lage unseres Vaterlandes lässt es zunächst geboten erscheinen, möglichst viele Entwicklungsländer zu unterstützen" und eine entsprechend „weitgestreute Entwicklungspolitik zu betreiben."[46]

Und weiter: „Wir können von den Entwicklungsländern Unterstützung in der Frage der Wiedervereinigung nur erwarten, wenn wir auf ihr eigenes vordringlichstes Interesse – die Förderung ihres wirtschaftlichen Aufstiegs – in dem gebotenen Maße eingehen. Durch Verständnis für die Sorgen der Entwicklungsländer müssen wir um Verständnis für unsere eigenen Probleme werben. Der Ostblock und nicht zuletzt die sowjetische Besatzungszone haben diese Zusammenhänge erkannt und konkurrieren mit uns um Sympathie und politisches Verständnis der Entwicklungsländer. Die *sowjetische Besatzungszone ist in 23 Ländern der Dritten Welt mit insgesamt 33 Vertretungen* (Generalkonsulate, Konsulate, Handelsvertretungen, Vertretung der Kammer für Außenhandel, der deutschen Notenbank, des Ministeriums für Außenhandel) tätig und versucht, durch steigenden Einsatz personeller und wirtschaftlicher Mittel und Kräfte ihre Anerkennung zu erreichen. Doch die Hallstein-Doktrin hat sich als eine Formel erwiesen, deren flexible Anwendung die formale Anerkennung der SBZ durch Entwicklungsländer bisher verhindern konnte."[47]

Neben der Deutschlandpolitik wurde auch das *Spannungsfeld zwischen Entwicklungspolitik und Außenwirtschaftspolitik* in den 1960er-Jahren intensiv diskutiert.[48, 49] Scheel setzte sich mit *Nachdruck für die Berücksichtigung außenwirtschaftlicher Interessen ein:* „Es wäre eine fragwürdige Exporthilfe, wenn wir Kapitalhilfe nur deshalb geben würden, damit die deutsche Investitionsgüterindustrie exportieren kann. Es geht vielmehr darum, dass die deutsche Entwicklungspolitik, ohne sie zu einer simplen Exportförderungspolitik zu machen, zu einem Instrument entwickelt wird, das langfristig gesehen einen entscheidenden Beitrag zur Konsolidierung unseres Außenhandels mit der Dritten Welt leisten kann. So gesehen versteht sich *Entwicklungspolitik als Basisinvestition für den lebenswichtigen Außenhandel der deutschen Wirtschaft.* Durch eine geeignete Kombination von ausgewählten Maßnahmen und durch geschickte Wahl regionaler Schwerpunkte wird es möglich sein, die entwicklungspolitischen Zielsetzungen mit den außenwirtschaftlichen Interessen langfristig so miteinander in Einklang zu bringen, dass beide Seiten, Geber und Nehmer, den größtmöglichen Nutzen ziehen."[50]

Wie alle Gebernationen stand auch die Bundesrepublik seit Beginn ihrer Unterstützungspolitik vor der grundsätzlichen Frage, ob sie den Entwicklungsländern über gemeinsam getragene multilaterale Organisationen helfen oder ob sie direkt mit den einzelnen Empfängerländern Verträge schließen sollte. Die offizielle ebenso wie die interne Diskussion vollzog sich weitgehend in der verengten *Perspektive geberorientierter Interessenstandpunkte.*

Die Situation der deutschen Teilung legte es nah, sich mit einer gezielten bilateralen Förderungspolitik möglichst viele politische Freunde in der Dritten Welt zu erwerben. Bei der Entwicklungspolitik war die „Strahlkraft der Projekte für das freie Deutschland" intendiert. Man glaubte, beide Ziele, die Stärkung des eigenen Wiedervereinigungsstandpunktes wie die Demonstration des „besseren Deutschlands“, nur über direkte entwicklungspolitische Kontakte von Land zu Land erreichen zu können. Die hohe Exportabhängigkeit der deutschen Wirtschaft legte eine De-facto-Bindung finanzieller Hilfe an deutsche Lieferungen nahe.

Unter öffentlichkeitspolitischen Gesichtspunkten argumentierte man, ein wachsender entwicklungspolitischer Beitrag lasse sich auf die Dauer nur dann mobilisieren, wenn dem skeptischen Steuerzahler ein möglichst direkter politischer und wirtschaftlicher Nutzen nachgewiesen werden könne. Faktisch bleibt festzuhalten, dass der Anteil multilateral geleisteter öffentlicher Hilfe an der öffentlichen Hilfe der Bundesrepublik im Durchschnitt der Jahre 1963–1966 insgesamt verschwindend gering war, nämlich bei 6 Prozent lag.[51]

Regional setzte Scheel *Schwerpunkte in Asien.* Deutschland hatte mit den Ländern des asiatischen Kontinents schon seit jeher gute wirtschaftliche und politische Beziehungen. Es war daher nur natürlich, dass die Bundesrepublik bei ihren entwicklungspolitischen Maßnahmen gerade diesem Raum besondere Beachtung schenkte. *Schwerpunkte* der deutschen Entwicklungshilfe in *Asien* waren die Länder *Indien, Pakistan* und *Afghanistan.*

Das *Stahlwerk Rourkela*[52] in *Indien* war eines der größten deutschen Entwicklungshilfeprojekte. Das Rourkela Stahlwerk wurde mitten im Urwald geplant. 16.000 Menschen wurden umgesiedelt. Zahlreiche Pannen und Fehler sind beim Bau aufgetreten (z. B. Nichtentschädigung der umgesiedelten Bewohner, massive zwischenmenschliche Konflikte bei der Zusammenarbeit der deutschen, völlig unvorbereiteten Fachkräfte mit ihren indischen „counterparts“). Sie brachten den Deutschen den Ruf ein, in fremder Umwelt seien sie mit ihrer Technik und ihrem Leistungsvermögen ziemlich rasch am Ende. Dazu hat Scheel, der Rourkela am 2. Dezember 1963 besucht hatte[53], Stellung genommen und Besserung gelobt:

„Ich möchte mich jetzt mit dem Stahlwerk Rourkela befassen, das als Grundlage für den Aufbau einer weiterverarbeitenden Industrie anzusehen ist. An diesem Beispiel Indiens haben wir gelernt, neben dem perfekten technischen Wissen und Können, neben der technischen Seite eines so großen Unternehmens auch die sozialen und gesellschaftlichen Aspekte und Probleme zu berücksichtigten. Wenn in Rourkela in der Vergangenheit Schwierigkeiten entstanden sind, dann lagen sie nicht im technischen, sondern im sozialen, zwischenmenschlichen Bereich. Sie ergaben sich aus der Konfrontation einer hoch technisierten Welt mit einer archaischen gesellschaftspolitischen Umgebung, in die diese Welt hineingepflanzt worden ist. Das muss in Zukunft vermieden werden."[54] Daraus entstand das Instrument der *Sozialstrukturhilfe*, die die „durch den wirtschaftlichen Aufbau ausgelösten Veränderungen im sozialen Leben der Bevölkerung in eine gesunde Entwicklung lenken sollten"[55] (Sozialzentren, Kindergärten, Mütterbetreuung, Nähstuben und dgl.).[56]

Auch *Pakistan* wurde von Deutschland nachhaltig gefördert. Besonders interessant sind dabei die Zuckerlieferungen gegen Bezahlung in Landeswährung, die das Instrument der *Gegenwertmittel* begründeten. Scheel schrieb dazu nach seinem Pakistan-Besuch im November 1964:[57] „Durch die Lieferung von Zucker gegen Bezahlung in Landeswährung im vergangenen Jahr hat die Bundesregierung dazu beigetragen, eine bedrohliche Versorgungskrise für die pakistanische Bevölkerung abzuwenden. Es ist beabsichtigt, diese neue Förderungsmaßnahme nicht nur auf die Lieferung von Ernährungsgütern zu beschränken, sondern auch hiermit die Lieferung von landwirtschaftlichen Produktionsmitteln, insbesondere Saatgut, Pflanzenschutzmittel, Zuchtvieh und Düngemittel, zu verbinden. Durch Zulassung der Zahlung in Landeswährung werden darüber hinaus neue Hilfsmöglichkeiten erschlossen. Die Gegenwertmittel können für entwicklungspolitische Aufgaben verwendet werden, in erster Linie für Maßnahmen zur Verbesserung der landwirtschaftlichen Produktions-, Sozial- und Agrarstruktur des Empfängerlandes."

Afghanistan war in den 1960er-Jahren *Schwerpunktland* deutscher Entwicklungshilfe. Walter Scheel berichtete begeistert von seinem Besuch in Afghanistan im November 1964[58], bei dem er auch das deutsche Engagement für die afghanische Provinz Paktia begründete: „Deutschland half Afghanistan schon nach dem Ersten Weltkrieg vor allem beim Aufbau des Schulwesens. Es errichtete die erste Oberschule, an der jahrzehntelang Deutsch Unterrichtssprache war. Viele Afghanen sind durch diese Schule gegangen und viele von ihnen haben dann in Deutschland studiert, so dass es kein Wunder ist, der deutschen Sprache auf Schritt und Tritt zu begegnen. Die deutsche Wirtschaft half schon damals bei der Verbesserung der wirtschaftlichen Infrastruktur und schickte Wirtschaftsberater. 1928 kam dann König Amanullah nach Deutschland. Für die Weimarer Republik war das ein ganz entscheidendes Ereignis, handelte es sich doch um den ersten Staatsbesuch eines ausländischen Staatsoberhauptes nach dem Ersten Weltkrieg. Es kam zum ersten Entwicklungskredit an Afghanistan. Weitere Deutsche kamen ins Land, auch Berater für Technische Hilfe. Sie sehen: Unsere entwicklungspolitischen Beziehungen zu Afghanistan haben eine lange Tradition, nur damals war das Wort Entwicklungshilfe noch unbekannt. Während meines Besuches haben wir etwas ganz Neues vereinbart, was ein Modellfall für unsere künftigen Hilfe schlechthin sein soll: „Wir wollen eine ganze Provinz entwickeln und dort den Schwerpunkt unserer Hilfe konzentrieren. Bisher lagen die verschiedenen deutschen Projekte oft räumlich weit auseinander, waren häufig nicht aufeinander abgestimmt und konnten deshalb keine optimale Wirkung entfalten. Künftig wollen wir ganze, aufeinander abgestimmte Projektgruppen regional konzentrieren: Bewässerung, landwirtschaftliche Entwicklung, Energie, Ausbildung, Erwachsenenbildung bis zur Handelshilfe und Industrialisierung sollen einander sinnvoll ergänzen. *Modell einer solchen Regionalentwicklung soll die afghanische Provinz Paktia* werden, eine Provinz, wo stolze, individualistische, Fremden gegenüber reservierte, nicht sehr integrationsfreundliche Stämme leben. Ein Experiment, das glücken kann; denn uns, den Deutschen gegenüber sind diese Stämme aufgeschlossen.“[59]

Weitere wichtige Partnerländer deutscher Entwicklungshilfe in den 1960er-Jahren waren

- in Asien: Iran, Korea, Malaysia, Indonesien,

- in Europa: Spanien, Portugal, Griechenland und die Türkei,
- im Nahen Osten: Vereinigte Arabische Republik, Irak, Israel, Marokko, Tunesien,
- in Lateinamerika: Brasilien, Chile, Mexiko,
- in Afrika: Togo, Ghana, Guinea.

Walter Scheel hat sich auch nachhaltig für eine *Einbeziehung der privaten Wirtschaft* in die Entwicklungszusammenarbeit eingesetzt. Besonders lag ihm eine ideologiefreie, pragmatische Zusammenarbeit von Staat und Privatwirtschaft am Herzen. „Die Einbeziehung privater Initiative gibt dem System der Entwicklungshilfe erst die notwendige Beweglichkeit und innere Dynamik, die sie benötigt. Ausschließlich staatliche Entwicklungshilfe hüben und drüben von der Planung bis zu Detailausführung, ohne Ergänzung durch privatwirtschaftliche Aktivität, bleibt so trocken und steril wie das dürftige Klima in einem staatlichen HO-Laden der Ostzone. Die planmäßige Entwicklung von Verbundprojekten, wie sie bereits in einigen Fällen praktiziert werden, bietet Ansatzmöglichkeiten, staatliche und private Aktivität in den verschiedensten Kombinationen phantasievoll zu verbinden."[60] Folgerichtig hat sich Walter Scheel 1963 für die Gründung der *Deutschen Gesellschaft für wirtschaftliche Zusammenarbeit* eingesetzt (1983 unbenannt in *Deutsche Investitions- und Entwicklungsgesellschaft (DEG)*), einer Institution, die die Zusammenarbeit zwischen deutschen Unternehmen und solchen in Entwicklungsländern in privatwirtschaftlicher Form fördert. Ein weiteres Herzensanliegen von Scheel war das *Entwicklungshilfesteuergesetz*.[61] Es wurde am 11. Dezember 1963 verabschiedet und hatte die Zielsetzung, durch steuerliche Vergünstigungen private Investitionen deutscher Unternehmen in Entwicklungsländern zu fördern.

Auch die Zusammenarbeit mit *nicht-staatlichen Organisationen* lag Scheel am Herzen: Am 26. Juni 1964 hatte er zu einem Gedankenaustausch mit 75 der wichtigsten privaten Verbände und Organisationen eingeladen. Neben Abgeordneten aller Parteien des Bundestages und leitenden Beamten der Bundesministerien erschienen führende Persönlichkeiten aller freien gesellschaftlichen Gruppen, der Wirtschaft, der Kirchen, der Gewerkschaft, der Bildungseinrichtungen und der Wissenschaft.[62] Scheel: „Deutschlands Zusammenarbeit mit Entwicklungsländern geht jeden von uns an. Der Aufbruch von zwei Drittel der Menschheit ist eine Herausforderung, die sich nicht allein an den Staat Deutschland richtet, sondern auch an das lebendige Gemeinwesen Deutschland. Wir können diese Herausforderung nur dann zu einer geschichtlichen Chance gestalten, wenn alle Bürger unserer res publica bereit sind, diese Herausforderung anzunehmen und ihr im Geist menschlicher Solidarität zu begegnen. Wir können die Aufgabe Entwicklungshilfe nur dann bewältigen, wenn sich neben dem Staat und neben der privaten, an der ökonomischen Rentabilität orientierten Wirtschaft auch der Bereich der freien, gemeinnützigen gesellschaftlichen Kräfte an dieser weltweiten Sozialarbeit gestaltend beteiligt, nämlich unsere *Gewerkschaften, die Universitäten, die Kirchen, unsere Einrichtungen des Bildungs- und Sozialwesens.*“[63] Und an anderer Stelle: „Wir, die staatlichen Stellen, werden förderungswürdige Eigeninitiative der privaten Träger sachlich und auch finanziell fördern, soweit das Aufkommen an eigenen Mitteln zur Durchführung der Vorhaben nicht ausreicht. In diesem Zusammenhang darf ich erwähnen, dass es gelungen ist, im Haushalt 1964 einen Titel „Förderung entwicklungspolitischer Vorhaben privater deutscher Träger in Entwicklungsländern“ zu schaffen. Wenn auch dieser Titel noch nicht allzu hoch dotiert ist, es ist ein erster wichtiger Schritt.“[64] Dieser Titel ergänzte die bereits bestehende Zusammenarbeit mit den Kirchen, denen Zuschüsse für Projekte „nicht-seelsorgerischer Art“[65] gewährt wurden. Auch die Förderung der Arbeit der politischen Stiftungen ist in diesem Zusammenhang zu erwähnen (beginnend mit Friedrich-Naumann-Stiftung und Friedrich-Ebert-Stiftung und der CDU-nahen Politischen Akademie Eichholz).[66]

Ein weiterer Meilenstein: In Anwesenheit *Kennedys* wurde am 25. Juni 1963 in Anlehnung an das amerikanische Friedenskorps der *Deutsche Entwicklungsdienst* gegründet.[67] Organisationen, die bereits Erfahrungen in der Entsendung von freiwilligen Helfern hatten – so z. B. die verschiedenen freiwilligen Arbeitsorganisationen wie der Internationale Zivildienst oder die Internationalen Jugendgemeinschaftsdienste – bildeten als Arbeitskreis „Lernen und Helfen in Übersee e. V." den einen Gesellschafter, die Bundesregierung, vertreten durch das Entwicklungsministerium, den anderen.

Vor über 50 Jahren hatte sich die Wissenschaft bereits dem Problem der Entwicklungsländer und des Entwicklungsprozesses zugewandt. In der Erkenntnis, dass auf dem Gebiet der Forschung und Ausbildung noch wesentliche Aufgaben bewältigt werden müssen, wurde am 16. Mai 1963 der *Wissenschaftliche Beirat des BMZ* ins Leben gerufen, der die Aufgabe hatte, das BMZ in grundsätzlichen methodischen Fragen der Entwicklungspolitik zu beraten.[68] Darüber hinaus wurde in Berlin das *Deutsche Institut für Entwicklungspolitik* gegründet.[69] Bei der Gründungsfeier des Deutschen Instituts für Entwicklungspolitik erklärte Walter Scheel am 2. März 1964 vor der Presse in Berlin: „An diesem Institut soll nach einem festgelegten und von Wissenschaftlern erarbeiteten Plan jährlich eine beschränkte Zahl von Akademikern eine interdisziplinäre Ausbildung erhalten, die sie für eine Tätigkeit in Leitstellen der Entwicklungspolitik qualifiziert. Sie werden zusätzlich zu den Kenntnissen, die sie mitbringen, etwas über Statistik und Planungstechnik, über die nationalen und internationalen Organisationen der Entwicklungshilfe, über die Bedingungen und Voraussetzungen des wirtschaftlichen Wachstumsprozesses sowie nicht zuletzt über die kulturellen und soziologischen Verhältnisse in den Entwicklungsländern erfahren und lernen.[70]

Wegen eines Streites über den Bundeshaushalt trat Walter Scheel im Oktober 1966 gemeinsam mit den anderen FDP-Ministern Mende (Vizekanzler und Gesamtdeutsche Fragen), Bucher (Justiz) und Dahlgrün (Finanzen) zurück und löste damit eine Regierungskrise aus. Am 27. November 1966 einigten sich die Verhandlungskommissionen von CDU/CSU und SPD auf die Bildung einer großen Koalition.

Fazit: Walter Scheel war davon überzeugt, dass die Entwicklungspolitik eine neue politische Aufgabe ist, analog der Auswärtigen, der Wirtschafts- und der Finanzpolitik. Er hat diesen Standpunkt mit der auch von seinen politischen Gegnern gerühmten Lauterkeit, aber auch mit Leidenschaft gegen jeden Widerspruch verteidigt. Scheel konnte sich der parlamentarischen Unterstützung sicher sein, vor allem auch der der Opposition.[71] Wo immer eine neue Aufgabe zu entdecken war, ging das BMZ unter der Leitung von Scheel an ihre Lösung, einem Siedler vergleichbar, der sich Stück für Stück unbestellten Bodens nutzbar macht und der gleichzeitig die sofort angemeldeten Ansprüche der starken Nachbarn abzuwehren weiß.

Scheels Entwicklungspolitik hatte einige *interessante*, häufig kontrovers diskutierte *Elemente*: Streuung der Entwicklungshilfe aufgrund der Hallstein-Doktrin, Berücksichtigung außenwirtschaftlicher Interessen, Vorrang der bilateralen Hilfe, Konzentration auf Asien, die Einbindung der privaten Wirtschaft, die Initiierung der Zusammenarbeit mit nicht-staatlichen Gruppen, die Gründung des Deutschen Entwicklungsdienstes und des Deutschen Instituts für Entwicklungspolitik. Scheel war jedoch nicht in der Lage, seine einzelnen konzeptionellen Elemente zu einer schlüssigen Strategie zusammenzufügen.

Eine *Schwäche Scheels* war, dass er die notwendigen Zeithorizonte falsch eingeschätzt hat, die für Entwicklung nötig sind. Er war viel zu optimistisch und glaubte sogar daran, dass Jahrzehnte übersprungen werden können: „Alle Maßnahmen der Ausbildung und Bildung, aber auch der Wirtschaftsentwicklung und der Strukturverbesserung dürfen nicht isoliert behandelt werden. Wir haben nicht die Zeit, die die traditionellen Industrieländer für ihre Entwicklung hatten. Wir können es uns nicht leisten, diese 70 Jahre, von denen ich in Bezug auf Nordamerika gesprochen habe, auch für die Entwicklungsländer als Ziel zu setzen. Wir müssen versuchen, *einige Jahrzehnte zu überspringen.*“[72] Eine Fehleinschätzung, wie wir heute wissen.

Kritisch aus heutiger Sicht bleibt anzumerken, dass Scheel zwei ehemalige Nationalsozialisten in leitender Stellung im BMZ beschäftigte. In den 1950er- und 1960er-Jahren war dies in der öffentlichen Verwaltung nichts Außergewöhnliches. *Friedrich Karl Vialon* war von 1962 bis Dezember 1966 Staatssekretär im BMZ. Er war 1933 der NSDAP beigetreten. Anfang Mai 1942 war er Leiter der Finanzabteilung (Vereinnahmung jüdischen Vermögens) im Reichskommissariat Ostland in Riga.[73]

Gustav Adolf *Sonnenhol* war von 1962 bis 1968 Abteilungsleiter im BMZ. Sonnenhol trat 1931 in die NSDAP ein. 1968 bis 1971 war er Botschafter in Südafrika. Wegen seiner nationalsozialistischen Vergangenheit lehnte Bundespräsident Heinemann Sonnenhols Berufung zum Staatssekretär im Außenministerium unter Walter Scheel ab. Sonnenhol wurde stattdessen Botschafter in der Türkei.[74]

Willy Brandt hat Scheel einen „Menschen mit viel Freundlichkeit“ genannt, aber sofort hinzugefügt, diese seine Freundlichkeit umschließe einen harten Kern.[75] Scheels Geschick, seine Liebenswürdigkeit in Art und Umgang mit Härte und Durchsetzungswillen in der Sache zu verbinden[76], kennzeichnen ihn als einen Minister, der die ersten Konturen der deutschen Entwicklungspolitik entwickelt hat. Thomas Dehler sagte über Scheel: „Er hat eine Gabe, die Wahrheit so zu sagen, dass sie nicht verletzt, aber dennoch gesagt wird.“ Und Konrad Adenauer, nicht gerade Scheels politisches Vorbild, aber in vielerlei Hinsicht einer seiner politischen Ziehväter, ließ die Welt wissen: „De Herr Scheel is ne jute Mann.“[77]

Stimmen von Zeitzeugen: Harald Hofmann, Dr. Winfried Böll, Prof. Peter Molt, Dr. Martin Greiff

Harald Hofmann

1961–1965 Persönlicher Referent des Ministers Walter Scheel, später Ministerialdirigent und Leiter des Leitungsstabes im Auswärtigen Amt, in den Jahren 1977–1997 Deutscher Botschafter in unterschiedlichen Ländern, in Kopenhagen (1977–1981), in Caracas (1981–1985), in Oslo (1985–1992), in Stockholm (1992–1997).

Aller Anfang ist schwer

Als ich im November 1961 nach Bonn kam, saßen ein paar Verwaltungsbeamte samt dem einzigen Fachmann *Horst Dumke* in einer Baracke im Hof des Finanzministeriums, der Minister, zwei Sekretärinnen und ich im Bundeshaus in drei spartanischen Kemenaten, sog. Minister-Ruheräumen. Dem standen Berge von Eingängen, auch solche mit abenteuerlichen Vorschlägen gegenüber. Der personelle Aufbau, ohne den ein Ministerium nicht existieren kann, verlief äußerst zäh. Ludwig Erhard war strikt gegen das ganze Unternehmen, der Finanzminister meinte, neue Planstellen brauche man nicht, alle, die in anderen Ministerien Entwicklungshilfe bearbeiteten, sollten ihre Planstellen an das BMZ abgeben. Die verteidigten ihre Zuständigkeiten mit Zähnen und Klauen. Walter Scheel, dem man nachsagt, er verbinde Heiterkeit mit Härte, meinte scherzhaft, angesichts der vor ihm verschanzten Divisionen des Wirtschaftsministeriums und des Auswärtigen Amtes, könne er sich nur über das Terrain bewegen, wenn er sich als Essenholer ausgäbe. Als er 1969 unter Willy Brandt Außenminister wurde, sorgte er mit dafür, dass das BMZ auch die Zuständigkeiten für die Kapitalhilfe bekam, die große Koalition hatte das nicht geschafft.

Dr. Winfried Böll

Als Geschäftsführer der Carl-Duisberg-Gesellschaft wechselte er 1962 ins BMZ und war dort bis 1979 tätig, zuletzt als Abteilungsleiter.

Die freischaffenden Künstler

Im neuen Ministerium wurde ich Leiter einer Arbeitsgruppe. Im Februar 1962 wurden wir von Staatssekretär *Vialon* zusammengerufen, der uns mitteilte, dass wir nur einen Tag Zeit hätten, den Haushaltsvoranschlag für das neue BMZ an den Finanzminister zu übersenden. Unser Problem war, dass wir im Organisationserlass des Bundeskanzlers kaum Zuständigkeiten zugewiesen bekommen hatten. Es gab aber einen Satz im Organisationerlass, der uns Hoffnung gab. Da hieß es nämlich: Für alle neuen Aufgaben der Entwicklungshilfe sei automatisch das neue Ministerium zuständig. Vialon sagte dann, er bitte bis morgen um Vorlagen für neue Aufgaben. Ich habe dann in der Nacht sechs neue Aufgaben definiert:

- Förderung entwicklungswichtiger Vorhaben der christlichen Kirchen
- Errichtung eines neuen Jugenddienstes für Entwicklungsländer (der Deutsche Entwicklungsdienst)
- Entwicklungshilfe auf kulturellen Gebiet (später in Bildungshilfe umformuliert)
- Entwicklungshilfe auf sozialem Gebiet (Sozialstrukturhilfe)
- Weiterbildung von Fach- und Führungskräften
- Weiterbildung von Regierungskräften in Entwicklungsländern.

Als wir die neuen Aufgaben in Angriff nahmen und mit viel Begeisterung konzeptionell durchdachten, stießen wir bei den alten Verwaltungsbeamten, die aus dem Finanz- und Wirtschaftsministerium ins BMZ gestoßen waren, auf Spott. Man bezeichnete uns als „freischaffende Künstler“. Doch mit unserer Witterung für die Zukunft setzen wir uns durch.

Prof. Peter Molt

1960–1966 Leiter der Politischen Akademie Eichholz, später in verschiedenen Positionen der Entwicklungszusammenarbeit tätig, u.a. als UNDP-Resident Representative in Togo und Burkina Faso, und Honorarprofessor für Entwicklungspolitik an der Universität Trier

Die Geburt der Auslandsarbeit der Politischen Stiftungen, eines weltweit einzigartigen Dialoginstruments

Wenige Tage, nachdem der Bundeskanzlererlass vom 29. Januar 1962 die Zuständigkeiten des neuen Bundesministeriums für wirtschaftliche Zusammenarbeit geregelt hatte, sah sich der Interministerielle Lenkungsausschuss, in dem auch in Zukunft über die Vorhaben der Entwicklungshilfe entschieden werden sollte, mit der Frage konfrontiert, in welcher Weise außer den kirchlichen Hilfswerken Misereor und Brot für die Welt auch weitere nicht-staatliche Einrichtungen bei der Gestaltung der Entwicklungspolitik berücksichtigt werden sollten. In seiner 34. Sitzung am 16.2.1962, die zum ersten Mal unter dem Vorsitz des neuen Ministers, Walter Scheel, stand und, da das neue Ministerium noch keinen Amtssitz hatte, im Bundeskanzleramt stattfand, wurde der Ausschuss unter TOP 5 überraschend mit einer Vorlage des Auswärtigen Amtes konfrontiert, das einen Antrag der Politischen Akademie Eichholz e. V. vorlegte, mit dem die Unterstützung eines Instituts für politische Bildung in Caracas/Venezuela beantragt wurde.

Zur Begründung des Antrags teilte das Auswärtige Amt mit, dass das Bundeskanzleramt in dem Vorhaben einen neuen Weg zur Heranbildung einer demokratischen Führungselite in den Entwicklungsländern sehe und das Projekt dafür ein Modellfall sei. Zwar hatte das Auswärtige Amt schon zuvor internationale Seminare der Friedrich-Ebert-Stiftung „zur geistigen Auseinandersetzung mit dem Kommunismus“ finanziell unterstützt, aber die Tätigkeit nicht-staatlicher Organisationen in Zusammenarbeit mit ausländischen Organisationen sei, zusammen mit der Finanzierung von Projekten der kirchlichen Werke, für die sich

Bundeskanzler Adenauer schon zuvor eingesetzt hatte, ein „erstmaliger" Vorgang.[78]

Die Initiative Adenauers, der einen deutschen Beitrag zu einem sozialreformerischen und demokratischen Weg Lateinamerikas leisten wollte, war der Beginn der Auslandsarbeit der Politischen Stiftungen. Jüngere Politiker der CDU und SPD unterstützten die Initiative, die beginnende deutsche Entwicklungspolitik um diese Dimension zu erweitern. Am 2. Mai 1962 wurde der Geschäftsführer der Friedrich-Ebert-Stiftung *Günter Grunwald* und ich als Leiter der Politische Akademie Eichholz zu einer Besprechung mit dem Interministeriellen Referentenausschuss für Technische Hilfe eingeladen. Wir schieden mit dem Eindruck, dass sich für die politische Absicherung und haushaltsrechtlichen Fragen der zukünftigen Auslandsarbeit der politischen Stiftungen eine Lösung finden lasse.[79] Daraus entstand dann in der Folge der Haushaltstitel des Bundesministeriums für wirtschaftliche Zusammenarbeit „Förderung der gesellschaftspolitischen Erziehung in den Entwicklungsländern" (heute „Entwicklungspolitische Arbeit der Politischen Stiftungen") und ein bis heute weltweit einmaliges Instrument zum politischen Dialog mit den führenden politischen und kulturellen Persönlichkeiten der Entwicklungsländer.

Dr. Martin Greiff

Im BMZ von 1963 bis 2000 tätig (seit 1972 Referatsleiter „Welternährung", Organisation, Südliches Afrika, Forschung, Ostasien), davor: Studienstelle der früheren Deutschen Stiftung für Entwicklungsländer in Berlin und Bonn.

Kennedy, Adenauer und Lübke geben sich die Ehre

Aufgeregt drängten sich zahlreiche junge Menschen an diesem Tag im Juni 1963 an das Geländer der Treppe zum Obergeschoss des Bundespräsidialamts, um nichts von der Zeremonie zu versäumen, die sich gleich im Erdgeschoss abspielen sollte. Dort stand im Foyer der Villa Hammerschmidt ein großer Tisch mit zwei Exemplaren des zu unterzeichnenden Dokuments samt Füllern.

Nach einiger Zeit spannungsvollen Wartens öffnete sich ein Vorhang vor der Tür zu den Innenräumen und drei Personen kamen ins Foyer, Bundesminister *Scheel*, *Sargent Shriver*, der Chef des US-Peace Corps und in gelbem Sommerkleid seine *Frau Eunice*, eine Schwester *John F. Kennedys*, die diesen bei seinem damaligen Deutschlandbesuch begleiteten. Scheel und Shriver setzten sich an den Tisch, um die Urkunde zu unterschreiben, während Frau Shriver sich neben ihren Mann stellte. Nun trat Präsident Kennedy von hinten aus dem Inneren der Villa hinzu, flankiert von Bundespräsident *Heinrich Lübke* und *Bundeskanzler Konrad Adenauer*. Nachdem Walter Scheel und Sargent Shriver die Urkunde zur Gründung des Deutschen Entwicklungsdienstes unterzeichnet, die Exemplare ausgetauscht und die Vereinbarung mit einem Händedruck besiegelt hatten, zogen sich die Hauptpersonen zum Gespräch wieder in die Innenräume des Bundespräsidialamts zurück, und wir verließen nach und nach die Villa. Sekt für alle, das gab es damals noch nicht.

Die Mitglieder unserer Gruppe waren zusammen mit anderen jungen, engagierten Menschen zu dieser Unterzeichnung als jugendliche Zeugen und potenzielle Entwicklungshelfer eingeladen worden, weil wir mit etwa 40 Personen, vorwiegend Studentinnen und Studenten, im April/Mai 1963 ein Praktikum bei Entwicklungsinitiativen in Sizilien absolviert hatten. Sizilien galt als Entwicklungsregion in Europa.

4 Entwicklungspolitik unter erschwerten innenpolitischen Bedingungen
Minister: Hans-Jürgen Wischnewski (1966–1968)

• Beschreibung und Wertung

Ende 1966 wurde eine große Koalition von CDU und SPD gebildet und Hans-Jürgen Wischnewski (SPD) wurde Entwicklungsminister. Wischnewski schien als Entwicklungsminister besonders prädestiniert, da er durch seine frühe Unterstützung der algerischen Befreiungsbewegung im Kampf gegen die Kolonialmacht Frankreich 1954 und die Jahre danach ein wachsendes Netzwerk in arabischen Staaten aufgebaut hatte, das geeignet war, ihm als Entwicklungsminister in Asien, Afrika und Lateinamerika Türen zu öffnen.[80] Als zentrales Motiv für sein Engagement gab Wischnewski deshalb das *Selbstbestimmungsrecht der Völker* an, dem für ihn, sicherlich auch vor dem Hintergrund der deutschen Frage, also der historischen Situation der deutschen Zweistaatlichkeit, ein besonderer Stellenwert zukam: „Zu meinen Überlegungen gehörte, dass man nur dann glaubwürdig für das Selbstbestimmungsrecht des eigenen Volkes eintreten kann, wenn man auch das der anderen Völker ernst nimmt und sich dafür aktiv engagiert. Dieses Selbstbestimmungsrecht war für mich ein unverzichtbarer Bestandteil des Völkerrechts und der internationalen Zusammenarbeit.“[81]

Die große Koalition insgesamt war von mehreren *Rahmenbedingungen* geprägt, die für eine aktive Entwicklungspolitik zunächst *ungünstig* erschienen. Als erstes galt zu Beginn immer noch offiziell die Hallstein-Doktrin als verbindlich. Die *Hallstein-Doktrin* wurde jedoch unter Wischnewski schrittweise gelockert.[82] Eine weitere ungünstige Rahmenbedingung stellte der Umstand dar, dass die große Koalition zu einer Zeit in die Regierungsverantwortung kam, als die *erste große Wirtschaftskrise* nach dem Krieg das Wirtschaftswunderland Bundesrepublik erschütterte. Der Konjunktureinbruch zwischen Herbst 1966 und Sommer 1967 führte dazu, dass das Bruttosozialprodukt 1967 das erste Mal in der Geschichte der Bundesrepublik sank.[83] Die Entwicklungspolitik der Bundesrepublik Deutschland hat deshalb während der großen Koalition – aufgrund der internen ökonomischen Schwierigkeiten – auch der *Exportförderungspolitik und der Arbeitsmarktpolitik* gedient.[84]

Schwerpunktländer deutscher Entwicklungszusammenarbeit waren die Türkei, Iran, Afghanistan, Indien und Indonesien. Daneben begann die Unterstützung der unabhängig gewordenen afrikanischen Staaten. Ein wichtiger thematischer Akzent der Entwicklungszusammenarbeit war die Förderung der *gewerblichen Berufsausbildung*.

Im Jahre 1967 wurde erstmals der Versuch gemacht, in der *Öffentlichkeit* Vorurteile gegen die Entwicklungspolitik abzubauen. Dabei wurde bei den Informationskampagnen auf Einfachheit und Verständlichkeit großen Wert gelegt. Zielgruppen waren in erster Linie sog. „einfache Bevölkerungsschichten“[85], da dort nach Ergebnissen von Meinungsumfragen die stärksten Vorbehalte gegen die Entwicklungshilfe bestanden. Wischnewski ließ sogar eine *Schallplatte für die Entwicklungshilfe* anfertigen.[86] Im Auftrage des BMZ verfasste der Ruhr-Barde Jürgen von Manger („Herr Tegtmeier“) einen werbenden Schallplattentext, dem folgender Auszug entnommen ist: „Der Betriebsrat is inne Ohren gekommen, dass es einige von uns gibt, die noch nicht richtig aufgeklärt sind mitte Entwicklungshilfe. […] Ich habe die Tage mal persönlich mit dem Minister gesprochen, […] der Herr Wischnewski, der muss dat ja schließlich wissen der Mann und der sagt: Es wär doch ein Blödsinn, wenn es immer heißt, dat wir die ganzen Entwicklungsmillionen nur verschenken täten! Nix! Die Herrschaften kriegen die Mäuse nur geborgt und müssense jeden einzigen Pfennig wieder zurückzahlen mit Zins und Zinseszins mit bei, da wären die in Bonn ganz pingelig für. […] Also bitte schön: dat wissen die meisten nich, dass dieses Geld, wat die sich ausleihen, wenn se so mit ihren schwatten Aktentaschen in Bonn angewackelt kommen: Dat dürfen die überhaupt nicht zu Hause nehmen, sondern müssense hier in Deutschland gleich irgendwelche Traktoren oder auch schon mal Kunstdünger für kaufen, damit dieser Dünger dann gleich die deutsche Industrie wieder zugutekommt und wir alle eine schöne Auftragslage, ne, also dass diese ganze Konjunktur nich länger anne Talsohle rumknabbern muss, sondern die Wirtschaft schön am laufen hält.“[87]

Später erkannte Wischnewski jedoch, dass die Politik, die Entwicklungshilfe als Instrument der Wirtschaftspolitik einzusetzen, falsch war: „Deshalb habe ich bei meiner Bitte um Verständnis für die deutsche Entwicklungspolitik die wirtschaftlichen Interessen der Bundesrepublik viel zu stark in den Vordergrund gestellt. Ich glaubte, mit dieser Methode Menschen leichter gewinnen zu können. Doch dieser Weg war falsch. Heute weiß ich, dass die verantwortlichen Politiker in den reichen Industrieländern ihren Bürgerinnen und Bürgern ehrlich sagen müssen, dass wirkliche Opfer gebracht werden müssen, um diese vielleicht größte Aufgabe zu erfüllen. Heute sind sich verantwortungsbewusste Politiker darüber einig, dass die Lösung von drei Weltproblemen über den weiteren Fortbestand dieser Erde entscheidet:

- Die Schaffung und Erhaltung des Friedens in allen Teilen dieser Welt.
- Die Erhaltung und Wiederherstellung von Natur und Umwelt auf dem Lande, im Wasser und in der Luft, in allen Regionen der Erde.
- Der Abbau des nahezu unmenschlichen Gefälles zwischen den reichen Ländern im Norden und den armen Ländern im Süden unserer Welt.“[88]

Wischnewski erkannte früh die Bedeutung des *Bevölkerungswachstums*. So schrieb er 1968:

„Vom Jahr 2000 trennen die Menschheit nur noch 32 Jahre. In diesem kurzen Zeitraum wird sich die Bevölkerung der Erde von heute 3,4 Milliarden Menschen auf mehr als 6 Milliarden verdoppeln."[89] Deshalb hatte sich das BMZ entschlossen, Programme der Bevölkerungspolitik in Entwicklungsländern zu unterstützen. „Der besonderen Verantwortung, die bei jeder Mitwirkung an bevölkerungspolitischen Programmen übernommen wird, sind wir uns ebenso bewusst, wie der Problematik solcher Programme: Missbräuche und negative Nebenwirkungen bei Maßnahmen der Familienplanung können nur vermieden werden, wenn die Programme in eine fundierte Bevölkerungspolitik eingebettet werden, die auf breiten soziologischen und ethnologischen Untersuchungen basiert."[90] Eine Unterstützung der Familienplanung war in den 1960er-Jahren mutig. Wischnewski wählte klare Worte: „Obwohl vor kurzem das Oberhaupt der katholischen Kirche in der Enzyklika ‚Humanae vitae' den Gebrauch antikonzeptioneller Mittel untersagt hatte, müssen wir weiterhin die Überzeugung vertreten, dass die Geburtenregelung in den Entwicklungsländern unumgänglich ist."[91]

Eine große Bedeutung hatte eine von Wischnewski eingereichte *Planungsgruppe*, wie überhaupt das BMZ einen hohen Anteil von Planern, Beratern und Gutachtern beschäftigte.[92]

Wischnewski bemühte sich um eine Effizienzsteigerung der Entwicklungspolitik und forcierte die Projektevaluierung. Alle laufenden Projekte wurden überprüft (sog. *Durchforstungsaktion*), Schwerpunktsetzungen erarbeitet und Methoden der *Projektevaluierung* entwickelt. Wischnewski: „Die Überprüfung der Projekte war notwendig, um die Ausgabe von Haushaltsmitteln weit von der Bundesrepublik entfernt, irgendwo im Busch, mit den Richtlinien der Reichshaushaltsordnung in Einklang zu bringen."[93]

Wischnewskis BMZ war noch sehr *schmalbrüstig*, denn die Mittel der Kapitalhilfe waren noch im Haushalt des Wirtschaftsministeriums untergebracht. Natürlich musste es Aufgabe des Bundesministers für wirtschaftliche Zusammenarbeit sein, diesen wichtigen Betrag in den Haushalt des eigenen Ministeriums zu übernehmen. Wischnewski: „Wirtschaftsminister Karl Schiller war ein brillanter Mann, aber auch ein Zuständigkeitsfetischist.

Ich hatte mit ihm harte Auseinandersetzungen in dieser Frage und habe mein Ziel auch nicht erreichen können. Erst meinem Nachfolger Erhard Eppler ist es gelungen, die Zuständigkeit für die Kapitalhilfe im BMZ zu verankern."[94] Wischnewskis Entwicklungspolitik hat dennoch *einige wenige Marksteine* gesetzt: seine Betonung des Selbstbestimmungsrechtes der Völker, sein Beharren auf den exportfördernden Wirkungen der Entwicklungshilfe (die er allerdings später revidierte), die Initiierung der Familienplanung als Instrument der Entwicklungspolitik und die Einführung der Projektevaluierung.

„Wischnewski hat Entwicklungspolitik zu einem Thema gemacht, an dem niemand mehr vorbeikam. Nicht so sehr deshalb, weil er ursprünglich darauf aufmerksam gemacht hatte, dass eine Exportnation wie die deutsche ein Interesse daran hat, dass anderswo die Menschen etwas kaufen können. Es war seine Persönlichkeit, seine Vitalität und seine Vergangenheit (seine frühe Unterstützung der algerischen Unabhängigkeit). So stand der Name „Ben Wisch" für die persönliche Beziehung zu den Menschen, um deren Zukunft es bei der Entwicklungspolitik ging."[95]

Stimmen von Zeitzeugen: Dr. Wolf Preuss, Dr. Helmut Giesecke, Dr. Sigvard Clasen

Dr. Wolf Preuss

Mitarbeiter des BMZ 1963–1998, Persönlicher Referent der Bundesminister Hans-Jürgen Wischnewski und Dr. Erhard Eppler, Leiter der Abteilung Multilaterale Zusammenarbeit und Sektorpolitik. 1998–2006 Berater der Regierungen in Albanien, Kosovo und Georgien zu Fragen der Annäherung an die EU.

Der Gerechte

Am beeindruckendsten war an Hans-Jürgen Wischnewski sein Sinn für Gerechtigkeit, seine Empathie, sein Sich-Kümmern um den Mitmenschen und seine absolute Loyalität gegenüber seinen Mitarbeitern. In der täglichen engen Zusammenarbeit passieren auch in der engsten Umgebung des Ministers Pannen, die sofort nach außen getragen werden. Diese werden von ihm intern unaufgeregt kritisiert, nach außen stellt sich der Minister immer vor seine Leute. Darauf kann man sich verlassen. Auf längeren Fahrten mit dem Dienstwagen sitzt immer sein Fahrer beim Essen auf Ministerkosten mit am Tisch, auch bei vertraulichen Gesprächen.

Ein Besuch in Teheran, 1968: Das offizielle Tagesprogramm ist abgearbeitet. Für den freien Abend hat Wischnewski die beiden uns ständig begleitenden iranischen Motorrad-Polizisten zum Essen eingeladen. Nach einer wilden Fahrt mit viel Blaulicht und Gehupe auf der linken Fahrspur durch Teheran fehlt beim Restaurant einer der beiden Polizisten. Bei Nachfrage stellt sich heraus, dass dieser einen wegen unserer Fahrweise zu Recht protestierenden Iraner schnurstracks deswegen ins Gefängnis gebracht hat. Dort sollte er erst mal bleiben. *Wischnewski* fordert dessen sofortige Freilassung und verschiebt das Essen solange, bis der Mann in Freiheit und der zweite Polizist wieder aufgetaucht ist.

Dr. Helmut Giesecke

Leiter der Planungsgruppe des BMZ in der Zeit von 1966 bis 1969, zuvor längere Tätigkeiten in Mittelamerika und Indien, danach Wechsel in die Privatwirtschaft: Leiter der Außenwirtschaftsabteilung des DIHT (Deutscher Industrie- und Handelstag).

Ausbau der jungen Entwicklungspolitik trotz Wirtschaftsflaute

Nach der Bildung der ersten großen Koalition in der Bundesrepublik Deutschland warteten wir in dem vom liberalen Minister Walter Scheel geprägten jungen BMZ gespannt auf die neuen Akzente der deutschen Entwicklungspolitik, die Minister Hans-Jürgen Wischnewski (SPD) setzten würde. Seine uns bekannten Algerien-Initiativen wie auch seine Stellungnahmen im Bundestag ließen erwarten, dass die Gestaltungswünsche der Entwicklungsländer eine größere Rolle spielen dürften. Während die alten Kolonialmächte eigene Entwicklungsprogramme entworfen hatten, hatten die verschiedenen Fachressorts der Bundesrepublik ihre besonderen Stärken in das zunächst nur lose koordinierte Angebot der Bundesrepublik eingebracht. Aufgabe des jungen Entwicklungsministeriums war es, unterstützt von Fachwissenschaftlern, für eine begrenzte Zahl von Ländern Programme zu entwickeln, die das deutsche Angebot zusammenfassten und optimal neben Eigenanstrengungen und Fremdhilfe der Nehmerländer stellten. Zusammen mit den neu gebildeten Länderreferaten lag hier eine wichtige Aufgabe der Planungsgruppe. In dieser Ausbauphase der deutschen Entwicklungspolitik erfolgte ein ernsthafter Konjunkturrückgang und zugleich mit dem Argument der „goldenen Betten" in den Entwicklungsländern, entstanden Zweifel an der Gestaltung der Entwicklungshilfemaßnahmen. Auf beides reagierte Minister Wischnewski. Ich konnte ihn zu wichtigen Veranstaltungen, z. B. im Düsseldorfer Industrieclub und auch zu führenden Betriebsratsvorsitzenden begleiten. In überzeugender Weise trug er den Wunsch des Ministeriums vor, weitere Zuständigkeiten für die Entwicklungspolitik zu erhalten. Er wies dabei auf die zum

Teil schwierigen Abstimmungsprozesse in den interministeriellen Ausschüssen hin, ließ aber keinen Zweifel daran, dass die Kontrollen im Zusammenwirken mit den Partnerländern weiter ausgebaut werden sollten. Natürlich stellte er die Exportwirksamkeit einzelner Maßnahmen heraus, unterstrich aber auch den Gewinn für die Nehmerländer. Für ihn kam es in dieser Situation darauf an, die Interessenlage beider, der Geber- und der Nehmerländer in eine Balance zu bringen. Entscheidend war die Fortentwicklung der deutschen Entwicklungspolitik, die damals gefährdet schien.

Dr. Sigvard Clasen

1965–1968 Projektverantwortlicher der KfW für Investitionen in die Infrastruktur von Entwicklungsländern, anschließend zwei Jahre im Frankfurter Battelle-Institut zuständig für Afrika in Beratung und Projektevaluierung, 1980–1998 Vorstand im Degussa-Konzern, seitdem Aufsichtsrat in Pforzheim.

Entwicklungszusammenarbeit als Schlüsselelement für die wirtschaftliche und gesellschaftliche Prosperität in Südkorea und Malaysia

In den 1960er-Jahren fühlte ich mich weit über mein wissenschaftliches Interesse hinaus als stark engagierter Mitgestalter am wirtschaftlichen Aufbau der Entwicklungsländer. Der Begriff der „Dritten Welt“ war noch nicht verbreitet. Meine Förderung konzentrierte sich innerhalb der Kreditanstalt für Wiederaufbau auf den Infrastrukturbereich (wie Häfen, Straßen und Fernmeldesysteme) jenseits von einengenden politischen Parametern bzw. Vorgaben. Entwicklungsförderung war sorgfältig evaluierte Beurteilung von Investitionsprojekten, die dem betreffenden Land unter vielversprechenden Perspektiven per Kreditfinanzierung ermöglicht werden konnten. Politische Präferenzen spielten keine nennenswerte Rolle. Zugelassen waren also weder Einschränkungen durch sog. Lieferbindung noch Toleranzen gegenüber wirtschaftlich untauglichen Regierungen. Auch eine Rücksichtnahme auf die wirtschaftlichen Interessen

Deutschlands im Sinne von Exportförderungspolitik wurde in meiner KfW-Zeit nicht praktiziert. Beispielgebend für erfolgreich aufstrebende Entwicklungsländer sind Südkorea und Malaysia geworden, die die ihnen zugebrachte Hilfestellung mit einer eindrucksvollen Aufwärtsentwicklung und Prosperität beantwortet haben.

5 Entwicklungspolitik im Lichte der ökologischen Grenzen des Wachstums

Minister: Erhard Eppler
(1968–1974)

• Beschreibung und Wertung

Die Phase 1968–1974 wurde außenpolitisch von der neuen Ostpolitik beherrscht, welche die Nachkriegszeit und die Phase des Kalten Krieges beendete. Ebenso ist sie durch eine Vielzahl von innenpolitischen Reformen als auch durch die Studentenbewegung geprägt.[96] Der entwicklungspolitische Neuerer war zu jener Zeit *Erhard Eppler*. Er war Entwicklungsminister von 1968 bis 1974 unter den Kanzlern Kiesinger, Brandt und Schmidt. Am 21. Oktober 1969 wurde Willy Brandt Bundeskanzler. Die neue Regierung bestand aus einer Koalition von SPD und FDP und löste die große Koalition (CDU/SPD) unter Kurt Georg Kiesinger ab. Erhard Eppler kann deshalb mit gewissem Recht vornehmlich als der *Entwicklungsminister Willy Brandts* bezeichnet werden.[97] Das BMZ (Bundesministerium für wirtschaftliche Zusammenarbeit) konnte sich während dieser Zeit weitgehend von außenpolitischen und außenwirtschaftlichen Vorgaben lösen und die Grundlagen einer eigenständigen Politik legen.

Eppler unterstützte die neue Ostpolitik Willy Brandts. Seit 1967 wurde die *Hallstein-Doktrin* nicht mehr streng ausgelegt. Mit dem Moskauer Vertrag zwischen der Bundesrepublik Deutschland und der UdSSR von 1970 (der erst 1972 in Kraft trat) hatte sie ihren Sinn endgültig verloren, so dass sie mit der Unterzeichnung des Grundlagenvertrages zwischen der Bundesrepublik Deutschland und der DDR im Dezember 1972 offiziell „begraben“ werden konnte. Die Bundesrepublik hatte ihren Alleinvertretungsanspruch aufgegeben und somit keinen Grund mehr,

Staaten der Dritten Welt mit Entwicklungshilfe für die Nichtanerkennung der DDR zu belohnen.[98]

Im Zentrum der Entwicklungspolitik Epplers stand die *ökologische Frage*. Anfang der 1970er-Jahre erschienen Untersuchungen zu den Grenzen des Wachstums (Ehrlich 1970[99], Meadows 1971[100]), die die früheren wachstumsorientierten Ansätze in Frage stellten.[101] Gleichzeitig stieg auch die Wahrnehmung ökologischer Probleme in der Entwicklungspolitik. Eppler selbst entwickelte sich schon in seiner Zeit als Minister zu einem entschiedenen Verfechter von Nachhaltigkeit. In dieser Zeit erlebte Eppler, besonders durch die bewusste Wahrnehmung des Elends in der Dritten Welt, einen Bewusstseinswandel, durch welchen sich der Schwerpunkt seines politischen Handelns in Richtung der Beachtung der Grenzen des Wachstums verlegte.[102] So leistete er mit einem Vortrag beim Internationalen Kongress der IG-Metall 1972 zum Thema Lebensqualität einen wichtigen Anstoß zu Ökologie-Debatte in der Bundesrepublik Deutschland und global.[103]

Die Verantwortung für die Entwicklungsländer war für Eppler nicht eine Wiedergutmachung für den Kolonialismus, sondern Ausdruck des gemeinsamen Interesses an einer friedlichen Entwicklung in einer Welt mit begrenzten Wachstumsaussichten. Im Zentrum seiner Überlegungen stand die ökologisch begründete *Skepsis gegenüber dem wachstumsorientierten Entwicklungsmodell*, das ersetzt werden sollte durch ein grundbedürfnisorientiertes Entwicklungsmodell als Kern des entwicklungspolitischen Handelns.

Als Eppler 1968 das Ministerium übernahm, unterstützt von Staatssekretär *Udo Hein*, hatte es nur wenige eigene Kompetenzen. Ein Großteil der Entscheidungen wurde im Wirtschafts- und Außenministerium gefällt. Die ersten Jahre der Amtszeit Epplers waren besonders von *Kämpfen um Kompetenzen* mit anderen Ministerien geprägt.[104] 1969 wurden in den Bundesministerien das „Amt“ des Parlamentarischen Staatssekretärs neu geschaffen. Ihm wurde die Aufgabe zugewiesen, den Minister bei der Erfüllung seiner politischen Aufgaben zu unterstützen. Erste Parlamentarische Staatssekretärin im BMZ wurde *Brigitte Frey* (1969–1972). Sie setzte sich für mehr Zuständigkeiten für das BMZ ein. Mit Antritt der sozialliberalen Koalition 1969 bekam das BMZ die Kompetenzen für Massenmedienprojekte vom Bundespresseamt, im Mai 1970 die Zuständigkeit für die Planung von Kapitalhilfe vom Wirtschaftsministerium, das jedoch die Durchführungskompetenz für Einzelprojekte behielt und somit auch bei der Planung mitsprechen konnte. Erst nach dem Ausscheiden des Wirtschaftsministers Karl Schillers bekam das BMZ im zweiten Kabinett Brandt, also erst ab 1972 die Kompetenz für die Kapitalhilfe vom Wirtschaftsministerium. Vom Landwirtschaftsministerium wurde 1970 die Kompetenz für Projekte der Agrarhilfe übertragen, aber erst im Frühjahr 1972 auch die Federführung für die Nahrungsmittelhilfe. Die Durchführung der Projekte wurde als nichtministerielle Aufgabe aus dem Ministerium ausgegliedert und der neu geschaffenen *Bundesstelle für Entwicklungshilfe* übertragen, die sich für ihre Aufgabe der Deutschen Fördergesellschaft für Entwicklungsländer (GAWi) bediente.[105] Es wurde auch ein von Planung und Durchführung unabhängiges *Inspektionsreferat* geschaffen, das die Aufgabe hatte, laufende Maßnahmen der deutschen Entwicklungshilfe zu überprüfen und eventuell notleidende oder fehlerhafte Projekte zu sanieren.[106] Damit waren die administrativen Voraussetzungen für die Durchsetzung einer Konzeption aus einem Guss geschaffen.[107] Treibende Kraft war dabei neben Eppler sein beamteter Staatssekretär *Karl-Heinz Sohn*.

Am 11. Februar 1971 wurde mit der entwicklungspolitischen Konzeption der Bundesrepublik für die zweite Entwicklungsdekade zum ersten Mal eine *umfassende Konzeption der deutschen Entwicklungspolitik* der Öffentlichkeit vorgelegt. Sie stand in deutlichem Kontrast zur früheren Entwicklungspolitik, die sich vor allem auf größere Projekte, besonders Infrastrukturmaßnahmen, konzentrierte. Ein Schwerpunkt lag auf kleineren dezentralen Programmen. Nachhaltigkeit war hier ein wichtiger Aspekt. Es sollte die Eigenverantwortlichkeit gestärkt und die Mittel der Entwicklungspolitik gebündelt und auf wenige Regionen konzentriert werden. Entwicklungspolitik wurde als langfristiges Instrument definiert, das nicht als Instrument kurzfristiger außenpolitischer Erwägungen tauge. Es wurde explizit formuliert: „Die Bundesrepublik versucht nicht, den Partnerländern politische sowie gesellschafts- und wirtschaftspolitische Vorstellungen aufzudrängen.“[108] Eppler verstand sich als „Anwalt der Dritten Welt“. „Entwicklungspolitik wurde ein Ansatz zu einer Weltinnenpolitik. Entwicklungspolitik zielt auf Frieden.“[109]

Entwicklungspolitik sollte verstärkt im Rahmen von mit Empfängern *abgestimmten länderbezogenen Hilfeprogrammen* erfolgen. Ausgehend von den Zielen und Prioritäten der Entwicklungsländer wurden Bereiche und Ansatzpunkte mittelfristig durchzuführender Maßnahmen festgelegt. Die Beiträge der Bundesrepublik sollten auf diese Weise den Bedürfnissen und Möglichkeiten einzelner Entwicklungsländer besser angepasst werden. Die Programme wurden im partnerschaftlichen Dialog mit den Entwicklungsländern und in Koordination mit anderen bilateralen und multilateralen Hilfeorganisationen vorbereitet. Wie sah das konkret aus? Im Jahre 1971 hatte die Bundesregierung begonnen, die öffentliche Hilfe tatsächlich auf der Grundlage länderbezogener Hilfeprogramme zu gewähren. Erste Programme für Tansania, Kenia, Ghana, Nigeria, die Elfenbeinküste, Kamerun, Marokko, Peru, Thailand und Indonesien wurden erstellt.[110] Allen Länderhilfeprogrammen gemeinsam war eine detaillierte Analyse der wirtschaftlichen und gesellschaftlichen Struktur und der Entwicklungspolitik des jeweiligen Landes. Auf dieser Grundlage wurden die sektoralen und regionalen Einstiegsmöglichkeiten sowie Projektansätze für die deutsche Entwicklungshilfe abgeleitet, wobei die Maßnahmen anderer Geber berücksichtigt wurden. Ich habe damals noch als Mitarbeiter des IFO-Instituts für Wirtschaftsforschung, München, zusammen mit Mitarbeitern aus dem BMZ die Länderhilfeprogramme für Tansania, Kenia und Marokko erarbeitet.

Unter Eppler wurden *sechs Schwerpunktbereiche* für die Entwicklungspolitik festgelegt:

- Bekämpfung der Arbeitslosigkeit,
- Förderung eines arbeits- und umweltorientierten Bildungssystems,
- Strukturveränderungen im ländlichen Raum,
- Ausweitung und Diversifizierung des gewerblichen Sektors,
- Stärkung der Planungs- und Organisationsfähigkeit der Länder und
- unmittelbare Hilfe zur Verbesserung der Lebensbedingungen.[111]

Dem *Umweltschutz* sollte im Sinne der Grundauffassung Epplers ein wichtiger Platz eingeräumt werden.[112] In der Fortschreibung der entwicklungspolitischen Konzeption der Bundesrepublik Deutschland vom 11. Juli 1973 wurde formuliert: „Die Bundesregierung wird die Entwicklungsländer durch ihre Entwicklungshilfe unterstützen, die Umweltbedingungen für ihre Bevölkerung zu verbessern und Umweltschäden möglichst zu vermeiden. Im Zusammenhang mit entsprechenden Bemühungen auf internationaler Ebene wird die Bundesregierung bei der Planung und Durchführung ihre Hilfsmaßnahmen auf die Folgen für die Umweltbedingungen in den Entwicklungsländern achten."[113]

Für eine erfolgreiche Entwicklungspolitik war es unerlässlich, den Einsatz der verschiedenen Instrumente der Hilfe zu koordinieren. In der deutschen Entwicklungspolitik galt es daher, den *Verbundgedanken* durchzusetzen.[114] Dies zeigte sich zunächst im Bestreben, mehrere Instrumente in größeren Vorhaben desselben Sektors konzentriert einzusetzen. So wurde die Kapitalhilfe oft ergänzt durch Entsendung von Fachpersonal im Rahmen der Technischen Hilfe, z. B. Straßen- und Straßenbaumeistereien, Häfen/Eisenbahnen und Betriebspersonal, Verarbeitungsbetriebe und Management etc. Zu diesen Verbundprojekten traten bald auch Vorhaben, die mehrere Sektoren umfassten. Hier sind die Dorfentwicklungsprojekte, aber auch die Kopplung von Landwirtschaftsprojekten mit Verarbeitungsbetrieben zu nennen. Besonders stark trat der intersektorale Aspekt in Erscheinung, wenn im Rahmen eines länderbezogenen

Hilfeprogramms eine bestimmte Region gefördert werden sollte, denn die Verbesserung der Lebensbedingungen in den Regionen setzte in der Regel aufeinander abgestimmte Maßnahmen in verschiedenen Sektoren voraus. Die Bundesregierung förderte mehrere solcher *regionaler Entwicklungsvorhaben* (z. B. Paktia in Afghanistan und Salima in Malawi). In ihnen wurden in Analogie zu den Verbundmaßnahmen der Dorfentwicklung ganze Regionen gefördert.[115] Im Rahmen dieses Ansatzes sollte auch das Instrument der *Programmfinanzierung* eingesetzt werden. Programmfinanzierung wurde definiert als die Bereitstellung von Mitteln zur vollen und teilweisen Finanzierung geprüfter Sektoral- und Regionalpläne.[116] Es wurde aber ausdrücklich festgeschrieben, dass Programmfinanzierung keine Budgethilfe sei. Im Hinblick auf die Beschäftigungswirkungen in Entwicklungsländern konnten sowohl Devisenkosten als auch Kosten, die in Landeswährung anfielen, von der Bundesrepublik finanziert werden.[117]

In der Amtzeit Epplers wurden die Entwicklungshilfemaßnahmen durch die Auseinandersetzung zwischen Indien und Pakistan sowie durch das Auseinanderbrechen Pakistans in zwei Teile 1971 wesentlich beeinflusst. Die Entwicklungszusammenarbeit mit dem *neuen Staat Bangladesch* wurde folgerichtig 1972 begonnen.[118]

Die Jahre 1972 bis 1974 standen im Zeichen der *Dürrekatastrophe* in den Ländern der *Sahelzone* (Senegal, Mali, Mauretanien, Obervolta, Niger, Tschad) und *Äthiopiens* (Provinz Wollo).[119] Es wurde umfangreiche Nahrungsmittel- und Entwicklungshilfe geleistet, um die schlimmste Not zu mildern.

In den letzten beiden Jahren der Amtszeit von Eppler (1972–1974) wurde *Hans Matthöfer* als Nachfolger von Brigitte Frey Parlamentarischer Staatssekretär. Eppler hatte seine Ernennung durchgesetzt, trotz hinhaltenden Widerstandes des Kanzlers Willy Brandt. Matthöfer als Kenner Lateinamerikas und als „Linker" war geradezu prädestiniert, die chilenische Allende-Revolution zu unterstützen, was er auch tatkräftig tat. Allende wurde im September 1973 durch einen Militärputsch gestürzt.

1974 wurde die Entwicklungszusammenarbeit mit *Jugoslawien*[120] begonnen, eine innenpolitisch äußerst kontroverse Entscheidung. Eppler wurde vorgeworfen, das Parlament über den Kredit von 700 Millionen DM nicht rechtzeitig unterrichtet zu haben und den Kredit ohne Projektbindung zu vergeben, außerdem diene der Kredit indirekt der Aufarbeitung deutscher Kriegsschuld. Eppler setzte das Vorhaben dennoch durch.

Es wurde ein Programm zur Förderung der Rückkehr türkischer Arbeitnehmer in ihre Heimat initiiert („*Gastarbeiterprogramm*"). Ferner wurde der Transfer situationskonformer, d. h. arbeitsintensiver Technologien in die Entwicklungsländer gefördert, um vor allem einen Beitrag zur Lösung von Beschäftigungsproblemen in den Partnerländern leisten zu können („*Technologieprogramm*"): ein Lieblingsprojekt von Eppler, allerdings ohne nachhaltige Wirkung. Es ist auch interessant zu erwähnen, dass erste Testversuche gestartet wurden, um ein *EDV-orientiertes Informationssystem* einzuführen.[121]

Noch während der Amtszeit Epplers, nämlich im Januar 1974, wurde beschlossen, im Rahmen der Neuordnung des Durchführungsbereichs der bilateralen Technischen Zusammenarbeit die Bundesstelle für Entwicklungshilfe (BfE) und die Fördergesellschaft für Entwicklungsländer (GAWi) in einer bundeseigenen Gesellschaft (*Deutsche Gesellschaft für Technische Zusammenarbeit GTZ*)[122] zusammenzuführen. Einen maßgeblichen Anteil daran hatte *Hansjörg Elshorst*, der später auch einer der Geschäftsführer der GTZ wurde.

Die *öffentliche Entwicklungshilfe* erhöhte sich in der Amtszeit von Erhard Eppler von 1,1 Milliarden Euro 1968 auf 1,9 Milliarden Euro 1974. Dies relativiert sich allerdings, wenn der Anteil am BSP betrachtet wird. Dieser Anteil sank von 0,42 Prozent 1968 auf 0,37 Prozent 1974.[123] Dies ist damit zu erklären, dass das Bruttosozialprodukt in dieser Zeit stark wuchs. Damit entfernten sich in der Amtszeit Epplers die Leistungen von dem Ziel, als öffentliche Entwicklungshilfe 0,7 Prozent des BSP zu leisten. Es liegt also nahe zu behaupten, dass in Epplers Amtszeit eher die notwendigen Strukturen und inhaltliche Konzepte geschaffen wurden, als dass neue quantitative Impulse umgesetzt worden wären.

Die *öffentliche Meinung* war für Eppler durchaus ein zentrales Problem der Durchsetzung einer sinnvollen und erfolgreichen Entwicklungspolitik. Er schreibt: „Erst wenn eine kritisch engagierte, sachkundige öffentliche Meinung – wie in Schweden – konkrete und gleichzeitig realisierbare Forderungen an die Regierung stellt, enthält Entwicklungspolitik den Stellenwert, der ihr zukommt."[124] Durch die Auswirkungen der Studentenrevolution waren der Entwicklungspolitik neben wirtschaftsnahen konservativen Kreisen auch Kritiker „von links" erwachsen. Von dieser Seite kamen vor allem Vorwürfe des Neokolonialismus.[125]

Während seiner gesamten politischen Laufbahn konnte sich Eppler, der lange Zeit Mitglied im Vorstand der evangelischen Kirche war, der *Unterstützung der evangelischen als auch der katholischen Kirche* sicher sein. Besonders als Entwicklungsminister gab es viele Berührungspunkte, da für die Kirchen Entwicklungshilfe ein genuiner Betätigungsbereich war, spätestens seit dem entsprechenden Beschluss der Weltkirchenkonferenz in Uppsala 1968. Die Kirchen waren zu Epplers Amtszeit auch die einzigen sichtbaren Organisationen, die eine Öffentlichkeit in entwicklungspolitischen Fragen herstellten und selbst für die Partnergemeinden in Entwicklungsländern direkt vor Ort aktiv waren.[126]

Aus dem Gedanken heraus, dass die im zweiten Entwicklungsjahrzehnt notwendige Entwicklungspolitik der Industrienationen nicht alleine Aufgabe der Regierung sein könne, sondern von einer breiten Schicht der Bürger verstanden, bejaht und getragen werden sollte, hatte Bundespräsident Heinemann die Gründung eines *Forums für Entwicklungspolitik* angeregt. Am 17. August 1970 berief der Bundespräsident 27 sachkundige Persönlichkeiten auf die Dauer von 3 Jahren in das Deutsche Forum für Entwicklungspolitik.[127] Sie repräsentierten folgende gesellschaftliche Bereiche und Gruppen: Gewerkschaften, Landwirtschaft, Wirtschaft, Wissenschaft, Jugend, Kirchen, politische

Stiftungen und Publizistik. Das Forum sollte in seiner Zusammensetzung bewusst den Meinungspluralismus in der Bundesrepublik widerspiegeln, um mit seinen Aussagen ein entsprechend breites Echo in der deutschen Bevölkerung zu erreichen. Es arbeitete unabhängig und war an Weisungen nicht gebunden. Das Forum hatte ein dreiköpfiges Präsidium:[128] Prof. Theodor Dams, Universität Freiburg, der Schriftsteller Günter Grass und Dr. Wilfried Guth, Vorstandsmitglied der Deutschen Bank. Das Forum hatte die Aufgabe, die Bewusstseinsbildung in allen Schichten und gesellschaftlichen Gruppen in der Bundesrepublik über Zielsetzung und Bedeutung der Entwicklungspolitik zu fördern. Die Wirkungen des Forums hielten sich in Grenzen.

Erhard Eppler war ein *visionärer, fordernder, zuweilen aber auch schwieriger Minister.* Gunther Huonker, Epplers Büroleiter im Bundesministerium für wirtschaftliche Zusammenarbeit, erinnert sich: „Niemand im Hause konnte Eppler Redeentwürfe liefern, die seinen Vorstellungen auch nur annähernd entsprachen. Das gab nur Ärger. Große Reden hat er gleich selbst geschrieben." Auch ich musste dies schmerzlich erfahren, mein erster Redeentwurf für eine Rede des Ministers bei dem Entwicklungsausschuss der OECD in Paris fiel glatt durch. „Lesen Sie erstmal die Akten gründlich", stand auf meinem mit Herzblut geschriebenen Entwurf.

Nachdem Bundeskanzler Willy Brandt infolge der Guillaume-Affaire im Mai 1974 seinen Rücktritt eingereicht hatte, übernahm mit Helmut Schmidt ein Politiker das Amt, der nicht nur eine generelle kritische Haltung gegenüber der Eppler'schen Version von Entwicklungspolitik einnahm, sondern der angesichts der Ölkrise eine stärkere Berücksichtigung der Eigeninteressen forderte und tendenziell beabsichtigte, die Mittel für die Entwicklungszusammenarbeit zu kürzen.[129]

Epplers entwicklungspolitische *Bilanz* ist *beachtlich.* Er legte die erste umfassende Konzeption der deutschen Entwicklungspolitik der Öffentlichkeit vor. Entwicklungszusammenarbeit erfolgte von nunmehr auf der Grundlage länderbezogener Hilfeprogramme, dem Umweltschutz wurden ein wichtiger Platz eingeräumt, regionale Entwicklungsvorhaben gefördert und das Instrument der Programmfinanzierung eingeführt. Ferner wurde ein Gastarbeiterprogramm und ein Technologieprogramm konzipiert und ein Forum für Entwicklungspolitik gegründet. Kritisch anzumerken bleibt die Gewährung eines großen Entwicklungskredits an Jugoslawien am Parlament vorbei. Eppler hat die notwendigen Konzepte erarbeitet, in quantitativer Hinsicht ist ihm hingegen kein Durchbruch gelungen.

Eppler stellte *am Ende seiner Amtszeit* resigniert fest: „Ein neues, zwischen mächtigen Ressorts eingezwängtes Ministerium ist auf ein Mindestmaß an Wohlwollen im Kanzleramt angewiesen. Nur wenn zumindest offen ist, wie ein Streit enden wird, der bis ins Kabinett getragen wird, kann ein solches Ressort arbeiten.“[130] Unter Brandt hatte Eppler dieses Wohlwollen für die Entwicklungspolitik ausgemacht. Helmut Schmidt dagegen wollte von Entwicklungspolitik möglichst wenig hören. Es liegt eine gewisse Tragik darin, dass kurz nachdem das BMZ die nötigen Kompetenzen für eigenständiges Arbeiten erhalten hatte, unter der Kanzlerschaft Helmut Schmidts kein Interesse mehr an Entwicklungspolitik bestand. Als für Eppler klar wurde, dass vom Kanzler kaum neue finanzielle Engagements bewilligt werden würden, trat Eppler am 4. Juli 1974 zurück.[131] In seiner Rücktrittserklärung zitierte er Gustav Heinemann mit dem Satz: „Wer heute nur für sich selber sorgen will, verspielt mit der Zukunft anderer auch seine eigene.“[132] Für Eppler war Entwicklungspolitik ein Versuch, das Leben für alle erträglich zu machen, damit es nicht für alle unerträglich wird.

Stimmen von Zeitzeugen: Manfred Kulessa, Herbert Sahlmann

Manfred Kulessa

Geschäftsführer des Deutschen Entwicklungsdienstes 1969–1974, UNDP 1974–1988, UN-Koordinator in China 1983–1988. Honorarkonsul des Königreichs Bhutan.

Weltinnenpolitik und Pietcong

Als der britische Diplomat D.J.M. Cornwell (John Le Carré) *Erhard Eppler* auf einer gemeinsamen England-Reise kennenlernte, notierte er erstaunt, dass für diesen jungen Abgeordneten Politik zu 90 Prozent aus Ideen und nur zu 10 Prozent aus Beziehungen bestand, während doch bei den meisten Politikern dieses Verhältnis in der Realität eher umgekehrt zu sein pflegt. Das hinderte allerdings Willy Brandt nicht daran, dem schwäbischen Protestanten im bewegten Jahr 1968 unmittelbar nach der richtungsweisenden Weltkirchenkonferenz von Uppsala das BMZ anzuvertrauen.

Später hat Eppler über die begrenzte politische Unterstützung in diesem Amt geklagt, die ihm eigentlich nur von den Mitte-Links-Gruppierungen in der SPD und allenfalls sporadisch aus der CDU zu Teil wurde, z. B. von der unvergessenen *Erika Wolf*. Heute wissen wir, dass Eppler seiner Zeit voraus war. Dabei ist niemand klarer und entschiedener für eine Politik internationaler Solidarität eingetreten als er. Er tat dies in zahlreichen Büchern und Reden, auf Kirchentagen bis hin zu Gewerkschaftskongressen (z. B. in Oberhausen 1972, wo er sein Konzept von „Lebensqualität" vorstellte) wie auf Parteiveranstaltungen und internationalen Konferenzen. In ungewöhnlicher Weise pflegte er den Meinungsaustausch mit dem Montagskreis junger BMZ-Beamter wie mit prominenten Gesinnungsgenossen, etwa dem Vietnam-geläuterten *Robert McNamara*, Staatsmännern wie *Nyerere* und *Palme* und *Carl-Friedrich von Weizsäcker*, den er damals für den Vorsitz des Deutschen Entwicklungsdienstes gewinnen konnte.

Tatsächlich hat er anregend und motivierend auf eine ganze Generation entwicklungspolitisch engagierter Menschen in Staat, Kirche und Zivilgesellschaft gewirkt. Hierin liegt wohl seine besondere historische Leistung. Natürlich ging das nicht ohne Konfrontationen ab, und er nahm dabei auch einige Risiken auf sich. In Anlehnung an Rosenstocks-Huessys Begriff der Friedenspiraten nannte er die Entwicklungshelfer gelegentlich „Friedenspiraten“ und lieferte damit Gegnern und Kritikern das rote Tuch, mit dem sie ihn in die linke Ecke zu verweisen suchten. Herbert Wehner, der ähnliche Angriffe selbst reichlich erfahren musste, bezeichnete Eppler und seine Gefolgsleute freundlich-grimmig als „Pietcong“.

Manfred Kulessa: Abgang Erhard Eppler (1974)

Im Bundestag hat dieser Lehrer
Mehr Kritiker als Verehrer.
Ob er wohl im Be-Em-Zette
Eine Kaderschmiede hätte,
fragte dreist die CDU
und sie schaute ungern zu,
traf er sich nach langer Reise
nicht im Beirat weiser Greise,
nein, im linken Montagskreise.
Statt der Ausschußveteranen
schult er Friedenspartisanen.
Manche wundern sich indessen:
Zelebriert der rote Messen?
Oder übt bei ihm man schon
Schritt für Schritt Revolution?
Bei der NATO ziehn darauf
erste Warnsignale auf:
„Herbert Wehner can’t be wrong,
he just called him ‚Pietcong‘.“
Bald wirkt mühsam nur sein Stück
fortschrittlicher Politik.

Selbst die Baracke, still und sacht,
hat sie ihm schon schwer gemacht,
wo im Keller, hurtig heiter,
sägen die Kanalarbeiter.
Selbst der Bundeskanzler Schmidt
kriegte davon etwas mit.
So, wer hätte das gedacht,
erodiert Etat und Macht.
Da hat Eppler Schluss gemacht.
Heißt das: Erhard, gute Nacht?
Nein, bei aller harten Kost
bietet die Erfahrung Trost.
Die Geschichte wird's besorgen
und es gibt ein neues Morgen.
Denn so manches gute Werk
Wartet schon in Württemberg.

Herbert Sahlmann

Persönlicher Referent und später Leiter des Ministerbüros von Erhard Eppler im BMZ, Geschäftsführer des Deutschen Entwicklungsdienstes (1980–1984). Vorstand Stiftung Nord-Süd-Brücken.

Klarer Denker und wertorientiertes Handeln

Am meisten beeindruckt haben mich *Erhard Epplers* Analyse- und Formulierungsfähigkeiten und seine perspektivischen und ganzheitlichen Gedankenansätze.

So konnte er auf der Grundlage einer Faktensammlung des Ministeriums zu einem Thema in kurzer Vorbereitungszeit an Hand von 10 bis 20 handschriftlich von ihm erstellten Stichworten einen druckreifen einstündigen Vortrag halten, der mindestens eine wichtige Botschaft hatte. In wenigen Minuten formuliert er auch eine Presseerklärung, die knapp und klar und mit „Biss“ eine neue Idee oder eine wichtige Information „rüberbringt“.

Ein Beispiel: „Die Verbindung von Nachhaltigkeit und sozialer Gerechtigkeit ist nicht nur in diesem Bericht, es ist auch in der politischen Wirklichkeit die Aufgabe Nr. Eins. Wir haben eine weltweite kollektive Verantwortung gegenüber den am wenigsten privilegierten Gruppen“ und er verwies auf den moralischen Imperativ, „der uns verpflichtet, dafür zu sorgen, dass die Gegenwart nicht zum Feind der Zukunft wird“, (Erhard Eppler in einer Presseinformation der DGVN vom 02.11.2011 anlässlich der Vorstellung des „UN-Berichtes über die menschliche Entwicklung 2011“).

Erhard Eppler lebt diesen moralischen Imperativ.

6 Entwicklungspolitik im Zeichen des Ölpreisschocks
Minister: Egon Bahr (1974–1976)

Beschreibung und Wertung

Bahr wurde Nachfolger Epplers als Entwicklungsminister im Kabinett Schmidt. „Mit einer Mischung aus Zögern, Hochachtung und Faszination bin ich dem Drängen von Willy Brandt und Helmut Schmidt nachgekommen, Erhard Eppler im Amt des Bundesministers für wirtschaftliche Zusammenarbeit zu folgen. Das Zögern rührte aus der Sympathie mit dem Amtsinhaber, dessen politische Schwierigkeiten mit dem Bundeskanzler über die Anlässe seiner amtlichen Meinungsverschiedenheiten hinausgingen. Die Hochachtung galt dem prägenden Wirken eines Mannes, der aus dem Begriff der Weltinnenpolitik gesellschaftspolitische Folgerungen eines sehr reichen Landes, ethisch wie moralisch, gezogen und dieses Denken in der öffentlichen Meinungsbildung eingeführt hatte, ohne die notwendige Unterstützung zu finden.“[133]

Dass Bundeskanzler Schmidt die langfristig bedrohliche Dimension der Entwicklungsländer unterschätzte, zeigte sich in der distanzierten Art, in der er Bahr ins Ministerium schickte. Er hatte Bahr um eine „unauffällige Amtsführung“ gebeten.[134] „Mach was du für richtig hältst, aber möglichst wenig Ärger.“[135]

Kern der Bahr'schen Entwicklungspolitik war eine *Kooperation* auf der Grundlage *gleichberechtigter eigenständiger Partnerschaft*. Die Parallelen zu seinem Ost-West-Konzept *Wandel durch Annäherung* sind unverkennbar. „Die große Aufgaben, die die Welt vor sich hat, könnte man auch so formulieren: Wird es gelingen, die Erfahrungen der Entspannung zwischen Ost und West auf das Verhältnis zwischen Nord und Süd anzuwenden? Das bedeutet, wir sollten uns nicht vornehmen, Unterschiedlichkeiten zu leugnen oder gar

Interessengegensätze, aber wir sollten auch die gemeinsamen Interessen sehen. Rivalität und Zusammenarbeit werden auch hier parallel laufen und wie wir wirklich hoffen, einer immer breiteren Zusammenarbeit Platz machen. Es ist nicht vordringlich, Systeme zu verändern, sondern die Zusammenarbeit zwischen unterschiedlichen Systemen zu organisieren.“[136]

Bahr setzte auf *bilaterale Kooperation.* Internationale Organisationen waren ihm suspekt. „Während der letzten 15 Jahre waren eineinhalb Dutzend internationale Organisationen in ein üppig blühendes Leben gerufen worden, ohne zu verhindern, dass die Probleme wuchsen. Sie sind bei allen guten Willen der Beschäftigten von sehr unterschiedlichem Nutzen und verbrauchen jedenfalls sehr viel Geld. Die meisten dieser internationalen Organisationen sind schon im Anblick der Geburt der Unsterblichkeit nahe. Es sei denn die Dritte Welt verschwindet.“[137]

Im Vordergrund der bilateralen Entwicklungszusammenarbeit standen die *Mittelmeerländer* Türkei, Portugal, Griechenland, Israel und Zypern. Dabei ist insbesondere zu erwähnen, dass *Griechenland* nach dem Zusammenbruch der Militärdiktatur und der Wiederherstellung parlamentarisch-demokratischer Verhältnisse erstmals Entwicklungshilfe gewährt wurde (Abkommen 6. November 1974), das gleiche gilt für *Portugal* nach dem Sturz Salazars (Abkommen 05. Dezember 1975).[138] Weitere Schwerpunktregionen waren der *Nahe und Mittlere Osten* (Ägypten, Syrien, Jordanien, AR Jemen) sowie Südasien (Indien, Bangladesch, Sri Lanka, Nepal).[139]

Der Denktradition des Realismus verpflichtet, betonte Bahr *verstärkt wirtschafts- und rohstoffpolitische Eigeninteressen* der Bundesrepublik mit der Folge, dass moralische Aspekte hinten angestellt wurden.[140] Dadurch, dass etwa 80 Prozent dessen, was an bilateralen entwicklungspolitischen Mitteln aufgewendet wurde, sich in Aufträgen für die deutsche Wirtschaft niederschlug, war in jener Phase Entwicklungspolitik auch innenpolitisch für die Erhaltung von Arbeitsplätzen bedeutsam.[141] Zur besseren Verankerung der Entwicklungspolitik in der Öffentlichkeit wurde deshalb erstmals ein „*Journalistenpreis Entwicklungspolitik*“ vergeben.[142]

Bahr hatte schon früh die Prinzipien einer globalen Ordnungspolitik erkannt: „Die Globalisierung verlangt globale Mechanismen und globale Regeln. Die Vorstellung einer Welt, die ihre Entwicklung den Regeln des unvermeidbar gewinnorientierten Marktes überlässt, ist unmenschlich.“[143]

Bahr, kein Theoretiker, hatte kein Interesse daran, neue entwicklungspolitische Konzeptionen zu entwickeln. „Das Entwicklungskonzept, das unter Minister Eppler ausgearbeitet worden ist, ist vorzüglich. Es gibt keinen Grund, es zu ändern. Es bedarf allenfalls einer gewissen Ergänzung, nämlich in Bezug auf die Erdölländer.“[144] Während der Amtszeit Bahrs hatten sich bedeutende Veränderungen im Verhältnis zwischen Nord und Süd, also zwischen Industrie- und Entwicklungsländern vollzogen. Sie verliefen in einem atemberaubenden Tempo. Die Vervierfachung der Ölpreise hatte sowohl dem Norden wie dem Süden die Augen geöffnet. Der Dritten Welt wurde eine neue politische Tatsache bewusst: die Solidarität der OPEC-Länder.[145] Diese praktizierten sie auch. Saudi-Arabien wurde zu einem größeren Geberland für Entwicklungshilfe als Großbritannien, in derselben kurzen Zeit hatte Kuwait Kanada als Geber überflügelt.[146]

Für die deutsche Entwicklungspolitik zog Bahr daraus Konsequenzen. Die Ölländer bekamen keine Kapitalhilfe mehr, sondern *Technische Hilfe nur noch gegen Bezahlung*. Zügig wurden mit dem Irak, mit Saudi-Arabien und Libyen Abkommen über Technische Hilfe gegen Entgelt geschlossen.[147] Doch Bahr ging weiter. In seiner monetär ausgerichteten entwicklungspolitischen Konzeption mussten der Entzug großer Geldmengen aus dem Geldkreislauf und ihre Anhäufung bei den Ölförderländern weltweit fatale Folge haben.[148] Zur Lösung dieses Problems entwickelte Bahr die Idee des Ölgeldrecyclings.[149] Mit Ölgeld sollte Technische Hilfe zugunsten wirtschaftlich ärmerer Länder bezahlt werden. Aus dieser Idee ergab sich für Bahr die *Dreieckskooperation*: Westliches Know-how, das Geld für Erdölländer und beides sollte in den Staaten der Dritten Welt eingesetzt werden, insbesondere in der Landwirtschaft. Für das Entwicklungsland führe diese Kooperation zu einem nicht erwarteten wirtschaftlichen Fortschritt, der Ölförderstaat erlange ein Stück neue Erfahrung und das Technik liefernde Länder erfahre einen positiven Arbeitsplatzeffekt und insgesamt ergäbe sich eine erleichternde Wirkung für die Welternährungssituation.[150] Für Bahr war der Schlüssel die Förderung der Landwirtschaft. Wer genügend Lebensmittel produziere, um sie exportieren zu können, würde sich jede gewünschte Technik kaufen können. Hier schien Bahr besonders der *Sudan* geeignet.[151] Der Sudan bot sich an, auf einem mehrere hunderte Kilometer breiten Streifen zwischen dem trockenen Norden und dem feuchten Süden in großem Maße Getreide zu erzeugen. Dort gelte es, mit finanzieller und technischer Hilfe Großanbauflächen anzulegen und zu bewirtschaften. Mit den Erträgen könne man den gesamten Mittleren und Nahen Osten versorgen. Die Bahr'schen Überlegungen der Dreieckskooperation kamen jedoch über Planungen nicht hinaus. Er war nur zwei Jahre im Amt.

Bahr war *Pragmatiker*. Das habe ich selber erfahren, als ich einen Leitfaden für die Erstellung von Länderhilfeprogrammen vorlegte, der ihm viel zu präzise war. Auch die Festlegung der Länderquoten, also der zweijährigen Entwicklungshilfemittelzuweisungen pro Land, wollte er nicht systematisch abgeleitet wissen, sondern pragmatisch – mehr aus dem Bauch heraus.

Bahr hat *einige wenige* Akzente gesetzt. Er setzte bei der Entwicklungspolitik auf „Wandel durch Annäherung".[152] Entwicklungspolitik wurde neben der West- und Ostpolitik zur dritten Säule der deutschen Außenpolitik. Bahr betonte wirtschafts- und rohstoffpolitische Eigeninteressen, die bilaterale Entwicklungszusammenarbeit spielte bei ihm eine wichtige Rolle, multilaterale Entwicklungszusammenarbeit war ihm ein Graus. Seinen strategischen Ansatz der Dreieckskooperation konnte er nicht umsetzen, da er zu kurz im Amt war, denn er trat nach zwei Jahren 1976 zurück, da er Bundesgeschäftsführer der SPD wurde. Letztlich, so mein Eindruck, lag ihm Entwicklungspolitik nicht sehr am Herzen.

Stimmen von Zeitzeugen: Prof. Uwe Holtz, Karsten Hinrichs, Jochen Kenneweg

Prof. Uwe Holtz

Von 1974 bis 1994 Vorsitzender des AwZ und seit 1987 Professor für Politische Wissenschaft an der Universität Bonn.

Ein Real- und wirkmächtiger Entspannungspolitiker in Nord-Süd-Fragen

Im Bundestagsausschuss für wirtschaftliche Zusammenarbeit (AwZ) erlebte ich *Egon Bahr* als kompetenten Realpolitiker und souveränen Gesprächspartner. Bahr sah sich allerdings sowohl im AwZ als auch in der Öffentlichkeit harten Attacken seitens der CDU/CSU-Opposition, vor allem ihres entwicklungspolitischen Sprechers, ausgesetzt. So wurden ihm Traumtänzertum und Verrat an der Marktwirtschaft vorgeworfen, als er im Laufe der Verhandlungen über das neue Abkommen von Lomé zwischen der EG und 46 Staaten Afrikas, der Karibik und des Pazifiks (1975) sowie anlässlich der 4. UN-Konferenz für Handel und Entwicklung (1976) die Stabilisierung von Rohstoff-Exporterlösen und Rohstoffabkommen befürwortete – übrigens im Einklang mit der Mehrheit des Deutschen Bundestages. Der Oppositionssprecher denunzierte die Aufnahme der entwicklungspolitischen Zusammenarbeit mit dem sich demokratisierenden Portugal als Finanzierung eines Vorpostens Moskau.

Als Entwicklungsminister setzte Bahr vor allem auf die bilaterale Entwicklungszusammenarbeit, die multilaterale Zusammenarbeit wollte er auf 30 Prozent der Entwicklungsausgaben beschränkt sehen. Wir im AwZ haben immer für einen pragmatischen Ansatz geworben und strikte quantitative Vorgaben weder für die bi- noch die multilaterale Zusammenarbeit für sinnvoll gehalten.

Oppositionspolitikern, die nach der Wiederaufnahme der staatlichen Entwicklungszusammenarbeit mit Chile und damit dem

Pinochet-Regime (seit 1973 durch einen Militärputsch an der Macht) riefen, beschied Bahr überzeugend und apodiktisch: Länder, die über eine lange demokratische Tradition (wie Chile) verfügen und jetzt diktatorisch regiert sind, können nicht mit einer entwicklungspolitischen Unterstützung seitens der Bundesrepublik rechnen.

Die Anregung, einen Sitz des BMZ im Bundessicherheitsrat (besonders wegen der dort behandelten Rüstungsexporte) anzustreben, griff er während seiner Amtszeit nicht auf – wohl wegen des zu erwartenden Ärgers bei umstrittenen Exporten in Entwicklungsländer. (Ständiges Bohren und Insistieren führten erst 1998 mit der rot-grünen Bundesregierung zum Erfolg: Seitdem ist das BMZ Mitglied im Bundessicherheitsrat.)

Der wirkmächtige Entspannungspolitiker zwischen Ost und West dachte auch in seinem neuen Metier weit über den Tag hinaus, als er für eine „wirtschaftliche Entspannung" zwischen Nord und Süd plädierte.

Karsten Hinrichs

1974–78 Persönlicher Referent des Parlamentarischen Staatssekretärs Brück im BMZ, zuletzt 1999–2005 Leiter der Unterabteilung „Multilaterale und Europäische Entwicklungspolitik; Aktionsprogramm 2015" im BMZ

Ein strategischer Denker

Die entwicklungspolitische Community war davon angetan, mit *Egon Bahr* wieder einen strategischen Denker als Minister zu haben. Seine ausgreifenden Lösungsvorschläge für die Probleme armer Länder faszinierten, sein „think big" nötigte Respekt ab. Jedoch verbreiteten sich zur selben Zeit die Ideen von *E. F. Schumacher* aus seinem Bestseller „Small is Beautiful – a study of economics as if people mattered" (1973), die zum Teil in offenbarem Gegensatz dazu standen. Die Widersprüche konnten in Bahrs kurzer Amtszeit nicht ausdiskutiert werden. Seine Amtsnachfolger kehrten aus vielerlei Gründen zum damaligen Mainstream zurück. Bahrs Idee einer Dreieckskooperation wurde in der deutschen Entwicklungspolitik in begrenztem Maße wirksam und konnte Entwicklungseffekte erzielen. Sie blieb aber weit entfernt von einem weltweiten Ölgeldrecycling in die Entwicklungsländer. Die multilaterale Gemeinschaft griff das Konzept des Recyclings auf und gründete 1977 den Internationalen Fonds für Landwirtschaftliche Entwicklung (IFAD), der von Industrie- und Ölländern zu gleichen Teilen alimentiert werden sollte (und in geringerem Umfang von einigen fortgeschrittenen Entwicklungsländern). Die Ölländer sind ihrem finanziellen Ziel nie nahegekommen, so dass IFAD nicht die erhoffte finanzielle Dynamik erreicht hat. Immerhin ist der Fonds eine respektable Fachorganisation geworden.

Jochen Kenneweg

Von 1972 bis 1975 im Referat Öffentlichkeitsarbeit des BMZ tätig, später 1995–2000 Leiter des Referats: Grundsätze und Verfahren der Entwicklungszusammenarbeit mit Ländern und Regionen; 2000–2005 Leiter des Referats Südasien (Indien, Nepal, Sri Lanka).

Bahr'sche Triolen

Egon Bahr machte keinen Hehl daraus, dass die Entwicklungspolitik nicht eigentlich sein Metier war. Er hatte einen Auftrag, der war politisch wichtig, und die Aufgabe war vorübergehend. Das Ministerium war in ruhigeres Fahrwasser zu steuern, Konflikte innerhalb der Bundesregierung waren zu überwinden, Aufruhr im Umfeld des Ministeriums nach Möglichkeit zu dämpfen. Sein Interesse galt vornehmlich den Aspekten der Entwicklungspolitik, die außenpolitische Bezüge hatten, und der Frage, wie das BMZ für die öffentliche Wahrnehmung positioniert wurde. Entwicklungspolitische Konzeptionen im Detail und ihre theoretische Unterfütterung waren nachrangig.

Bald nach seinem Amtsantritt hatte Bahr einen Termin mit hochrangigen Vertretern der Kirchen und ihrer in der Entwicklungshilfe tätigen Organisationen, ein Termin, den Bahr sehr ernst nahm. Er würde dort auf Leute treffen, die mit Erhard Eppler gut gestanden und noch dabei waren, seinen Abgang und dessen Begleitumstände zu verarbeiten. Einen ersten Entwurf meiner Kollegin Redenschreiberin gab Bahr freundlich mit Änderungswünschen zurück, aber auch die überarbeitete Version wurde seinen Vorstellungen nicht gerecht. Er setzte sich, wie wir hörten, über das Wochenende hin und schrieb die Rede selbst. Als ich das Ergebnis lesen konnte, war ich fasziniert. Aufbau, Inhalt, Adressatenbezug – alles stimmte, auch die Bibelzitate saßen! Der Auftritt wurde ein voller Erfolg; sie Szene war besänftigt.

Die Idee der Dreieckskooperation wurde BMZ-intern vielfach sehr skeptisch gesehen. Etliche Beamte sahen darin eine abgehobene Idee, in höheren politischen Sphären entwickelt. Ein Vorgesetzter sprach im kleinen Kreise von den „Bahr'schen Triolen“. Mir kam die These eines gelehrten frühen BMZ-Kenners in den Sinn, der bei der Entwicklungspolitik zwei Ebenen unterschied: Auf der einen Ebene wird das Beabsichtigte öffentlich verkündet. Auf der anderen Ebene findet man, was faktisch geschieht. Die beiden Ebenen haben miteinander nichts zu tun.

7 Entwicklungspolitik zur Förderung der Frauen

Ministerin: Marie Schlei (1976–1978)

● Beschreibung und Wertung

Marie Schlei löste im Dezember 1976 Egon Bahr als Ministerin für wirtschaftliche Zusammenarbeit ab. Sie führte die von Egon Bahr begonnene Friedens- und Entwicklungspolitik als Nord-Süd-Friedenspolitik weiter, unterstützt von Staatssekretär *Udo Kollatz*.

Marie Schlei war vor ihrer Berufung Parlamentarische Staatssekretärin im Kanzleramt, also die rechte Hand Helmut Schmidts. „Ihr unerbittlicher Fleiß – bisweilen arbeitete sie 120 Stunden in der Woche – und ihre nie wankende Solidarität mit ihrer Fraktion verschaffte der Staatssekretärin die Achtung des Kanzlers und des Fraktionschefs Herbert Wehner.“[153] Trotz ihrer großen Verdienste soll Helmut Schmidt gezögert haben, sie als Entwicklungsministerin vorzuschlagen. Er fürchtete wohl, in den partriachalischen Gesellschaften der Entwicklungsländer könnte man ihr nicht den nötigen Respekt entgegenbringen. Das war aber keineswegs der Fall. Auf Kritik stieß sie lediglich im Inland. „Vom Kochtopf weg ins Ministerium“ war nur eine der Entgleisungen, die sich die höchst erfahrene Politikerin gefallen lassen musste.[154] Immer lautete der Vorwurf, sie persönlich sei „peinlich“, ihre Art ginge „auf die Nerven“. Solchen Mobbing-Vorwürfen sahen sich die wenigen Frauen in herausgehobenen Positionen regelmäßig ausgesetzt.[155] Ihre erste Afrika-Reise geriet ihr zum Skandal, weil ihr persönlicher Referent im Pyjama in einen Swimmingpool gesprungen war. Auf den „Striptease“ ihres Referenten angesprochen, soll die Ministerin nur gelacht und die Kritik souverän weggesteckt haben.[156]

Als Schlei ins Ministerium kam, stellte sie fest: „Auch in dem Bereich der Politik für die Frauen führt die bekannte Schwerfälligkeit von Verwaltungen, besonders von ministerialen Bürokratien dazu, Nachrichten über gesellschaftliche Veränderungen wenig zügig zu transportieren und gesellschaftsverändernde Perspektiven in die tägliche Arbeit nur langsam und widerstrebend aufzunehmen.“[157] In ihrer Analyse bezog sie sich auf Ben Gurion: „Frauen sind die Kamele, mit deren Hilfe wir die Wüste des Lebens durchqueren.“[158] „Für die Dritte Welt gilt: „Frauen sind die Lasttiere, die Dienerinnen, die Sklaven, die Putzfrauen, sie sind die Verzichtbereiten, die Zurückbleibenden und die Kränksten – in vielen Teilen der Welt leiden Frauen an den typischen Armutskrankheiten Anämie und Tuberkulose. Frauen verzichten zugunsten ihrer Kinder auf Nahrung, wenn es darauf ankommt, obwohl sie in manchen Ländern bis zu 80 Prozent der Nahrungsmittel in der Subsistenzwirtschaft produzieren.“[159]

Deshalb handelte Schlei: „Unsere Unterstützung der Frauen in den Entwicklungsländern hat ein Ziel: ihre Freiheit von Not und Furcht, von Unwissenheit, Bevormundung und Ausbeutung, das heißt also, ihre gleichwertige Teilhabe an der Entwicklung.“[160]

Unter Marie Schleis Führung wurden im BMZ mit der *Frauenförderung* neue Schwerpunkte gesetzt. Ein Grundsatzpapier zur „Förderung der Frauen in Entwicklungsländern“ wurde erarbeitet und 1978 verabschiedet. Die wichtigsten Maßnahmen waren: die Erstellung von Memoranden, mit deren Hilfe bei Regierungsverhandlungen auf die Bereitschaft der Bundesregierung hingewiesen wurde, Frauen in den verschiedenen Sektoren der Entwicklungspolitik mehr als bisher zu fördern.[161] Ferner wurden Projektprüfungskriterien erarbeitet, mit Hilfe derer die Interessen der Frauen bei möglichst allen Projekten berücksichtigt werden sollten. Des Weiteren wurden laufende Projekte evaluiert, vor allem im Ernährungs- und Gesundheitswesen, um deren Auswirkungen auf die ökonomische und soziale Stellung der Frau zu überprüfen. Marie Schlei hatte durch ihren Einsatz als Ministerin für wirtschaftliche Zusammenarbeit einen erheblichen Anteil daran, dass verstärkt Frauen Akteurinnen der Entwicklungspolitik wurden und somit nicht nur Frauenprojekte, sondern Projekte, die die Familie als Ganzes sahen, auf den Weg gebracht wurden. Ihr Frauenpapier stellt auch heute noch eine der Grundlagen der deutschen Entwicklungspolitik dar.[162]

Der zweite Schwerpunkt der Entwicklungspolitik Schleis war eine *verstärkte Zusammenarbeit mit den wirtschaftlich ärmsten Entwicklungsländern*. Dies hieß vor allem: Förderung der ländlichen Entwicklung, Verbesserung der Trinkwasserversorgung, Bekämpfung von Arbeitslosigkeit und Unterbeschäftigung und Ausbau des Bildungs- und Gesundheitswesens.[163] Schlei: „Entwicklungspolitik muss den Versuch machen, den am stärksten Unterprivilegierten direkt zu helfen.“[164]

Als Beitrag zur Entschärfung des sich zuspitzenden Konfliktes im südlichen Afrika hatte sich die Bundesregierung 1976 entschlossen, enger mit den Ländern am Rande des Konfliktes (*Konfliktrandstaaten*) zusammenzuarbeiten. Die Entwicklungshilfezusagen an diese Länder wurden in der Ära Schlei vervierfacht (Botsuana, Lesotho, Swasiland, Malawi, Sambia, Tansania).[165] Schlei nahm auch Kontakt zu den Sprechern der *Freiheitsbewegungen Afrikas* auf, insbesondere in Südafrika, Angola und Mosambik, immer mit dem Ziel vor Augen, dass diese die zukünftigen Regierungen ihrer Länder stellen würden. Mit ihrer offenen Unterstützung der Nachbarländer Südafrikas und ihrem Dialog mit den Führern der Freiheitsbewegung zog sie sich immer wieder den Unmut der Opposition zu.[166] Aber sie ließ sich nicht beirren.
Unter Schlei wurde die Mitarbeit an der Gestaltung der internationalen Organisationen eine besonders zeitgemäße Form partnerschaftlicher Zusammenarbeit (im Gegensatz zu ihrem Vorgänger Bahr). Deshalb wurde beschlossen, für den multilateralen Anteil an der öffentlichen Entwicklungshilfe 30 Prozent als Orientierungsgröße anzustreben.[167]

Zu den *nicht-staatlichen Organisationen* pflegte Schlei ein *gutes Verhältnis*. Sie bezeichnete die NGOs als „die stets gesprächsbereiten und überzeugend leistungsstarken Partner“, auch gerade deswegen, weil bei ihnen Frauen- und Sozialprojekte eine große Rolle spielen.[168]

Marie Schlei wagte es, eine *Erhöhung des Etats des BMZ am Kabinett vorbei mit Hilfe des Parlaments durchzusetzen.* Sie erreichte eine Erhöhung des Haushalts 1978 um 24 Prozent. Durch diese Erhöhung zog sich Schlei den Unmut des Bundeskanzlers zu. Sie brach mit zentralen Regeln. Ihr Verhalten entsprach nach Schmidts Verständnis nicht der Kanzlerdisziplin in einer Kanzlerdemokratie.[169] Die zusätzlichen Mittel des BMZ, die sie erstritten hatte, setzte sie vor allem für die am wenigsten entwickelten Länder ein.

Als Ministerin stolperte sie 1978 über einen Deal, der im Zusammenhang mit der Entführung der Landshut-Maschine getroffen wurde. Helmut Schmidt entsandte Hans-Jürgen Wischnewski, um mit der somalischen Regierung zu verhandeln. Wischnewski erreichte, dass die Spezialeinheit GSG 9 des Bundesgrenzschutzes die Maschine stürmen und die Geiseln befreien konnte. Erleichtert wurde dieses Entgegenkommen der Regierung in Mogadischu mit 25 Millionen DM aus dem Entwicklungsetat, die ohne Auflagen oder Bedingungen zur freien Verfügung gestellt wurden. Marie Schlei, die gerade von einer Asien-Reise zurückkam, antwortete auf die Frage eines Reporters, ob die somalische Regierung mit dem Geld nicht auch Waffen kaufen könne, wohl allzu ehrlich für den Geschmack des Kanzlers, „die Antwort könnte ja sein“. Dieser Satz kostete sie das Amt[170], auch weil Bundeskanzler Helmut Schmidt mit ihrer Amtsführung und ihrer entwicklungspolitischen Schwerpunktsetzung nicht einverstanden war. Schlei: „Ich war von ihm als Arbeitspartner enttäuscht und davon, dass mir die Aufgabe genommen wurde, auf die ich mich eingestellt hatte, nämlich den Menschen in der Dritten Welt Selbsthilfe zu ermöglichen.“[171]

Marie Schlei starb 1983. Afrikanische Ministerinnen weinten, als sie starb. Entgegen der Berichterstattung in deutschen Medien wurde sie in Afrika als gleichberechtigte, warmherzige und offene Gesprächspartnerin auf Augenhöhe akzeptiert. Die deutsche Entwicklungspolitik hat durch sie an Ansehen gewonnen.[172]

Ein Jahr nach ihrem Tode gründete sich 1984 der *Marie Schlei Verein.* Dieser Verein ist eine gemeinnützige Nichtregierungsorganisation, die auf die Lage der Frauen in Entwicklungsländern aufmerksam macht und bisher über 300 Projekte zur Unterstützung von Frauen in Entwicklungsländern durchgeführt hat.[173]

Marie Schleis Amtszeit dauerte nur 14 Monate. Doch sie hat *Spuren* in der Entwicklungspolitik *hinterlassen.* Sie hat die Frauenförderung ins Zentrum der Entwicklungspolitik gerückt, die Zusammenarbeit mit den ärmsten Entwicklungsländern und den Konfliktrandstaaten in Afrika verstärkt und sich nicht gescheut, Beziehungen zu den Sprechern der Befreiungsbewegungen im südlichen Afrika aufzunehmen. In historischer Rückschau fällt ihre Bilanz weitaus positiver aus als die zeitgenössische Einschätzung.[174]

• Stimmen von Zeitzeugen: Hans-Jürgen Stryk, Elisabeth D'Hondt

Hans-Jürgen Stryk

Leiter des Ministerbüros von Frau Bundesministerin Schlei 1977 bis 1978, Exekutivdirektor der Asiatischen Entwicklungsbank 1993 bis 1999. Seit 2006 Vizepräsident, seit 2010 Präsident des Colloquium Humanum e. V., Bonn.

Eine Ministerin mit Herz und engagierte Parlamentarierin

Eine Ministerin, freundlich, außerordentlich fair, fleißig, aber auch fordernd gegenüber ihren Mitarbeitern. Jeden Abend ging sie mit einer vollen Tasche Akten in ihre Bonner Wohnung, morgens um 7 Uhr früh war sie wieder im Büro, um mit mir ihre Kommentare und Wünsche, die sie in der Nacht erarbeitet hatte, zu besprechen. Wie war sie glücklich, wenn sie wieder ein Vorhaben auf den Tisch bekam, das Frauen besonders berücksichtigte. Sie hing mit Herzblut daran, dass Frauen ihre Rolle spielen konnten und in der Männerwelt nicht untergingen. Frau Schlei war sich schon bewusst, dass sie ihre Politik gegen gewachsene Männerdominanz durchsetzen musste.

Marie Schlei war engagierte Parlamentarierin. Für sie war das Parlament Zentrum deutscher Politik. Sie konnte sich aufregen, wenn immer wieder nur wenige Abgeordneten an den Sitzungen des Parlaments teilnahmen. Wehner hat sie schon deswegen verehrt, weil er fast immer bei Sitzungen des Deutschen Bundestages präsent war und wie sie sagte, so Pflichten erfüllte, die von jedem Abgeordneten verlangt werden konnten.

Ich habe Frau Schlei nie wütend gesehen. Aber sie war betroffen, persönlich sehr betroffen, als ihr unterstellt wurde, sie schere sich nicht darum, dass auf dem Schiff nach Somalia, das Hilfsgüter als Anerkennung für die Hilfe bei der Befreiung der Lufthansa-Maschine in Mogadischu geladen hatte, auch Waffen geliefert werden könnten. Es war ihr unfassbar, dass jemand denken konnte, sie würde Waffen dulden. Bildzeitung-Attacken in diesem Zusammenhang gegen ihre Person, insbesondere auch die von Herrn *Todenhöfer*, MdB, haben ihr sehr zugesetzt. Sie sah das auch als Angriff auf sie als Frau.

Schließlich eine ganz persönliche Erinnerung. Sie war großzügig, schenkte gern. Als mein 9-jähriger Sohn uns einmal im Büro besuchte, schenkte sie ihm spontan einen schönen Bergkristall, der in ihrem Büroregal stand. Das selbstgemalte Bild, das er ihr dafür schenkte, hing bis zu ihrem Abschied in ihrem Büro.

Elisabeth D'Hondt

Im Bundeskanzleramt tätig 1975–1978,
Leiterin des Frauenreferates im BMZ 1991–1996,
Afrikabeauftragte des BMZ 1998–2002.

Eine Vorkämpferin für die Gleichberechtigung der Frauen

Marie Schlei wurde zum richtigen Zeitpunkt Entwicklungsministerin, um die Förderung von Frauen in der Entwicklungspolitik überhaupt zu einem Thema zu machen. In Deutschland war die gesellschaftliche Diskussion über „Gleichberechtigung der Frauen" – so steht es im Grundgesetz von 1949! – eher auf kleinere engagierte Frauengruppen beschränkt. In der Entwicklungsdiskussion war sie kaum ein Thema, die Mehrzahl der Männer und viele Frauen fühlten sich irritiert und fürchteten die erstrebten Veränderungen oder verspotteten sie („Feministinnen"). Das soziale und gesellschaftliche Klima bei uns war gleichgültig oder ablehnend.

Marie Schlei engagierte sich aufgrund ihrer politischen und Lebenserfahrung, auch als alleinerziehende Mutter, geradezu mit Herzblut für die Verbesserung der Chancen und Lebensbedingungen von Frauen. Im Bundeskanzleramt (wo ich damals als Referentin für entwicklungspolitische Angelegenheiten in der Außenpolitischen Abteilung arbeitete) habe ich sehr viel von ihr gelernt, sie hat mich mit Argumenten und Empathie überzeugt.

Und dann ging es darum, das sog. Frauenpapier umzusetzen. Schnell war klar, dass es nicht hauptsächlich um reine Frauenprojekte ging (Kinderpflege, Gesundheit und Ernährung, Gemüsegärten verbessern u. Ä.). Bei der Politik- und Projektplanung mussten die Interessen, Fähigkeiten und Bedürfnisse von Frauen und Männern gesondert untersucht werden, mit ihnen erörtert und ihre Vorstellungen angehört werden, kulturelle Besonderheiten und lokale Gegebenheiten berücksichtigt werden, und das am besten mit den Männern und Dorfchefs zusammen. Heute wird international von „gender" (englischer Terminus für sozial, gesellschaftlich und traditionell geprägtes Geschlechterverhalten, nicht biologisch gemeint) gesprochen. Wir sind besser geworden, müssen aber noch einen langen Weg gemeinsam gehen. Ob wir je das Ziel erreichen, wie wir es uns einmal gestellt und fortentwickelt haben, halte ich für unsicher: Es geht schließlich auch um Macht- und Herrschaftsfragen.

8 Entwicklungspolitik in einer Phase verschärfter Ost-West-Spannungen

Minister: Rainer Offergeld (1978–1982)

• Beschreibung und Wertung

Rainer Offergeld wurde 1978 Schleis Nachfolger. Helmut Schmidt gratulierte ihm zum Amtsantritt mit den Worten „So, jetzt bist du Entwicklungsminister, jetzt will ich aber auch nichts mehr davon hören."[175] Die folgenden Seiten werden zeigen, ob Offergeld den Rat befolgte.

Ende der 1970er-Jahre stellte die wachsende Zahl der *wirtschaftlich ärmsten Länder eine zunehmende sicherheitspolitische Bedrohung der Industrienationen* dar, da zu befürchten war, das diese aufgrund einseitiger Abhängigkeiten hegemonialen Bestrebungen der östlichen Industrieländer anheimfallen könnten und dass Einflusszonen auswärtiger Mächte errichtet werden könnten. Demzufolge galt es, *Entwicklungspolitik unabhängig von der ordnungspolitischen Ausrichtung der Länder* der Dritten Welt zu gewähren, da nur so eine langfristige politische Unabhängigkeit dieser Länder zu erreichen sei.[176] Bedeutsam erschienen diese Bemühungen vor allem im Zusammenhang mit der erneut einsetzenden Verschärfung des Ost-West-Konflikts und seiner zunehmenden Verschmelzung mit dem Nord-Süd-Konflikt, als die Sowjetunion und ihre Verbündeten ihr Engagement in Afrika in den späten 1970er-Jahren verstärkten. Dies wurde von den westlichen Staaten als Versuch der Ausbreitung der sowjetischen Einflusssphäre angesehen und damit als ein Bruch mit der Entspannungspolitik, besonders auch nach der militärischen Intervention der Sowjetunion in Afghanistan 1978. Die Bedrohungsvorstellung der ersten Welt bestand darin, dass die Sowjetunion militärische Interventionen auch in anderen Ländern der Dritten Welt vornehmen könnte, mit dem Ziel, die ökonomischen Lebensadern des Westens, konkret die Ölversorgung aus dem Nahen Osten, zu zerschneiden.[177] Die *Entwicklungspolitik* wurde zur *Friedenspolitik*.[178] Abrüstung wurde gefordert.[179] Treibende Kraft waren neben Offergeld der Parlamentarische Staatssekretär *Alwin Brück*, im Verbund mit dem beamteten Staatssekretär *Carl-Werner Sanne*, ein Diplomat im Dienste des BMZ.

Die Bemühungen um einen konstruktiven Nord-Süd-Dialog intensivierten sich. Die *Idee der gegenseitigen Abhängigkeit* wurde zunehmend komplexer verstanden, beschrieb nicht mehr nur wirtschaftliche Interdependenzen. Betont wurden nun vor allem gemeinsame Probleme, die es im Bewusstsein echter Partnerschaft und gemeinsamer Verantwortung zu lösen galt: Energieversorgung, Welternährung, Rohstoffe, Umwelt, Handel und Arbeitsteilung.[180] Besonders deutlich zeigte sich dieser Umschwung im Denken in den neuen *entwicklungspolitischen Grundlinien der Bundesregierung von 1980*, in denen der ländlichen Entwicklung, der Förderung der Energie und dem Schutz der natürlichen Ressourcen höchste Priorität eingeräumt wurde. Die entwicklungspolitischen Grundlinien der Bundesregierung von 1980 wurden im Lichte der Empfehlungen der Brandt-Kommission „Das Überleben sichern" entwickelt. Sie enthalten im Einzelnen zustimmende Aussagen der Bundesregierung zu etwa 75 der insgesamt 93 Einzelempfehlungen des Brandt-Berichtes. Der Text der im Kabinett im Juli 1980 verabschiedeten Grundlinien, über den in harten Ressortverhandlungen fast ein Jahr gerungen wurde, wurde also im Wesentlichen unter eindeutiger Berücksichtigung der Empfehlungen der unabhängigen Kommission für internationale Entwicklungsfragen verfasst.[181] Das Werk von Willy Brandt, der von ihm geleiteten Kommission mit ihren Mitarbeitern, haben nachhaltige Spuren hinterlassen. Dies festzustellen scheint mir wichtig, da es in der Öffentlichkeit kaum bekannt ist, ja sogar vielfach bestritten wird.

Erstmals in der Geschichte der Nord-Süd-Beziehungen erörterten – von der unabhängigen Kommission für Internationale Entwicklungsfragen (der Brandt-Kommission) angeregt – vom 21. bis 23. Oktober 1980 in Cancun/Mexiko Staats- und Regierungschefs aus 22 Industrie- und Entwicklungsländern zwei Tage lange in unmittelbarem persönlichen Kontakt die Zukunft der Zusammenarbeit zwischen Nord und Süd (*Cancun-Gipfel*).[182] Durch dieses Treffen, an dem auch Minister Offergeld und sein Team (auch der Autor) teilnahmen, sollte die Tür zu *globalen Verhandlungen* im Rahmen der Vereinten Nationen über die Themen Rohstoffe, Energie, Handel, Entwicklung, Währung und Finanzen aufgestoßen werden. Hinter dieser Forderung stand der Versuch, die bisher in verschiedenen Gremien getrennt geführten Verhandlungen zu einem „integrierten Verfahren" zusammenzuführen. Die Verhandlungen scheiterten aufgrund der Komplexität der Materie und des mangelnden politischen Willen, lediglich bei den Themen Ernährung und Energie wurden Annäherungen erzielt.

Ein Kernelement der konzeptionellen Arbeit Offergelds war die Entwicklung der sog. Grundbedürfnisstrategie. Die *Grundbedürfnisstrategie* setzte bei der Zielgruppe der absolut Armen an und vertraute nicht auf die mittelbaren Wirkungen des Wirtschaftswachstums, das angeblich über Ausbreitungseffekte schließlich auch die arme Mehrheit der Bevölkerung erreiche. Es ging zuallererst darum, die Grundbedürfnisse der Menschen nach Nahrung, sauberem Trinkwasser, Gesundheit, Kleidung, Wohnung und Bildung zu befriedigen. Doch die Strategie konzentrierte sich nicht nur auf die materiellen Grundbedürfnisse. Sie schloss die Befriedigung immaterieller Grundbedürfnisse (kulturelle Identität, Abbau der Entfremdung, Dezentralisierung, stärkere Teilhabe an Entscheidungsprozessen, Einklang mit der Natur, soziale Einbettung, psychische Stabilität) mit ein.[183]

Ein grundbedürfnisorientiertes Projekt wurde anhand von drei Kriterien definiert:

[1] Bedürfnisorientierung: Die Maßnahmen sollten umfassen:

- den laufenden Mindestbedarf des Einzelnen und seiner Familie an Ernährung, Unterkunft und Kleidung
- lebenswichtige öffentliche Dienstleistungen, insbesondere Trinkwasser, sanitäre Anlagen, Gesundheits- und Bildungseinrichtungen

[2] Zielgruppenorientierung: Die Maßnahmen sollten den in absoluter Armut Lebenden zugutekommen, ökologisch verträglich sein und die kulturelle Identität beachten.

[3] Partizipation: Die Beteiligung der Betroffenen bei Planung und Durchführung von Entwicklungsmaßnahmen sei unabdingbar.

Die im Jahre 1980 eingeleitete Neuorientierung der Projektpolitik, die den Grundbedürfnissen Vorrang einräumte, hat in den Folgejahren beträchtlichen Einfluss auf die Projektpraxis gewonnen.[184] Der Anteil der grundbedürfnisorientierten Projekte an der bilateralen Entwicklungszusammenarbeit wurde in wenigen Jahren verdoppelt.

Offergeld hat aber auch ein sog. *Schwellenländerkonzept* vorgelegt. Südpolitik sollte gegenüber den Schwellenländern überwiegend durch eine verstärkte außenwirtschaftliche Zusammenarbeit betrieben werden. Dazu gehören besonders der Handel und der private Kapitalverkehr sowie die wissenschaftliche, technologisch und industrielle Zusammenarbeit. Langfristig müsse die öffentliche Entwicklungshilfe an die Schwellenländer stufenweise verringert werden. Solange mittelfristig noch Entwicklungshilfe gewährt werden sollte, sollte der Hauptakzent auf Mischfinanzierung, den Aufbau der wissenschaftlichen und technologischen Infrastruktur und die Milderung von negativen Folgen der Modernisierung gelegt werden, d. h. auf die zurückgebliebenen Regionen, Umweltschutz, Stadtentwicklung und Raumordnung.[185] Die Umsetzung des Schwellenländerkonzeptes in die Praxis wurde unter Offergeld mit Nachdruck vorangetrieben, vor allem auch durch den gradlinigen Staatssekretär *Konrad Porzner.*

Die Unterstützung *regionaler Vorhaben*, die mehreren Entwicklungsländern zugutekommen, bildete ein besonderes Anliegen Offergelds.[186] So wurde die Mano-River-Union gefördert, die der Kooperation von Liberia und Sierra Leone dient. Ferner wurde die „Organisation pour la Mise en Valeur du Fleuve Sénégal (OMVS)“ unterstützt, eine Organisation, die sich der Erschließung des Senegalbeckens durch die Senegal-Anrainerstaaten zum Ziel gesetzt hatte (Mauretanien, Mali, Senegal). Auch die „Organisation pour la Mise en Valeur du Fleuve Gambie (OMVG)" wurde gefördert, eine Organisation, in der Senegal und Gambia zusammen durch die Regulierung des Gambia die wirtschaftliche Entwicklung im Einzugsbereich des Flusses beschleunigen wollten. Eine besondere Bedeutung kam der Unterstützung von SADCC zu (Southern Africa Development Coordination Conference), einer wirtschaftlichen Verbindung von neun Staaten im südlichen Afrika (Angola, Botsuana, Lesotho, Malawi, Mosambik, Sambia, Simbabwe, Swasiland, Tansania). Die regionalen Vorhaben zeigen langfristig positive Ergebnisse, insbesondere SADCC.

Negativ ist zu vermerken, dass unter Offergeld die *Entwicklungszusammenarbeit* weiter *„zerfasert"* wurde. Zusätzlich zu den klassischen Empfängerländern wurde z. B. die Entwicklungszusammenarbeit aufgenommen mit den Komoren, Djibouti, Kap Verde, Papua-Neuguinea, Surinam und Äquatorialguinea[187], nachdem schon unter Offergelds Vorgängerin Schlei die Entwicklungszusammenarbeit mit Tonga und Westsamoa begonnen wurde.

Die Zahl der Partnerländer stieg damit auf rund hundert. Eine einleuchtende Erklärung für die Neuaufnahmen vieler kleinerer Länder blieb aus (die Hallstein-Doktrin war ja schon 10 Jahre „tot"). Böse Zungen behaupten, die Reiselust einiger Abteilungsleiter in abgelegene Winkel der Welt hätte eine nicht unmaßgebende Rolle gespielt – einige kostete das auch das Amt.

Den *soziokulturellen Folgen der Entwicklung* widmete Offergeld sein besonderes Augenmerk. „In den letzten 10 Jahren ist man sich auch der Gefahren der Entwicklung bewusst geworden. In vielen Entwicklungsländern wird die Modernisierung als neue kulturelle Abhängigkeit gefürchtet. Dies kann zu Identitätskrisen führen, die sich auf die internationale Zusammenarbeit auswirken. Gegenwärtig sind wir im Mittleren Osten Zeuge solcher Krisen. Ein Entwicklungsprozess wird nur dann von den Menschen akzeptiert und vorangetrieben, wenn er ihnen nicht als

Überfremdung erscheint. Es ist ein entwicklungspolitisches Paradoxon, dass sich bis heute die Wertvorstellungen in den Entwicklungsländern weitgehend an überkommenden Leitbildern der Industrieländer orientieren, während sich in den Industrieländern manche Wertvorstellungen nicht-industrialisierter Gesellschaften ausbreiten."[188] Folgerichtig wurde in den entwicklungspolitischen Grundlinien von 1980 festgeschrieben: „Entwicklungsprozesse können in Entwicklungsländern gewachsene soziale Strukturen, Glaubens- und Verhaltensformen gefährden oder zerstören, ohne dass sie gleichwertige neue schaffen. Die Bundesregierung wird sich bei der entwicklungspolitischen Zusammenarbeit bemühen, möglichen negativen Folgen eines gemeinsam als notwendig erkannten Wandels entgegenzuwirken."[189] Eine Operationalisierung der soziokulturellen Kriterien für die Projektpraxis erfolgte erst Jahre später unter Spranger.

Entgegen dem allgemeinen Trend der Industriestaaten, ihre entwicklungspolitischen Etats zu kürzen, wurde der Etat des Bundesministeriums für wirtschaftliche Zusammenarbeit während der Amtszeit Offergelds kontinuierlich erhöht.

Die *höchste ODA/BSP* (official development assistance/Bruttosozialprodukt)-*Rate, die jemals in der deutschen Entwicklungspolitik erreicht wurde*, wurde in der Amtszeit Offergeld erzielt: 0,47 Prozent ODA/BSP.[190] Ferner hat Offergeld den *Erlass der Schulden aus früheren Entwicklungshilfekrediten für die ärmsten Entwicklungsländer in Höhe von 9 Milliarden DM* durchgesetzt. Darüber hinaus wurde beschlossen, die gesamte öffentliche Hilfe für diese Länder nur noch in Form von Zuschüssen zu gewähren. Auch bei der *Aufhebung der Lieferbindung* wurden in der Amtszeit Offergelds erhebliche Fortschritte erzielt. 80 Prozent der Finanzierungsmittel blieben „ungebunden".[191] Lediglich bei der Finanzierung von Schiffen, Lokomotiven, Waggons und Consultingleistungen wurde auf die Lieferung und Leistung aus Deutschland bestanden.

Offergelds Impulse in der Entwicklungspolitik *können sich sehen lassen*: Entwicklungszusammenarbeit wurde unabhängig von der ordnungspolitischen Ausrichtung der Partnerländer gewährt, im

Vordergrund stand die Sicherung des Friedens. Am prägendsten: die Verabschiedung der Entwicklungspolitischen Grundlinien unter besonderer Berücksichtigung der Empfehlungen der Brandt-Kommission und die Erarbeitung eines Grundbedürfniskonzeptes sowie eines Schwellenländerkonzeptes, ferner wurden die soziokulturellen Fragen in den Vordergrund gerückt, wenn auch nur ungenügend operationalisiert. Auch gelang es Offergeld, die höchste ODA/BSP-Quote in der Geschichte der deutschen Entwicklungspolitik zu erzielen, des Weiteren hat er einen Schuldenerlass für die ärmsten Entwicklungsländer durchgesetzt. Positiv zu werten ist auch die verstärkte Förderung regionaler Vorhaben, negativ dagegen die Zerfaserung der Entwicklungszusammenarbeit durch die Aufnahme vieler kleinerer Länder in die Liste der Empfängerländer ohne einleuchtende Begründung.

Offergelds Arbeitsstil war sachlich, bedächtig, behutsam und zurückhaltend. Auch in der Öffentlichkeit galt er eher als „stiller Minister". Er hatte aber eine große Gabe: Er konnte konzeptionelle Vorgaben, die sein Haus erstellt hatte, auch in die Wirklichkeit umsetzen. Dazu trug bei, dass er in der Zeit vor seiner Ministerzeit Parlamentarischer Staatssekretär im Bundesministeriums für Wirtschaft und Finanzen war und dort große administrative Erfahrungen gewonnen hatte und gelernt hatte, mit großen „Apparaten" umzugehen.

• Stimmen von Zeitzeugen: Dr. Hans-Peter Schipulle, Georg Lührs, Prof. Dr. Heinz-Günter Geis, Christian Wilmsen, Dr. Hans-Dietrich Pallmann, Heinrich Lehne

Dr. Hans Peter Schipulle

Pressesprecher des BMZ bis 1980, nach Auslandsaufenthalten ab 1991 Umweltbeauftragter und bis 2006 Leiter der Sektorunterabteilung des Ministeriums.

Wie ein Hobby die Amtsführung prägt

Mehr als 15 Jahre im BMZ die Agenda der Nachhaltigkeit vorantreiben zu können, war eine lohnende Aufgabe. Um die Herausforderungen im komplexen Spannungsfeld von Umwelt und Entwicklung bestehen zu können, brauchte es ein ausreichendes Maß an Fähigkeiten als „Brückenbauer". Dafür bot das BMZ kaum ein besseres Trainingsfeld, als dem Entwicklungsminister *Rainer Offergeld* in der Öffentlichkeit den Rücken für seine Arbeit freizuhalten und ihn der kritischen Bonner Presseszene zu „verkaufen". Sowas setzt zunächst *Verstehen* voraus, für das landsmannschaftliche (badische) Verbundenheit hilfreich war. Noch wichtiger aber das *Vertrauen*, das Offergeld nach innen und außen aufzubauen verstand. Oft nachdenklich seine Pfeife schmauchend, war's ihm egal, wenn die Presse über den „Stillen aus dem Hotzenwald" lästerte oder Parteifreunde spektakuläre Auftritte vermissten. Eitler Show auf dem Bonner Parkett abhold, verfolgte er seine Ziele beharrlich, präzise, konsequent, effektiv und bemerkenswert pflichtbewusst auf der konzeptionellen Tradition aufbauend. Ein Vergleich drängt sich auf: unter Nutzung der Tugenden einer Schwarzwälder Uhr. Nicht der Populären mit dem geschwätzigen Kuckuck, sondern dem präzis arbeitenden Laufwerk eines Chronometers, gefertigt mit der Ingenieurskunst seiner Heimat. Und tatsächlich: Sein Hobby, das Sammeln alter Uhren, vergaß er eigentlich nie, wenn er unterwegs war. Ein kleiner Zwischenstopp bei den Antiquaren musste drin sein. Seine Amtsführung war aber alles andere als hobbymäßig. Er zeigte, wie ein Politiker auch in einem Ressort ohne klassisches Schwergewicht Erfolg haben kann. Seinen „Laden im Griff halten", notfalls mit schmerzhaften Entscheidungen; im Kabinett Unterstützung sichern, auch durch Kompromisse mit starken Konkurrenten, wie Außen- und Wirtschaftsminister; bei Verbündeten punkten (z. B. bei NROen mit Grundbedürfnisstrategie, bei Wirtschaftsverbänden mit Mobilisierung von Privatinvestitionen). So gelang auch sein großer Coup bei den Beratungen des Etats für 1980. In einer sage und schreibe elfstündigen Kabinettsitzung, in der wie berichtet die Fetzen flogen, trotzte er dem Kanzler Schmidt und seinem Finanzminister eine Steigerung des BMZ-Etats ab, die schließlich zu einer bis dahin und bis heute nicht mehr überbotenen ODA-Quote führte. Und dem Pressesprecher fiel es dann gar nicht mehr so schwer, seinen Minister überzeugend zu „verkaufen".

Georg Lührs

Redenschreiber von Bundesminister Offergeld. Lührs hatte drei Bücher zum kritischen Rationalismus (Karl Popper) herausgegeben, dies hatte Offergeld beeindruckt. Später war Lührs im BMZ Referatsleiter für die Geberkoordinierung, und als Ministerialrat u.a. auch zuständig für die entwicklungspolitische deutsch-französische Freundschaft.

Konzeption und Wirklichkeit

Rainer Offergeld hatte schon früh ein Augenmerk gerichtet auf die Fragen der „Weltwirtschaft im Wandel". In seinem Buch „Entwicklungshilfe: Abenteuer oder Politik" sind alleine fünf Reden von Offergeld zu diesem Thema abgedruckt. Aber die folgende Begebenheit zeigt, wie schwierig es war, Konzeptionen in der Wirklichkeit zu vermitteln, denn trotz Brandt-Kommission war Entwicklungspolitik in der Bundesrepublik kein Selbstläufer. Ich erinnere mich an einen Besuch Offergelds beim Vorstand der Gewerkschaft Textil. Der Vorsitzende verwies kritisch auf die

Förderung der Textilverarbeitung in den Baumwollländern Westafrikas. Dadurch würden deutsche Arbeitsnehmer arbeitslos durch immer mehr Schließungen von deutschen Textilunternehmen, die mit dem neu geförderten Unternehmen nicht konkurrieren könnten. Er lud Offergeld ein, bei einer Betriebsversammlung eines solches Unternehmens, das um seine Existenz kämpft, dabei zu sein und seine Argumente vorzutragen. Offergeld antwortete äußerst vage.

Zur gleichen Zeit stand der Präsident von Singapur, damaliges Entwicklungsland, Lee, vor einer Versammlung eines Holzverarbeitungsunternehmens. Er sprach, dass er sich freue, dass sie endlich pleite seien. Die Malaysier könnten das auch, aber Singapurer seien viel zu schade für diese Arbeit und könnten viel Besseres. Heute ist das Volkseinkommen pro Kopf in Singapur erheblich höher als im demokratischen Deutschland.

Prof. Dr. Heinz-Günter Geis

War von 1971 bis 2001 Professor für Bank- und Finanzwirtschaft am Institut für Bank- und Finanzwirtschaft der Freien Universität Berlin. Empirischer Forschungsschwerpunkt: Finanzprobleme in Entwicklungsländern.

Schwierige Beziehung zwischen BMZ und kritischer Forschung

Das BMZ vergab 1979 einen Forschungsauftrag an unser Institut mit dem Titel „Die Aufnahmefähigkeit der Entwicklungsländer für fremdes Kapital“. Damals gab es eine kontroverse internationale Diskussion über den Kapitalbedarf und die Absorptionsfähigkeit der Entwicklungsländer. Ein erster Teil war eine kritische Literaturstudie über Messkonzepte der Absorptionsfähigkeit der Entwicklungsländer. Unsere Studie enthüllte die starken Schwächen der aus der Mikroökonomie entlehnten neoklassischen Investitionsplanung, regte Erweiterungen des Konzepts an und empfahl Konsequenzen für die Entwicklungstheorie und -politik, z. B. Harmonisierung der von Gebern geforderten Projektinformationen und finanziellen Berichterstattung.

Die anschließende empirische Studie „Absorptionsprobleme der Entwicklungsländer als Defekte der öffentlichen Entwicklungszusammenarbeit" war dann das Ergebnis von Gesprächen und Materialien aus über 120 Institutionen und vier Entwicklungsländern. Der Schwerpunkt lag auf Sri Lanka und auf der öffentlichen EZ zugunsten ländlicher Projekte in Low-Income-Countries.

Die Defekte bei Gebern und Nehmern wurden beleuchtet und Verbesserungsvorschläge gemacht, die übrigens sogar heute noch aktuell sind, z. B. eine Aufwertung des Institution Building gegenüber Investmentkomponenten von Entwicklungsvorhaben.

Die zweite Studie wurde leider im Herbst 1982 etwa zum Zeitpunkt eines Koalitions- und Ministerwechsels fertiggestellt. Da das BMZ an einer Veröffentlichung der Studien kein Interesse hatte, wurden sie 1983 von den Autoren (Geis und Hartig) mit Unterstützung der TU Berlin herausgegeben. Wie aus einem Anfang 1984 im Auftrag von Staatssekretär Dr. Köhler geschriebenen Brief des BMZ hervorgeht, wollte sich das BMZ mit unserer Kritik verschiedener Geberländer und auch der Weltbank nicht identifizieren. Das BMZ wirkte faktisch daher gegenüber anderen entwicklungspolitischen Entscheidungsträgern und der Öffentlichkeit als Informationsfilter für kritische Entwicklungsforschung.

Christian Wilmsen

Jahrelang für die Informations- und Bildungsarbeit des BMZ zuständig, Ministerialrat, von 2005 bis 2014 ehrenamtlicher Geschäftsführer der Aktion Gemeinsinn, Bonn.

Zwei ungläubig Staunende: Die Entdeckung der Omnipotenzfalle

Im Zuge seiner alle zwei Jahre durchgeführten Meinungsumfragen hatte das BMZ 1981 erstmals die Öffentlichkeit zur quantitativen Höhe der Entwicklungshilfe befragt. Die Frage lautete:

Schätzen Sie bitte, welches Gebiet Ihrer Meinung nach das größte finanzielle Volumen auf sich vereinigt: a) Rohstoffeinfuhren aus Entwicklungsländern nach Deutschland, b) Einfuhren von Fertigwaren aus Entwicklungsländern nach Deutschland, c) die Ausfuhr von Fertigwaren aus Deutschland in Entwicklungsländer, d) Zahlungen Deutschlands für Entwicklungshilfe, e) Investitionen deutscher Unternehmer in Entwicklungsländern. Mit 39 Prozent war die Entwicklungshilfe auf dem ersten Platz gelandet. Die Rohstoffeinfuhren mit 20 Prozent auf dem zweiten und die deutschen Privatinvestitionen mit 21 Prozent auf dem dritten, alle anderen abgeschlagen.

Als Minister *Offergeld* und dem Parlamentarischen Staatssekretär *Brück* das Ergebnis präsentiert wurde, staunten sie ungläubig. Wurde ihr Politikbereich, die Entwicklungshilfe, tatsächlich von den Deutschen als so wichtig eingestuft? Denn sie wussten von ihren Fachleuten, dass die Entwicklungshilfe nur etwa ein Zehntel der Ausfuhren bzw. der Einfuhren ausmachte und nur die Hälfte der Privatinvestitionen. Die beiden jubelten innerlich und waren gleichzeitig erschrocken, denn sie erkannten: Die Höhe der Entwicklungshilfe wird in der Öffentlichkeit mächtig überschätzt. Man schrieb ihr allmächtige Kräfte zu, weshalb sie auch häufig gebrandmarkt wurde, wenn die Ergebnisse nicht so ausfielen, wie man erhofft hatte. In den Jahren danach versuchte das Ministerium immer wieder, die wirklichen Größenverhältnisse grafisch darzustellen, u.a. mit Schaubildern, 20 Jahre lang, mit wachsendem Erfolg. Doch seit dem Jahre 2000 hat man diese Aufklärungsarbeit, u.a. gestützt auf Umfragen, sträflich vernachlässigt. Heute leidet die Entwicklungshilfe immer noch unter der sog. „Omnipotenzfalle“. Man traut ihr mehr zu, als sie vom Volumen her leisten kann.

Dr. Hans-Dietrich Pallmann

Persönlicher Referent des Staatssekretärs Sanne im BMZ 1977–1981, Geschäftsführer des Deutschen Entwicklungsdienstes (DED) 1985–1993, Geschäftsführer der Deutschen Gesellschaft für Technische Zusammenarbeit (GTZ) 1997–2002.

Ein Diplomat im Hause BMZ

1978 schied mit der Bundesministerin Marie Schlei auch ihr damaliger beamteter Staatssekretär Prof. Udo Kollatz aus dem Amt. Als Nachfolger unter Bundesminister Rainer Offergeld wurde *Carl-Werner Sanne* berufen. Sanne war der engste Vertraute von Egon Bahr im Kanzleramt bei den Verhandlungen um den Grundlagenvertrag mit der DDR und danach Leiter der Ständigen Vertretung bei den VN in Genf gewesen. Seine Karriere hatte im Auswärtigen Amt begonnen; die Berufung als Staatssekretär im „kleinen Außenministerium BMZ" war wohl auch ein Ausgleich für die an der FDP gescheiterten Ernennung zum Staatssekretär im Kanzleramt.

Mit Sanne, dem schon äußerlich erkennbaren Karrierediplomaten, zog eine neue Qualität ins BMZ ein: Von spröder Kühle, scharfsinniger Klarheit und großem Realitätssinn geprägt, machte Sanne sich beim Mittelmanagement und bei den Mitarbeitern nicht nur Freunde. Aber er hatte – zu Recht – das volle Vertrauen des Ministers, der ihm zentrale Aufgaben übertrug und ihm freie Hand bei der Umsetzung ließ. Das galt z. B. für die Beratungen des Haushalts, die Sanne in zunehmend enger, von großem persönlichen Respekt getragener Weise mit dem Berichterstatter des Haushaltsausschusses, dem Abgeordneten Helmut Esters, führte – auf den ersten Blick ein ungleiches Doppel: hier der kühle, sachliche Diplomat, dort der umtriebige, vollmundige und kraftvolle Haushälter. Auf unterschiedliche Weise fühlten sich beide wohl durch die Anerkennung des jeweils anderen in ihrer Rolle geschmeichelt; vermutlich hat Sanne bei den Treffen mehr Bier trinken müssen, als er sich jemals vorgestellt hat!

Wer ihn näher kannte, lernte auch seine liebenswürdige Dankbarkeit und seinen Humor kennen. So konnte ich ihm während seiner letzten Auslandsreise nach Ruanda und Burundi bei einem mit allen Schikanen für den hohen Gast gestalteten Empfang in einem ländlichen Ausbildungszentrum vor seiner Begrüßungsrede einen Zettel in Lautschrift zustecken, der die Grußformel im lokalen Dialekt wiedergab: Sanne löste einen Begeisterungssturm aus! Er hat mir das lange und hoch angerechnet.

Als seine Krebserkrankung 1980 wieder aufbrach, hat er in größter Disziplin fast bis zum letzten Tag weitergearbeitet. Er wollte nicht aufgeben. 1981 ist er dennoch mit 57 Jahren viel zu früh gestorben.

Heinrich Lehne

Ministerialrat im BMZ a. D., von 1978 bis 1981 Persönlicher Referent des Parlamentarischen Staatssekretärs im BMZ.

Kooperative Entwicklungspolitik im Ost-West-Konflikt

Alwin Brück war Parlamentarischer Staatssekretär 1974–1982 in der Ära Bahr, Schlei und Offergeld. Die in den 1970er-Jahren einsetzende und von der sozialliberalen Regierung betriebene Politik der Annäherung zwischen Ost und West, insbesondere im Verhältnis zur DDR, wurde von Alwin Brück in der Entwicklungszusammenarbeit maßgeblich verfochten. Für ihn stand der Gedanke der Kooperation an erster Stelle. Die Entwicklungspolitik sollte nicht in die Schablone einer Kommunismusbekämpfung gepresst werden. Brück wollte die Entwicklungsländer mit den westlichen, insbesondere deutschen Postulaten (Berlin-Klausel, zuvor Hallstein-Doktrin etc.) nicht erpressen und plädierte daher für die Aufrechterhaltung einer Zusammenarbeit auch mit Ländern, die zeitweise mit den Ländern des Ostblocks sympathisierten. Die erlaubte es der Entwicklungszusammenarbeit, eine Position einzunehmen, die sich nicht mehr von der Furcht beherrschen ließ, dass bei einem Ansprechen von Missständen in Entwicklungsländern sich diese dem

Kommunismus zu- und vom Westen abwenden würden. Brück ermöglichte und praktizierte dadurch eine unverkrampftere und die Entwicklungsländer nicht überfordernde pragmatische Position der Bundesrepublik. Dies ermöglichte u.a. auch die Abkehr vom parternalistischen Verhalten im Dialog mit den Entwicklungsländern, was von diesen offen und mit großer Anerkennung aufgenommen wurde.

Als Saarländer proeuropäisch geprägt vertrat er das BMZ und seine entwicklungspolitischen Belange im Kreis der sog. Europa-Staatssekretäre der Bundesregierung. Dies ermöglichte es dem BMZ auch umgekehrt, die entsprechenden Strömungen bei den EU-Mitgliedsstaaten und der Kommission bei seiner Politik zu berücksichtigen.

9 Entwicklungspolitik im Zeichen wirtschaftlicher Rezession
Minister: Jürgen Warnke (1982–1987)

● Beschreibung und Wertung

Im Oktober 1982 wurde die sozialliberale Koalition (SPD/FDP) unter Helmut Schmidt abgelöst durch eine christlich-liberale Koalition (CDU/FDP) unter Bundeskanzler Helmut Kohl. Die neue christlich-liberale Koalition sah sich Ende 1982 mit veränderten innen- und außenpolitischen Rahmenbedingungen konfrontiert. Geprägt wurden die beginnenden 1980er-Jahre von einer sich zuspitzenden weltwirtschaftlichen Krise. In den Industrieländern breitete sich eine wirtschaftliche Rezession aus.[192] *Die Beschäftigungswirksamkeit der Entwicklungspolitik in Deutschland* war deshalb ein besonderes Anliegen des neuen Ministers Jürgen Warnke (CSU). Er betonte, dass in einer partnerschaftlichen Zusammenarbeit beide Seiten ihre Interessen zu vertreten hätten und dass alle Projekte auf beschäftigungswirksame Auswirkungen in Deutschland zu untersuchen seien. Staatliche Entwicklungshilfe unterliege als Entwicklungspolitik dem grundsätzlichen Auftrag, den Nutzen des deutschen Volkes zu mehren und Schaden von ihm zu wenden. In diesem Zusammenhang gehöre der Grundsatz der Beschäftigungswirksamkeit.[193] „Wir müssen heute international kämpfen, um uns zu behaupten. Wir wollen diesen Kampf marktwirtschaftlich führen, was viele unserer Mitbewerber nicht tun. Aber wir müssten Narren sein, wenn wir ausgerechnet auf dem Gebiet, wo wir die Lieferungen hundertprozentig finanzieren, uns einfallslos auf die Bärenhaut legen wollten und sagen: Es interessiert uns nicht, was mit unserem Geld geschieht. Der Entwicklungshilfeminister hat die Aufgabe, dafür zu sorgen, dass er mit marktwirtschaftlichen Mitteln seinen Beitrag zur internationalen wirtschaftlichen Behauptung seines Landes leistet. Unsere Entwicklungshilfe soll den Ländern der Dritten Welt und nicht der Konkurrenz aus anderen Industriestaaten helfen."[194]

Unter Warnke nahm die *Mischfinanzierung* zu. Dies hieß konkret: Die Mittel der Finanziellen Zusammenarbeit wurden mit Finanzkrediten gemischt, so dass die Gesamtkonditionen des Mischkredits zwar über den sonstigen Konditionen von Entwicklungshilfekrediten lagen, aber deutlich unter Marktkonditionen blieben.[195] Mit Mischfinanzierungen konnten insbesondere Infrastrukturvorhaben finanziert werden. Auch Privatunternehmen wurden bewusst in die neue Strategie eingebunden. Für den privatwirtschaftlichen Technologietransfer entwickelte das BMZ ein eigenes Förderinstrument: das Programm zur wirtschaftlichen Umsetzung neuer Technologien durch deutsche Unternehmen in Entwicklungsländern (das sog. *Technologieprogramm*).[196]

Geprägt wurde die Entwicklungspolitik Warnkes auch durch die *neuen außenpolitischen Rahmenbedingungen.* Die neue US-Regierung unter Reagan formulierte eine neue Strategie für die Entwicklungspolitik, welche sie als *Hilfsmittel der Außen- und Sicherheitspolitik* begriff, wobei der Ost-West-Konflikt als das zentrale Problem herausgestellt wurde.[197] So stellte Warnke, massiv unterstützt von seinem Staatssekretär *Lengl,* die entwicklungspolitische Zusammenarbeit mit dem linksorientierten Sandinistenregime in *Nicaragua* ein und folgte damit der amerikanischen Linie. „Wie Nicaragua seine innere Ordnung gestaltet, ist seine eigene souveräne Entscheidung. Aber etwas anderes ist seine Haltung den Nachbarstaaten gegenüber. Nicaragua exportiert seine Revolution. Nicaragua versucht, seine Nachbarstaaten zu destabilisieren. Dass ein solcher Druck auf die Stabilität einer Region von den Nachbarn, und dazu gehören auch die Vereinigten Staaten von Amerika, mit Gegendruck beantwortet wird, sollte niemanden wundern. Nicaragua betreibt eine Politik der Destabilisierung, und wer destabilisiert, der kann nicht unser Entwicklungspartner sein".[198] Daraus ergab sich eine zunehmende *Überlagerung von Nord-Süd- und Ost-West-Problematik*. Die 1986 formulierten Grundlinien der Entwicklungspolitik der Bundesregierung waren Ausdruck der entwicklungspolitischen Neuorientierung und trugen den veränderten Rahmenbedingungen Rechnung. Warnke stellte klar, dass die Motive der Entwicklungspolitik nicht auf schlechtem Gewissen gründen und Entwicklungspolitik nicht als Tribut zu verstehen sei.[199]

Um die Effizienz der Entwicklungspolitik zu steigern, wurden *drei Instrumente* besonders betont: *der Politikdialog, die Koordinierung und die Erfolgskontrolle.*[200] Anstelle des traditionellen Antragsprinzips sollten Projekte auf Grundlage des *Politikdialogs* gemeinsam entstehen. Warnkes Ziel war es, die Entwicklungspolitik zu „entideologisieren“ und zu „entkrampfen“.[201] Auch die deutsche Regierung konnte nun Projektvorschläge machen, ohne dass das Entwicklungsland einen förmlichen Antrag stellen musste. Dadurch hatte die deutsche Regierung eine bessere Möglichkeit, ihre legitimen Eigeninteressen durchzusetzen, das bedeutete ein Abgehen vom traditionellen Antragsprinzip in der Entwicklungshilfe.

Der Politikdialog stand in enger Verbindung mit der Geberkoordinierung. In der Praxis bedeutete *Geberkoordinierung*: Die Weltbank übernimmt bei der finanziellen Zusammenarbeit die Führungsrolle in Konsortien und bei Konsultationen, UNDP übernimmt die Koordinierung der multilateralen Technischen Zusammenarbeit. Angestrebt war dabei auch eine stärkere Koordinierung mit der Technischen Zusammenarbeit der bilateralen Geber. Für die praktische Zusammenarbeit wurde die Koordinierung vor Ort gestärkt.[202]

Warnke legte auch ein großes Gewicht auf die *Erfolgskontrolle* (Evaluierung). Sie sei ein wichtiges Instrument zur Steigerung der Wirksamkeit der Entwicklungshilfe und trage dazu bei, die vereinbarten Ziele möglichst weitgehend zu erreichen und das Verhältnis von Kosten und Nutzen zu verbessern. Warnke verstärkte die Evaluierung und bemühte sich, die Ergebnisse systematisch umzusetzen. Unter Warnke wurden zweijährige Berichte vorgelegt, in denen aus den Evaluierungen Schlussfolgerungen gezogen wurden. Die Erfolgskontrolle war auch ein besonderes Anliegen des Parlamentarischen Staatssekretärs *Köhler*.

1986 erschien die viel gerühmte BMZ-Schrift „*Aus Fehlern lernen*, Neun Jahre Erfolgskontrolle der Projektwirklichkeit, Ergebnisse und Schlussfolgerungen“[203], die ich in meiner damaligen Funktion als Leiter des Inspektionsreferates des BMZ verfasst hatte. Das erste Mal wurden Projekterfolge und Projektmisserfolge der Öffentlichkeit ungeschminkt vorgestellt. Die Devise hieß: Ehrlichkeit und Transparenz.

Auf der *multilateralen Ebene* versuchte die Bundesregierung, zusammen mit der Weltbank und dem IWF, *Strukturanpassungsprogramme* zu fördern, um der sich herausbildenden Schuldenproblematik entgegenzutreten. Das Ministerium machte seine entwicklungspolitischen Mittelzusagen vermehrt von Strukturanpassungsprogrammen der Weltbank und flankierenden IWF-Programmen abhängig. Die Entwicklungsländer sollten in enger Zusammenarbeit mit IWF, Weltbank und geeigneten Regionalbanken wirtschaftspolitische Reformen und Anpassungsprogramme durchführen. Neben die typischen Anpassungsforderungen des IWF (Wechselkurskorrekturen, Abbau von Haushaltsdefiziten, Beseitigung von öffentlichen Subventionen und Einführung von Liberalisierungsmaßnahmen) traten nunmehr auch Förderprogramme für einzelne Sektoren der Wirtschaft. Die so geförderten Wirtschaftssektoren sollten zum Wachstumsmotor werden.[204] Warnke forderte, dass Weltbank und der IWF im Interesse konsistenter wirtschaftspolitischer Stabilisierungs- und Wachstumsprogramme enger zusammenarbeiten sollten und um eine bessere Abstimmung ihrer Maßnahmen unter Wahrung ihrer jeweiligen Aufgabenstellung und Verantwortung bemüht sein sollten. Dieser sog. „Washington-Konsensus“ wurde jedoch auch scharf kritisiert, da durch ihn die Probleme der „Ärmsten der Armen“ eher verschärft wurden.

Warnke war *Realist*. Er verlangte den Abschied von Illusionen und dämpfte die Erwartung vor zu schnellen Erfolgen. „Ein afrikanisches Sprichwort sagt: Das Gras wächst nicht schneller, wenn man daran zieht. Wir haben begriffen, dass Entwicklung etwas ist, bei dem der Faktor Zeit eine entscheidende Rolle spielt. Wer glaubt, die Zeit beschleunigen und Entwicklung erzwingen zu können, wird die Quittung dafür präsentiert bekommen. Es gibt keinen nahtlosen Übergang von der Hacke zum Computer. Wer dies vergisst, der läuft Gefahr, nur deshalb zum Pessimisten zu werden, weil seine überzogenen Erwartungen nicht in Erfüllung gehen."[205] Warnke setzte folgerichtig einen besonderen Schwerpunkt auf die *Handwerksförderung*. „Die Dritte Welt wartet in einem weiten Bereich auf handwerkliche Entwicklung. Wenn im Nordosten Brasiliens in einer Bewässerungsgenossenschaft der Traktor ausfällt, kann es Wochen dauern, bis das Ersatzteil aus dem fernen Fortaleza angeliefert wird. Ein ausgebildeter Kraftfahrzeugmechaniker hätte die Reparatur mit einem Schweißapparat vor Ort ausgeführt. In einem Land wie Tansania fehlen die Devisen, um Seife aus Kenia oder aus China einzuführen. Mit lokal vorkommenden Rohstoffen könnte eine kleine Seifensiederei den Bedarf einer ganzen Provinz decken. Vielleicht steht ja noch ein Seifensieder in der deutschen Handwerksrolle. Ich bin sicher, dass wir immer Wege finden werden, um zu helfen. Eine Entwicklungspolitik, die glaubt, wirtschaftsgeschichtliche Gesetze missachten zu können, wird scheitern. Es gehört zu den wirtschaftsgeschichtlichen Gesetzmäßigkeiten, dass die Landwirtschaft und das Handwerk sowie vergleichbare gewerbliche Tätigkeiten vor einer Hochindustrialisierung kommen und zunächst den Unterbau an Fertigkeiten schaffen, das geistige Umfeld bereiten, das für eine Industriegesellschaft nötig ist."[206] „Die deutsche Entwicklungspolitik hat deshalb in den beiden letzten Jahren mit gutem Grund die Handwerksförderung aus ihrem Mauerblümchendasein herausgeholt. Heute prüfen wir bei jedem Instrument unserer Entwicklungshilfe, ob es zur Unterstützung des Handwerks in der Dritten Welt geeignet ist. Quantitativ ist der Gesamtbetrag für die Handwerksförderung mehr als verdoppelt worden. Wir haben für das Handwerk und gegen jede Industriefeindlichkeit unseren politischen Willen bekundet und diesen Schritt für Schritt in die Wirklichkeit umgesetzt."[207] Es wurden spezielle *Handwerkskammer-Partnerschaften*[208] initiiert, bei denen deutsche Handwerkskammern Zusammenschlüsse von Handwerkern in Entwicklungsländern berieten. Darüber hinaus wurde ein spezieller Beratungsdienst für die Wirtschaft in Entwicklungsländern eingerichtet, der die Aufgabe hatte, beim Aufbau mittelständischer Strukturen zu helfen. Im Mittelpunkt stand das *Programm „Betriebliche Kooperation"*[209] (BK-Programm), mit dem kleinere und mittlere Unternehmen aus Deutschland und aus den Entwicklungsländern zusammengeführt wurden. In der Amtszeit von Warnke wurde auch der *Senior Experten Service* (SES) gegründet, eine Organisation der deutschen Wirtschaft, bei dem ältere Fachkräfte ehrenamtliche Beratung in Partnerländern durchführen.[210, 211]

Der *Schutz der natürlichen Lebensgrundlagen* war ein weiterer Schwerpunkt der Entwicklungspolitik Warnkes. „Wir helfen in zweierlei Hinsicht: Zum einen, in dem wir dafür sorgen, dass unsere entwicklungspolitischen Maßnahmen möglichst umweltfördernd, zumindest aber nicht umweltschädlich sind. Die Regierung Helmut Kohls hat deshalb die *Umweltverträglichkeitsprüfung* zum festen Bestandteil jeder Projektprüfung und jeder Projektplanung gemacht. Heute sind rund drei Viertel unserer Vorhaben umweltfördernd oder zumindest umweltneutral. Zum anderen gehen wir die Umweltprobleme auch offensiv an. Wir führen also Projekte durch, die eigens dazu dienen, Umweltverbesserungen herbeizuführen. Ich nenne:

- Maßnahmen gegen die alarmierende Wüstenausbreitung
- Aufforstung und die Verbreitung holzsparender Kochherde in Afrika
- Unterstützung von Landnutzungsplanung und angepasstem Landbau sowie
- die Stärkung des Umweltbewusstseins in den Entwicklungsländern, etwa durch Förderung von Umweltbehörden oder Maßnahmen der Aus- und Fortbildung."[212]

Besonders der *Tropenwaldschutz* lag Warnke am Herzen.

Warnke war als Minister *fordernd, engagiert, immer gut vorbereitet*, aber zuweilen als Vorgesetzter nicht einfach, da zu ungeduldig. Er neigte zu *formalistischen Überhöhungen*, Statusfragen waren ihm wichtig. Er trug gelegentlich sein Amt wie eine Reliquie vor sich her.

Aufgrund seiner hervorragenden Sprachkenntnisse war er im Ausland ein geschätzter und geachteter Gesprächs- und Verhandlungspartner.

Warnkes entwicklungspolitische *Bilanz* in seiner ersten Amtsperiode ist *gemischt*. Sein Interesse an der Beschäftigungswirksamkeit der entwicklungspolitischen Maßnahmen im Inland ist aus der damaligen wirtschaftlichen Schwäche zu verstehen. Seine Anlehnung an die außenpolitischen Vorstellungen der Reagan-Administration (Nicaragua) entsprach der damaligen CSU-Linie. Seine Initiativen zum Politikdialog, zur Koordinierung und zur Erfolgkontrolle haben bis zum heutigen Tag Spuren hinterlassen. Die Einführung der verbindlichen Umweltverträglichkeitsprüfung und sein Eintreten für den Tropenwaldschutz bleiben sein bleibendes Verdienst, ebenso die Gründung des Senior Experten Service. Sein Impuls, die Handwerksförderung voranzutreiben, ist verblasst.

● Stimmen von Zeitzeugen: Dr. Hans-Helmut Taake, Dr. Helmut Schaffer, Dr. Susanne Nonnen, Bernd Blank, Gert-Robert Liptau

Dr. Hans-Helmut Taake

Direktor des Deutschen Instituts für Entwicklungspolitik (DIE) von 1980 bis 2003.

Ein Mann der klaren Ansage

Zu Beginn seiner Amtszeit traf Minister *Warnke* zwei Entscheidungen, die das Profil der deutschen Entwicklungspolitik veränderten.

Erstens: Ab sofort solle sein Ressort, das BMZ, unmissverständlich zum Ausdruck bringen, dass mit der staatlichen Entwicklungspolitik neben christlich/humanitären und entwicklungspolitischen Zielen auch die Interessen der Bundesrepublik

Deutschland berücksichtigt würden. Dies entspreche seinem Amtsverständnis, sorge aber auch aufseiten der Partnerländer für größere Klarheit. Dies war für große Teile der entwicklungspolitischen Community in Deutschland ein unverzeihlicher Tabubruch; es kam zu heftigen Auseinandersetzungen.

Zweitens traf er vor dem Hintergrund seiner eigenen beruflichen Erfahrungen und seines marktwirtschaftlichen Grundverständnisses die Entscheidung, der Förderung der Klein- und Mittelindustrie in den Entwicklungsländern, insbesondere des Handwerks, einen höheren Stellenwert in der Politik seines Hauses zuzumessen. Es kam zur Gründung von Handwerkskammer-Patenschaften und eines Programms der betrieblichen Kooperation, das die Zusammenarbeit zwischen Unternehmen in Deutschland und Unternehmen in Entwicklungsländern förderte. Mit diesen und ähnlichen Maßnahmen versuchte der Minister, das jahrelange Schattendasein des privatwirtschaftlichen Sektors in seinem Ressort zu beenden und die Zusammenarbeit zwischen der deutschen Wirtschaft und der staatlichen Entwicklungspolitik zu vertiefen.

Abschließend möchte ich auf die Schilderung eines eher routinemäßigen, gleichzeitig jedoch beispielhaften Vorgangs nicht verzichten. Auf Bitte des Ministers hatte das DIE ein Kurzgutachten zur Beschäftigungswirksamkeit der deutschen Entwicklungszusammenarbeit erstellt und war, um es kurz zu machen, zu dem Ergebnis gelangt, dass trotz der vom Ressort erwogenen zusätzlichen Maßnahmen eine spürbare Steigerung der Rückflüsse aus Entwicklungsländern in Form zusätzlicher Aufträge für deutsche Lieferungen und Leistungen über das bereits erreichte Maß hinaus nicht zu erwarten sei. Die Reaktion des Ministers auf dieses in einer für ihn wichtigen Sache enttäuschende Resultat war, um es milde auszudrücken, sehr emotional. Sein abschließendes Urteil blieb aber davon letztlich unberührt: Er respektiere die im Gesellschaftsvertrag verankerte wissenschaftliche Unabhängigkeit des Instituts, stelle die Solidität des Gutachtens nicht in Frage, er danke den Autoren und damit sei für ihn der Vorgang abgeschlossen.

Dr. Helmut Schaffer

Leiter der BMZ-Unterabteilung „Zusammenarbeit mit öffentlichen und privaten Institutionen (1981–1990), danach Leiter der Unterabteilung „Grundsätze der staatlichen Zusammenarbeit, Beauftragter für Lateinamerika und die Karibik“ (1991–1996), Deutscher Exekutivdirekter bei der Weltbank in Washington (1996–2002).

Warnke und die „Linksabweichler“ im entwicklungspolitischen Vorfeld des BMZ

Während in der Amtszeit von Minister *Warnke* die Zusammenarbeit mit den meisten privaten und öffentlichen Institutionen im Wesentlichen unverändert fortgeführt wurde, war das Verhältnis zum Deutschen Entwicklungsdienst (DED) und zu den kirchlichen Zentralstellen für Entwicklungshilfe durchaus ambivalent.

Den DED sah Warnke als eine zu links orientierte Institution an, die auf den Weg der „konservativen Tugend“ zurückgeführt werden musste. Einige öffentlichkeitswirksame Aktionen des DED, wie z. B. Presseanzeigen gegen die Startbahn West des Frankfurter Flughafens, warfen allerdings in der Tat die Frage auf, ob sie vom Mandat des DED gedeckt waren.

Die kirchlichen Zentralstellen für Entwicklungshilfe, vor allem die Evangelische Zentralstelle verdächtigte er ebenfalls „linker Umtriebe“. Deutlich kam dies zum Ausdruck, als er die Förderung eines Bildungsprojekts in Nicaragua ablehnte, weil es aus seiner Sicht sandinistische Inhalte als Lehrstoff nutzte. Beide Kirchen, auch die katholische Seite, die ein ähnliches Projekt allerdings aus kircheneigenen Mitteln in Nicaragua unterstützten, verteidigten vehement ihr Recht, die Projekte selbst auswählen zu dürfen, und lehnten eine politische Kontrolle durch die Bundesregierung entschieden ab.

Einen ähnlichen Hintergrund hatte die Entscheidung Warnkes im Jahre 1985, neben dem Personaldienst der Evangelischen Kirche Deutschlands (EKD) „Dienste in Übersee“ einen weiteren konkurrierenden und evangelikal geprägten Personaldienst „Christliche Fachkräfte international" staatlich anzuerkennen.

Dr. Susanne Nonnen

Geschäftsführerin des Senior Experten Service, Bonn, seit 2000.

Zukunft braucht Erfahrung: Die Erfolgsgeschichte des Senior Experten Service

Die Entscheidung zur Gründung des Senior Experten Service fällte 1981 Entwicklungsminister Offergeld, übrigens trotz des erheblichen Widerstandes in seinem Hause. Der SES wurde dann in der Amtszeit von Minister Warnke 1983 gegründet und langjährig von Dr. Rudolf Schuster und Dr. Nordsieck gemeinsam geleitet. Der SES ist eine Erfolgsgeschichte: Fast 12.000 Fach- und Führungskräfte im Ruhestand stellen dem SES ihr Fachwissen und ihre Berufserfahrung zur Verfügung – ehrenamtlich. Bis heute haben SES-Fachleute im Ausland mehr als 25.000 Projekte in allen Sektoren und Branchen durchgeführt: in kleinen und mittlere Unternehmen, kommunalen, staatlichen oder auch nicht-staatlichen Einrichtungen. Sie geben ihr Wissen vor allem in Entwicklungs- und Schwellenländer weiter.

Seit der Wiedervereinigung ist der SES auch in Deutschland tätig, seit 2007 gezielt und stetig steigend für die junge Generation in Schule und Ausbildung, initiiert von Dr. Helmut Klein. Im Jahre 2014 werden mehr als 2.500 SES-Experten in Deutschland und zusätzlich 1.600 Senior-Experten im Ausland aktiv sein.

Die damalige mutige Entscheidung von Minister Offergeld hat Früchte getragen, denn Zukunft braucht Erfahrung.

Bernd Blank

Ministerialrat i.R., 1982–1988 Leiter des Referats „Koordinierung der Finanziellen Zusammenarbeit, KfW“ im BMZ, 1988–1992 des Referats „Ägypten, Somalia, Sudan, Djibouti“, 1992–1996 des Referats Vereinte Nationen, 1996–2004 des Referats „Regionale Entwicklungsbanken/ IFAD“.

Ein Haushaltsloch wird entdeckt

Bundesminister *Warnke*, CSU, protestantischer Franke Berlin-preußischer Prägung, trat sein Amt offensichtlich mit dem Vorsatz an, nach der Ära Schmidt/Offergeld die deutsche Entwicklungspolitik deutlich neu zu orientieren: Neben der „Entideologisierung“ wurde die Behauptung aufgestellt, ein „Haushaltsloch“ beim Budgettitel der Kapitalhilfe vorgefunden zu haben. Dies sorgte für Aufregung im Parlament und in der Öffentlichkeit. Die Finanzfrage klärte sich bald auf, denn es handelte sich um einen Darstellungsfehler in der Verantwortung aus dem Umkreis des Ministers. Der Sturm im Wasserglas legte sich bald, nachdem das Loch, das gar keines war, wie von Geisterhand verschwunden war.

Nicht zuletzt aufgrund des Einflusses qualifizierter Mitarbeiter, denen Warnke vertraute, wurde die „Entideologisierung“ sukzessive entideologisiert. Auch hatte der Vorgänger bereits, trotz der zurückgedrängten Lieferbindung, erklärt, Entwicklungshilfe sei „keine Einbahnstraße“. Dies fand bei Teilen der neuen sozialdemokratischen Opposition im Haushaltsausschuss durchaus Unterstützung. Gern und mit viel Sachverstand engagierte sich Warnke als früherer Branchenvertreter aus der Wirtschaft auch in den Aufsichtsgremien der Kreditanstalt für Wiederaufbau.

Gert-Robert Liptau

Ministerialrat i.R., von 1982 bis 1985 Leiter des neu geschaffenen Referats (RL) „Verschuldungsfragen der Entwicklungsländer, IWF-Angelegenheiten", nach weiteren Referatsleiter-Posten im bilateralen und multilateralen Bereich sowie für Personal von 1994 bis 1997 Exekutiv-Direktor bei der „Inter-Amerikanischen Entwicklungsbank" in Washington D.C. für Deutschland, Italien, Niederlande, Belgien, Schweiz und Israel.

„Steter Tropfen..."

Vor dem Hintergrund der multilateral abgestimmten Anstrengungen zur Verringerung der drückenden Schuldenlasten einer Vielzahl von Empfängerländern wurde 1982 auf besonderen Wunsch der BMZ-Leitung ein neues Referat geschaffen, dessen Aufbau mir übertragen wurde. Ihm wurde die Aufgabe gestellt, den Beitrag von entwicklungspolitischen Programmen zur Schuldenreduzierung in enger Zusammenarbeit mit den beteiligten Ressorts zu vertreten, bei den Umschuldungen im „Pariser Club" mitzuwirken, an den Jahresversammlungen von IWF und Weltbank teilzunehmen und ein Strategie-Papier zur Schuldenproblematik zu erarbeiten.

Von Anfang an gestaltete sich mein Auftritt als „Neuer" im Kreise der Kollegen des BMWi, des BMF und des AA kooperativ, wenn auch manchmal zögerlich. Das BMWi in seiner Sprecherrolle im „Pariser Club" bei den Umschuldungsvereinbarungen für die öffentlichen Schulden der Entwicklungsländer unter Vorsitz von Michel Camdessus, des späteren Managing Director des IWF, wurde nicht angetastet. Mit dem AA gab es ohnehin keinen Dissens. Im BMF war jedoch Vorsicht spürbar. Diese lag wohl nicht ganz unbegründet an der Befürchtung, das BMZ beabsichtige, nun „durch die Hintertür" seine Entwicklungspolitik in die Anpassungsprogramme des IWF hineinzubringen. Die strickte Trennung der Aufgaben des IWF und der Weltbank, die damals nicht im „Pariser Club" vertreten war, dürfe nicht verwässert werden. Jedoch bewahrheitete sich die alte Weisheit: „Steter Tropfen...!" Ein solcher war (nach meiner Erinnerung)

1983 die Weigerung des BMF, meine Teilnahme an der IWF-Jahresversammlung als Delegationsmitglied zu gestatten. Es bedurfte eines nachdrücklichen, direkten Wunsches von Minister Warnke an seinen BMF-Kollegen Gerhard Stoltenberg, erstmals die Aufnahme des BMZ-Vertreters in dessen Delegation zu genehmigen. Dem wurde stattgegeben.

Ein solcher Vertrauensbeweis Warnkes erwies sich auch an anderer Stelle. Als Beispiel nenne ich seine spontane Aufforderung, ihn als Einzigen zu einer Vorstandssitzung der Bundesbank in Frankfurt zu begleiten. Begründung: Die Bundesbank arbeite selbstverständlich eng mit dem IWF zusammen. Bei Verschuldungsfragen von Entwicklungsländern sei der Sachverstand des BMZ unabdingbar.

Die Würdigung meiner Arbeit und meiner Person durch Minister Warnke bewahre ich in dankbarer Erinnerung.

10 Entwicklungspolitik im geschichtlichen Zusammenhang

Minister: Hans Klein (1987–1989)

Beschreibung und Wertung

„Das für uns gültige Wertesystem, wesentlich durch Christentum und Aufklärung geprägt, gründet auf der Einzigartigkeit jedes Menschen, auf der Achtung vor dem Leben, der Menschenwürde und der persönlichen Freiheit."[213] Dieses Zitat aus der Regierungserklärung von Helmut Kohl aus dem Jahre 1987 beschreibt das kulturelle Muster, auf das sich das Deutschland der christlichen geprägten CDU/CSU gründete. Die Hauptaufgabe der westlichen Wertegemeinschaft sollte also die Wahrung der Menschenrechte weltweit und das Hinwirken auf einen gerechten Ausgleich unter den Völkern sein.[214]

„Wenn Menschen bittere Not leiden oder gar vom Hungertod bedroht sind, können sie auf unsere Hilfe zählen. Ohne Ansehen des Regimes, ohne politische Hintergedanken. Wir Deutsche, denen in schwerster Zeit viel großmütige Hilfe zuteilwurde, erfüllen damit auf unpathetische Weise auch eine Dankespflicht. Und wer je am Stadtrand von Kalkutta, in einem sudanesischen Flüchtlingslager oder in den Indianerslums einer lateinamerikanischen Stadt Kinder sterben sah, wer je die selbstaufopfernde Zuwendung etwa der Schwester Mutter Theresa zu den Geschundenen und Gequälten dieser Welt erlebt hat, der wird meine Frage verstehen: Muss nicht das *christliche Gebot* „Liebe deinen Nächsten wie dich selbst" alle meine Entscheidungen als dem für Entwicklungshilfe zuständigen Minister bestimmen? Die Antwort kann nur ja heißen, auch wenn das diejenigen überrascht, die ethische Motivation und wirtschaftliche Gesetzmäßigkeit als Gegensätze betrachten. In Wahrheit gibt es keine amoralische Sachgerechtigkeit, wenn es um Menschen geht."[215]

Hans Klein war der einzige Minister, der Entwicklungspolitik in einen *historischen Zusammenhang* einbettete. „Unser Ansehen in der Dritten Welt ist hoch. Das hat viele Gründe, aktuelle und historische. Zu den aktuellen gehört neben unserer, oft freilich überschätzten Wirtschaftskraft und der im Ganzen erfolgreichen Entwicklungszusammenarbeit vor allem die Vermutung, wir hätten den Schlüssel, wir wüssten das Geheimrezept, wie man aus einem zerstörten Land mit obdachlosen, hungernden, frierenden Menschen innerhalb kürzester Zeit ein wirtschaftlich blühendes, sozial gerechtes, von demokratischer Freiheit geprägtes modernes Staatswesen macht.“[216]

Die historischen Zusammenhänge erläuterte Klein genau, differenziert, sehr bildreich und wahrhaft spannend. Er soll an dieser Stelle deshalb bewusst ausführlich zitiert werden:

„Auf den knapp 30 Jahren von 1886 bis Mitte des Ersten Weltkrieges, während derer es deutsche Kolonien gab, lasten – trotz der blutigen Gewalt, mit der teilweise auch die Deutschen als Kolonialmacht auftraten – in Erinnerung der Nachfahren in Südwestafrika, Ostafrika, Kamerun, Togo, Neuguinea oder Samoa keine Schatten. Vielfach kann unsere heutige Entwicklungszusammenarbeit mit diesen bis auf Namibia/Südwestafrika inzwischen längst selbständigen Staaten an alte Sympathien aus jener Zeit anknüpfen. In Einzelfällen sogar an alte, von den Nachfolgekolonialmächten, also den Siegern des Ersten Weltkrieges, nicht zerstörte Strukturen, wie Straßen, Eisenbahnlinien oder Schulen, die von den Deutschen in jener kurzen Periode in eindrucksvoller Zahl errichtet wurden. Aber nicht das deutsche Kolonialengagement ist es, was unser Ansehen in der Dritten Welt historisch begründet. […] Es waren vielmehr Frauen und Männer, *Gelehrte, Forscher, Weltreisende,* die uneigennützig, ohne koloniale Hintergedanken, jene fremden Länder bereisten, oft wesentlich zu deren Identitätsfindung, zur Entdeckung und Bewahrung ihrer mitunter jahrtausendealte Kulturen beitrugen und in zahlreichen Fällen sich die Bezeichnung *Entwicklungshelfer* im nobelsten Sinne dieses Wortes verdienten. Ihr Andenken ist bei den betroffenen Völkern unvergessen. Ich halte es für eine wichtige Aufgabe unserer Entwicklungspolitik, die Kenntnis über diese kosmopolitischen Deutschen im Innern und nach Außen wieder zu verbreiten. Spiegelt ihre Arbeit doch, ungeachtet der Einbettung in die Gegebenheiten ihrer Zeit, jenen Geist, und jene Gesinnung, aus denen heraus auch wir mit den Menschen auf der südlichen Halbkugel zusammenleben, zusammenarbeiten, zusammen die Welt von morgen gestalten wollen.“[217]

Klein nennt einige *Beispiele*:

„Für Simon Bolivar, den bedeutendsten Führer im Unabhängigkeitskampf des nördlichen Lateinamerika, beispielsweise war *Alexander von Humboldt* „der wirkliche Entdecker der neuen Welt, dessen wissenschaftliche Arbeit Amerika Besseres gegeben hat als alle Konquistadoren.“ Humboldts Forschungen hatten stets auch einen humanitären Bezug, sein ausgeprägtes moralisches und soziales Empfinden, sein stets sprungbereiter Spott richtete sich vorwiegend gegen Intoleranz, Rechtsanmaßung, Sklaverei, Leibeigenschaft, religiöse, politische und rassische Unterdrückung, gegen Bosheit und Dummheit. [...] *Hans Staden* aus dem hessischen Homburg, der 250 Jahre davor – vermutlich als Landsknecht in portugiesischen Diensten – nach Südamerika kam, verfasste über seine Erlebnisse und seine Beobachtungen als langjähriger Gefangener bei den Indianern einen Bericht, der bis heute als wesentliche Quelle für die frühe Geschichte Brasiliens gilt. [...] Die Frankfurter Blumen- und Insektenmalerin *Anna-Maria Sibylla Merian*, die um die Wende des 17. und 18. Jahrhunderts in Surinam lebte, deren Zeichnungen und Texte über die unentdeckten Wunder von Flora und Fauna Surinams später in mehreren Bänden erschienen, hat nicht nur in der Wissenschaft Spuren hinterlassen. Ihr wurden auch die zeitkritischen Einlassungen gegenüber dem Sklavensystem nicht vergessen. [...] Der große deutsche Forschungsreisende *Carsten Niebuhr* und seine „Entdeckungen im Orient“, die er über die in königlich-dänischen Diensten von 1761 bis 1967 unternommene Jemen-Expedition veröffentlicht hat, sind den Jemeniten lebendige Begriffe. [...] Oder denken wir an *Emin Pascha*, den 1840 in Oppeln geborenen und 1892 in Kanena im heutigen Zaire ermordeten großen deutschen Afrikaforscher. Ob als Quarantänearzt, als Gouverneur der Äquatorialprovinz, als Leiter von Expeditionen, ob im Dienst der Hohen Pforte oder des Deutschen Reichs, ob im Sudan oder am Victoriasee, Emin Pascha war immer ein Freund der Menschen. Er führte einen zähen Kampf gegen Sklaverei und Ausbeutung. Wo immer er residierte, legte er vorbildliche Pflanzengärten an, züchtete Baumwolle, Indigo, Kaffee, Tabak, Zuckerrohr, Zitronen, Orangen und erstmals sogar Reis. […] (Anmerkung des Verfassers: In diesem Zusammenhang ist auch der fast vergessene *Franz Stuhlmann* zu nennen, Zoologe und Afrikaforscher, der 1890 Emin Pascha bei dessen Expedition ins Hinterland von Deutsch-Ostafrika begleitete. Über ihn liegt ein ausgezeichnetes biografisches Portrait von Reinhart Bindseil vor: Franz Stuhlmann (1863–1928) Zoologe und Afrikaforscher, Halle, 2008.) Der Hamburger Afrikaforscher *Heinrich Barth* hat Mitte des vorigen Jahrhundert als erster eine Art des innerafrikanischen Reisens entwickelt, die die Verhaltensformen seiner Zeitgenossen geradezu revolutionierte. Er lehnte es ab, die Route, was damals durchaus üblich war, mit Gewalt zu erzwingen. Er veranlasste seine Reisegefährten, die verschiedenen Landessprachen zu erlernen, aufdass sie nicht als Fremdlinge auftraten, und er verlangte von jedem Mitreisendem, aus dem Lande zu leben und den Eingeborenen Respekt entgegenzubringen. Sein fünfbändiges Werk gehört zu den bedeutendsten Arbeiten der Entdeckungsgeschichte Afrikas. […] *Gustav Nachtigall*, der Arzt aus Eichstedt im Kreis Stendal, selbst von fragiler Gesundheit, hat unzähligen kranken Menschen zunächst im Maghreb und später im Inneren Afrikas geholfen. Er war einer der ersten Europäer, die Tibesti, Bornu und Wadai bereisten. Seine ausgeprägte Fähigkeit, sich in die Gefühlswelt anderer Völker einzuleben, gab seinen Forschungsarbeiten bis heute gültigen Wert. […] *Leo Frobenius*, Ethnologe und Kulturphilosoph, der in den ersten Jahrzehnten unseres Jahrhunderts zwölf Afrikaexpeditionen unternahm, scheute sich nicht, in einer Zeit, als sich der Rassismus nicht nur in Deutschland ausbreitete, öffentlich zu erklären: Rasse hat nichts mit Kultur zu tun. […] In Indien heißen die

Goethe-Institute *Max-Müller*-Bhavan. Die Inder haben dem Dessauer Indologen und Sprachforscher Friedrich Maximilian Müller ein ehrendes Andenken bewahrt, obwohl er nie in Indien war. Er hat sein grundlegendes Werk über die Geschichte der Sanskrit-Literatur in Oxford verfasst, damit aber die geistig religiöse Erneuerung Indiens nachhaltig beeinflusst. […] Mit der breiten Darlegung dieses Aspekts unserer Beziehungen zu den Entwicklungsländern will ich weder einem retrospektiven Nationalismus noch einer Abenteuer-in-Übersee-Nostalgie huldigen und schon gar nicht will ich damit, sozusagen historisch begründet, erneut das Postulat vom deutschen Wesen, an dem die Welt genesen solle, verkündigen. Auch will ich mit diesem Rückblick nicht die Gewichte innerhalb der deutschen Entwicklungspolitik zu Ungunsten der brennenden und drängenden aktuellen Aufgaben verschieben. […] Ich sehe es aber als eine meiner vornehmsten Pflichten an, die *menschliche und historische Dimension*, die hinter der technokratischen Routine der Entwicklungszusammenarbeit steht, wieder deutlicher erkennbar zu machen. Unsere Partner in der Dritten Welt müssen spüren, dass wir sie als Menschen ernst nehmen, als Schwestern und Brüdern lieben, so wie das jene großen Deutsche getan haben, die schon in den vergangenen Jahrhunderten zu ihnen gekommen waren."[218]

„Diese *Tradition* wollen wir *fortführen*. So hoch wir die Leistungen unserer Wirtschaft veranschlagen und so sehr wir ihren weltweiten Erfolg brauchen, so falsch wäre es, wenn sich mit dem Namen Deutschland in Zukunft nur noch Stern oder Rautenzeichen großer Autofirmen, das Namenskreuz eines traditionsreichen Chemie- und Pharmaunternehmens, der Schriftzug eines renommierten Elektrokonzerns oder die Kranichsilhouette einer beliebten Fluggesellschaft verbänden."[219]

Hans Klein hat aus seinen *geschichtlich-kulturellen Überlegungen*, die bewusst ausführlich wiedergegeben wurden, auch *praktische Konsequenzen* für die Entwicklungszusammenarbeit gezogen. Klein: „Der kulturelle Ansatz in der Entwicklungszusammenarbeit biete eine Chance, unsere Partner dabei zu unterstützen, ihre eigene kulturelle Identität von fremden Überlagerungen freizulegen und vor dem Vergessen zu bewahren. Und diese Unterstützung wecke mehr Vertrauen in die Aufrichtigkeit unserer Gesinnung als noch so großzügige finanzielle oder technische Hilfe. Mit der deutschen Hilfe bei der Sanierung der historischen Altstadt von Sanaa (Jemen) oder beispielsweise der deutschen Beteiligung an der Restaurierung des Borobudur (Indonesien) würden zum ersten Mal eigenständige Kulturleistungen anderer Völker bewusst und gewollt als Beitrag zur Weltkultur gewürdigt. Die vielbeschworene gleichberechtigte Partnerschaft mit den Entwicklungsländern sei im kulturellen Bereich eine Realität.“[220] Klein hat also nicht nur das geschichtlich-kulturelle Erbe besungen, sondern auch tatkräftig gehandelt. Weitere Projekte des BMZ zur Bewahrung kultureller wichtiger Stätten umfassen

- die Errichtung eines Restaurierungszentrums in Petra, Jordanien,
- die Bewahrung der Altstadt von Bhaktapur in Nepal,
- den Schutz archäologischer Stätten in Peten, Guatemala und
- die Bewahrung der Altstadt von Sansibar, Tansania.

Einen weiteren entwicklungspolitischen Akzent setzte Klein mit der *Förderung der Hochschulen* in der Dritten Welt. „Die Hochschulen bildeten die dringend benötigten Spitzenfachkräfte aus als unabdingbare personelle Voraussetzung für technischen, wirtschaftlichen, sozialen und kulturellen Fortschritt. Zugleich seien sie oft alleinige Träger der Forschung in entwicklungsrelevanten Sektoren und kompetente Partner für den Technologietransfer aus Industrieländern. Der Beitrag der deutschen Hochschulen zum Aufbau eines leistungsfähigen Hochschulwesens in Entwicklungsländern könne deshalb nicht hoch genug veranschlagt werden.“[221] Das BMZ förderte Hochschulpartnerschaften über den Deutschen Akademischen Austauschdienst (DAAD), die Deutsche Forschungsgemeinschaft (DFG) und die Humboldt-Stiftung.

Auch in der *Nahrungsmittelhilfe* setzte Klein *neue Akzente*. Die Jahre 1987 und 1988 waren gekennzeichnet durch Hungerkatastrophen und Flüchtlingsströme in einigen Teilen Afrikas, vor allem betroffen waren Äthiopien und der Sudan, Mosambik und Somalia mit großen Flüchtlingsansammlungen.[222] Die Nahrungsmittelsicherung erwies sich als eines der zentralsten Probleme. Andererseits gab es auch in afrikanischen Gebieten Rekordernten. So konnte die Bundesregierung regional traditionelle Nahrungsmittel aufkaufen und den Katastrophengebieten zur Verfügung stellen. Aufkaufländer waren insbesondere Simbabwe, Malawi und Kenia.[223] Damit konnte Klein einen ersten Schritt machen, um die Nahrungshilfemittelpolitik von der Agrarpolitik der Industriestaaten abzukoppeln. Die Möglichkeit, nicht nur einfach eigene Überschüsse in die Länder zu liefern, sondern einheimische Nahrungsmittel zu kaufen, wurde ausgedehnt. Die Produktion von eigenen Nahrungsmitteln konnte dadurch gesteigert werden.[224]

Unter Offergeld war bereits der Erlass der Schulden aus früheren Entwicklungshilfekrediten für die ärmsten Entwicklungsländer in Höhe von 9 Milliarden DM durchgesetzt worden. Klein gelang es in einer konservativ-liberalen Regierungskoalition, die bis zu ihrer Amtsübernahme jeden weiteren Schuldenerlass abgelehnt hatte, im Juni 1988 einen Kabinettsbeschluss herbeizuführen, der erstmals auch einen Schuldenerlass für sechs Länder ermöglichte, die nicht zur Gruppe der am wenigsten entwickelten Ländern gehörten[225], nämlich Ghana, Madagaskar, Sambia, Senegal, Zaire und Kenia. Diesen sechs Ländern wurden Schulden in Höhe von 3,1 Milliarden DM gestrichen.

Klein war extrem fleißig, charmant, immer perfekt gekleidet, selten um eine Pointe verlegen. Er war ein Kavalier alter Schule. *Klein* war *mutig*. Er wagte es, die *christliche Nächstenliebe* als Motiv für Entwicklungszusammenarbeit ins Zentrum zu rücken. Diese Akzentsetzung ist auch vor dem Hintergrund der Hungersnöte in den 1980er-Jahren in Afrika zu sehen. Sein *bleibender Verdienst* ist es, dass er die Entwicklungspolitik in einen *geschichtlichen Zusammenhang* stellte und die menschliche und historische Dimension, die hinter der technokratischen Routine der Entwicklungszusammenarbeit steht, wieder deutlich erkennbar machte. In seinem Überschwang geriet ihm jedoch die Retrospektive auf die Kolonialzeit zu rosig. Eine stärkere Differenzierung mit kritischerem Blick wäre hilfreich gewesen. Positiv zu werten ist sein Engagement für die Hochschulförderung und die Unterstützung kultureller historischer Stätten in Entwicklungsländern. Auch gelang es Klein, die Nahrungshilfepolitik zum Teil von der Agrarpolitik der Industrieländer abzukoppeln, sie umzugestalten und stärker entwicklungspolitisch auszurichten. Klein konnte 1988 einen Schuldenerlass für sechs Länder durchsetzen, die nicht zur Gruppe der am wenigsten entwickelten Länder gehörten, nachdem Offergeld schon zehn Jahre vorher einen Schuldenerlass für die ärmsten Entwicklungsländer erreicht hatte.

● Stimmen von Zeitzeugen: Manfred H. Obländer, Dr. Alexander G. Friedrich, Dr. Gero Jentsch, Cay Gabbe

Manfred H. Obländer

Von 1982 bis 1989 unter den Bundesministern Jürgen Warnke und Hans Klein Pressesprecher des Bundesministeriums für wirtschaftliche Zusammenarbeit, wechselte danach als Chef vom Dienst und Abteilungsleiter Kommunikation in das Presse- und Informationsamt der Bundesregierung, dessen Bonner Dienstsitz er bis 2005 leitete.

Immer mit Fliege und viel Humor: der Außen- und Entwicklungspolitiker Hans Klein

Bundesminister *Hans* („Johnny“) *Klein* war nicht nur ein begabter Politiker, sondern auch ein großartiger Mensch mit viel Fröhlichkeit und Humor, der mir nicht nur Chef war, sondern auch bald zum Freund wurde. Seine breite Bildung, seine Kenntnis geschichtlicher Zusammenhänge und seine langjährigen außenpolitischen Erfahrungen haben alle, die mit ihm zusammenarbeiten durften, immer wieder neu beeindruckt. Es lag für ihn also auch nahe, als Bundesminister für wirtschaftliche

Zusammenarbeit die deutsche Entwicklungspolitik „in einen historischen Zusammenhang“ einzubetten, wie Michael Bohnet in seiner „Geschichte der deutschen Entwicklungspolitik“ schlussfolgert und so das Wirken Kleins gerecht würdigt.

Für Klein selbst war das Amt des Entwicklungshilfeministers „die politisch und menschlich befriedigendste Aufgabe seines Lebens“, wie er mir mehrfach sagte. Und er wäre nach seiner Zeit als Regierungssprecher gerne wieder in dieses Amt zurückgekehrt; der Bundeskanzler soll bereits damit einverstanden gewesen sein. Doch nach der Bundestagswahl im Dezember 1990 musste Kleins Partei, die CSU, auf einen Ministerposten verzichten – und „der Mann mit der Fliege“, wie Klein auch oft genannt wurde, ist schließlich Vizepräsident des Deutschen Bundestages geworden.

Dr. Alexander G. Friedrich

Exekutiv-Sekretär a. D. der Vereinten Nationen 1966–1979, nach dem aktiven UN-Dienst 1979 Gründungsvorsitzender des Entwicklungspolitischen Forums der Deutschen Stiftung für Internationale Entwicklung, dort tätig bis 1989.

Der vaterlandsbewusste Sudetendeutsche mit internationalem Weitblick

Als Minister war *Hans Klein* eine Überraschung – so wie einige vor ihm. Er war eine beachtliche, geachtete, ungewöhnliche Persönlichkeit „für wirtschaftliche Zusammenarbeit und Entwicklung“, voll vorbereitet auch für die „besonderen Aufgaben und als Chef des Bundespresseamtes“ danach. Der vaterlandsbewusste Sudetendeutsche war für Bundeskanzler Kohl somit bei der glücklichen Wiedervereinigung der rechte Mann am rechten Platz: auch am Bach im Kaukasus.

Sein Ministeramt für internationale wirtschaftliche Beziehungen profitierte von seiner vorangegangenen Pressearbeit an deutschen Botschaften im Nahen und Mittleren Osten. Wie von Michael Bohnet herausgestellt: Er sah die historischen Zusammenhänge, die Menschenrechte, den gerechten Ausgleich und die Win-win-Situation. Besonderes dankenswert bleibt dabei Kleins Ehrung der kosmopolitischen Deutschen Altvorderen.

Die lange Jahre vor seiner Ministerzeit abgestimmten Prioritäten des, auch seines Entwicklungspolitischen Forums der Deutschen Stiftung für Internationale Entwicklung (DSE) passten in sein Konzept: Entwicklungsstrategie, wirtschaftliche Zusammenarbeit und soziokulturelle Beziehungen. Partner zu diesen Themen und Teilnehmer, die aufgrund ihres Sachverstandes und ihres politischen Einflusses Erkenntnisse hatten und formulieren konnten, wurden zu Forumsveranstaltungen eingeladen. Forumsdiskussionen dienten speziell UN-Konferenzen in kooperativer Atmosphäre in der Erwartung, Folgemaßnahmen umzusetzen.

Meine Nähe zu Klein wuchs vor und während der Jahrestagung des Internationalen Währungsfonds (IMF) und der Weltbank-Gruppe im September 1988. Im noch geteilten Deutschland war die Bundesrepublik als Sitzungsort vorgegeben. Washington D.C. wollte nach Frankfurt am Main an den Bankenplatz, natürlich auch wegen der Nonstop-Verbindung. Das Forum setzte sich für Berlin ein, der entwicklungspolitischen Zentrale mit kompetenten Institutionen, und überzeugte. Die Sowjetunion war nicht Mitglied, konnte nicht intervenieren.

Ein Faktor war hilfreich für den Weltbank-Präsidenten und den deutschen Minister: Das Entwicklungspolitische Forum hat an der Gründung der MIGA (Multilateral Investment Garanty Agency) als Tochter der Weltbank-Gruppe mitgewirkt. Ich sah aufgrund der Foreign Investment-Bestrebungen im UN-System die Chance, MIGA während der Berliner Jahrestagung zu starten – was auch geschah. Darüber hinaus schlug das Forum dem gastgebenden Bundesminister und Weltbankgouverneur Hans Klein vor, die DSE Villa Borsig als noblen und historischen Gastgebersitz zu nutzen. Sicherheitsbedenken und Anfahrtszeiten sprachen dagegen, jedoch für „Johnny“ Klein und selbst für seine G7-Kollegen, besonders für die Minister und Gouverneure der Bank aus Entwicklungsländern, brachte es die Freude des Wiedersehens und des Erinnerns.

Dr. Gero Jentsch

Von 1988 bis 1990 Leiter des Kirchenreferats, von 1991 bis 2001 Leiter des Referats Armutsbekämpfung im BMZ.

Entbürokratisierung der entwicklungspolitischen Zusammenarbeit mit den Kirchen

Wir stellten 1988 und 1989 Überlegungen an, wie wir die Zusammenarbeit mit den Kirchen entbürokratisieren und vereinfachen könnten. Im Jahre 1990 wurde es ernst. Das BMZ nahm eine innovative Neuerung in der langjährigen entwicklungspolitischen Zusammenarbeit mit der Evangelischen und Katholischen Kirche in Deutschland in Angriff. Bisher hatten die Kirchen für die in eigener Verantwortung durchgeführten Vorhaben einzelne Anträge an das BMZ zur finanziellen Unterstützung gestellt, ein erheblicher bürokratischer Aufwand. Die Neuerung bestand darin, den Kirchen für ihre Arbeit mit ihren Partnern in den Entwicklungsländern jährlich eine globale Fördersumme bereitzustellen. Dadurch sollte eine Vereinfachung des Ablaufs und eine qualitative Verbesserung erreicht werden.

Wir hatten mit erheblichem Widerstand gegen diesen Vorschlag von Seiten des Finanzministeriums gerechnet. Zu unserer Überraschung stimmte es sofort grundsätzlich zu, ebenso wie der Bundesrechnungshof. Beide Institutionen waren von der seriösen und verantwortungsbewussten Arbeit der Kirchen überzeugt. Nach Abstimmung der Einzelheiten, auch mit den Kirchen, trat die neue Regelung am 1. Januar 1991 in Kraft. Rund 75 Prozent aller Vorhaben waren davon betroffen. Nur in bestimmten Fällen ist nach wie vor eine Einzelzustimmung des BMZ erforderlich, besonders bei Fällen mit außenpolitischer Brisanz. Im Mittelpunkt der Diskussion stehen jetzt Ziele und

Gehalt des zu fördernden Programms der Kirchen. Diese Neuregelung hat sich gut eingespielt und in der Praxis bewährt. Entbürokratisierung war gelungen, welch seltener Fall in einer Ministerialverwaltung.

Cay Gabbe

Ministerialrat, leitete von 1981 bis 1990 das Haushaltsreferat des BMZ, danach jeweils sieben Jahre die Referate für die Zusammenarbeit mit der Gesellschaft für Technische Zusammenarbeit und für die Zusammenarbeit mit der Zivilgesellschaft, den politischen Stiftungen und der kirchlichen Entwicklungsarbeit. Der Personalvertretung gehörte er insgesamt 17 Jahre in unterschiedlichen Funktionen an.

Kleins politischer Coup: der Schuldenerlass

„Diesen Brief schreibe ich am besten selbst", meinte Minister Klein zu seinen versammelten Abteilungsleitern in einer heißen Phase des Kampfs mit dem Bundesfinanzminister (BMF) um den von ihm betriebenen Schuldenerlass. „Meinen Bundeskanzler (Kohl) kenne ich wohl am besten", meinte er lächelnd. Er hatte dessen Unterstützung für einen weiteren, bisher abgelehnten Schuldenerlass, weil er ihn überzeugt hatte, diese politische Geste auf dem Weltwirtschaftsgipfel in Toronto 1988 zu verkünden. Dieser politische Coup hatte den BMF völlig überrumpelt, und in den jährlichen Haushaltsverhandlungen wollte er unsere Forderung *zusätzlich* um die wegfallenden Schuldenrückzahlungen kürzen. Wir wehrten uns u.a. mit dem Hinweis, der BMF solle die fachlichen Beratungen nicht mit dieser äußersten Restriktion belasten und die politische Entscheidung hierüber dem Kabinett überlassen. Überraschende BMF-Erwiderung: „Nein! Was wissen wir, was sich Ihr Minister noch ausdenkt!" Es war das einzige Mal in meinen 10-maligen Haushaltsrunden mit dem BMF, dass wir politisch ernst genommen wurden. – Den Brief schrieb er selbst und gab ihn – wieder lächelnd – uns zur Korrektur. So war es mehrmals, und auch der Schuldenerlass war nicht sein einziger politischer Coup.

11 Entwicklungspolitik im Prozess der Wiedervereinigung und das Schicksal der DDR-Entwicklungsprojekte

Bundesdeutscher Entwicklungsminister: Jürgen Warnke (1989–1991) Minister für wirtschaftliche Zusammenarbeit der DDR unter der de Maizière-Regierung: Hans-Wilhelm Ebeling (März–Oktober 1990)

● Beschreibung und Wertung

Nach der zweijährigen Amtszeit von Hans Klein, der Leiter des Bundespresseamtes wurde, kehrte Jürgen Warnke, der zwischenzeitlich das Bundesverkehrsministerium geleitet hatte, im April 1989 wieder zurück an die Spitze des BMZ. Die innen- und außenpolitischen Rahmenbedingungen hatten sich durch die friedlichen Revolutionen in Mittel- und Osteuropa und die Massenproteste in der DDR dramatisch verändert. Am 3. Oktober 1990 erfolgte die staatliche Wiedervereinigung. In organisatorischer Hinsicht bestand eine Herausforderung in der *Integration der DDR-Entwicklungszusammenarbeit in die westdeutschen Strukturen.* Die 1990 gewählte letzte DDR-Regierung hatte im März 1990 ein eigenes Ministerium – das Ministerium für wirtschaftliche Zusammenarbeit (MWZ) – unter Leitung von Hans-Wilhelm Ebeling gegründet. Ebeling war Pfarrer und hatte 1990 die Deutsche Soziale Union (DSU) mitbegründet. Die Verhandlungen über eine Zusammenlegung der beiden Ressorts liefen sofort nach den Wahlen an und konnten schnell abgeschlossen werden.[226]

Nach der Wiedervereinigung stellte sich vor allem die Frage, wie man mit den entwicklungspolitischen Projekten der ehemaligen DDR umzugehen habe, da deren Art der Entwicklungspolitik schwer mit der der Bundesrepublik vereinbar war und auch andere Strukturen aufwies. Während die DDR sehr stark auf Wirtschaftsbeziehungen (Produktaustausch) und zu Präferenzpreisen gelieferte und bezogene Handelsgüter Wert gelegt hatte[227], spielten die Armutsbekämpfung und der Umweltschutz im Gegensatz zur Bundesrepublik nur eine untergeordnete Rolle. Die DDR-Entwicklungspolitik hatte sich vorrangig an den politischen Vorgaben und Prinzipien zu orientieren, nach denen die Führung der SED ihre internationale Politik gestaltete. Sie nahm die Probleme der Entwicklungsländer überwiegend in den Kategorien des globalen Systemwettbewerbs und der Ost-West-Auseinandersetzung war.

Insgesamt unterhielt die *DDR mit rund 100 Entwicklungsländern entwicklungspolitische Beziehungen.* Mit 30 Staaten war die Zusammenarbeit bedeutsam, dabei mit sieben besonders intensiv (Äthiopien, Angola, Mosambik, Nicaragua, Kuba, Mongolei, Vietnam). Die Zusammenarbeit der DDR mit ihren Partnern stellte sich als ein breit angelegtes, integriertes Programm entwicklungspolitischer, wissenschaftlich-technischer, kommerzieller, humanitärer und kultureller Maßnahmen dar. Besonders großes Gewicht hatten die Ausbildung an Fach- und Hochschulen in der DDR sowie die Ausbildung von Fachkräften in DDR-Betrieben und Schulungseinrichtungen.[228]

Die *DDR-Entwicklungspolitik* war außerordentlich *unübersichtlich* und auf viele Institutionen zersplittert. Vermutlich hatte nur das Politbüro der SED einen genauen Überblick über Zahl und Fortgang der einzelnen Projekte. Dies machte es für das *Ministerium für wirtschaftliche Zusammenarbeit (MWZ) der DDR unter Minister Ebeling* außerordentlich schwer, sich ein umfassendes Bild über die Entwicklungszusammenarbeit der DDR zu verschaffen. Bis zum Zeitpunkt der Vereinigung beider deutscher Staaten im Oktober 1990 waren von der entwicklungspolitischen Zusammenarbeit der DDR, die sich bei manchen Ländern auf die Entsendung einzelner Experten bzw. von Stipendiaten in die DDR beschränkte, noch 106 Projekte in 15 Entwicklungsländern übrig geblieben. Entscheidend hierfür war auch die Tatsache, dass die Zusammenarbeit der früheren DDR mit Entwicklungsländern Bestandteil der 5-Jahres-Pläne war, deren letzter im Jahre 1990 auslief.[229] Nach der Wende im Herbst 1989 waren die Vorarbeiten für eine weitere Planperiode abgebrochen worden. Demzufolge konnte die überwiegende Zahl der Entwicklungsprogramme – soweit diese wegen ihrer ideologischen Zielsetzung oder aus Sicherheitsgründen – nicht von der freigewählten DDR-Regierung eingestellt worden waren – ordnungsgemäß beendet werden. Hinzu kam, dass im Zuge der Selbstauflösung der früheren DDR-Strukturen zahlreiche Fachkräfte vorzeitig zurückkehrten, um ihre berufliche Zukunft im Inland zu sichern. Um möglichst schnell Entscheidungen über das weitere Schicksal der verbliebenen Projekte zu treffen, fanden bereits im Sommer 1990 gemeinsame Missionen von BMZ und MWZ in einigen der Schwerpunktländer statt (Mosambik, Mongolei, Nicaragua). Derartige Evaluierungsmissionen wurden nach der Vereinigung intensiv fortgesetzt. Ausgangspunkt der Überlegungen war dabei, dass Projekte, die der wirtschaftlichen und sozialen Entwicklung der Entwicklungsländer dienten und nicht einseitig ideologisch ausgerichtet waren, fortgeführt bzw. fertiggestellt werden sollten. Wesentlich für die Überprüfung war dabei der Vorsatz, möglichst keine Entwicklungsruinen als Folge der deutschen Einheit entstehen zu lassen. Nach eingehender Prüfung ergab sich folgendes Bild: *Aus der Gesamtzahl von 106 Projekten der ehemaligen DDR wurde über eine Fortführung von 64 Projekten aus Mitteln des BMZ positiv entschieden.* Vier Projekte wurden in die Zuständigkeit des Auswärtigen Amtes überführt, vier weitere Projekte in Vietnam, Kambodscha und Laos wurden von deutschen Nichtregierungsorganisationen übernommen. 34 Projekte kamen für eine Weiterführung nicht in Betracht, da sie einer Prüfung aus entwicklungspolitischen Gründen nicht standhielten.[230] Die weit überwiegende Anzahl der Projekte, über deren Weiterförderung entschieden wurde, ist den Sektoren Bildung, Gesundheit und Landwirtschaft, also entwicklungspolitisch vorrangigen Aufgabengebieten zuzuordnen. Es ist also in relativ kurzer Zeit gelungen, für die früheren DDR-Entwicklungshilfeprojekte klare Entscheidungen für ihre Zukunft zu treffen. Dazu haben wesentlich der Parlamentarische

Staatssekretär *Repnik* aus dem BMZ und der Staatssekretär aus dem Minsterium für wirtschaftliche Zusammenarbeit der DDR, *Graewe*, beigetragen.

Legendär bleibt der Besuch des westdeutschen Entwicklungsministers Warnke mit dem DDR-Entwicklungsminister Ebeling bei der UN in New York und in Nicaragua im April 1990. „Wir wollen der Welt kundtun, dass wir ein Volk sind"[231], verkündete Ebeling, erst zwei Wochen im Amt. Dabei machte der Auftritt des konservativen Doppels vor allem deutlich: Das eine Volk bestand noch aus zwei „ungleichen" Teilen, der eine Teil hatte das Geld, der andere das zustimmende Nicken. „Ich fühle mich wie eine Puppe", stöhnte Ebeling abends im New Yorker „United Nations Plaza Hotel". Berichtete Ebeling, der „Außenminister von Manila" habe ihn um Studienplätze für seine Landeskinder gebeten, korrigierte Warnke, schon sechs Jahre im Amt, es sei „der Außenminister von Mali"[232]. Warnke betonte, jetzt beginne ein Jahrzehnt weltweiter Entfaltung der wirtschaftlichen Kräfte, da die „Bremsklötze der Zentralverwaltungswirtschaften" weggeräumt seien.[233] Wie deutsch-deutsche Gemeinschaftsaktivitäten aussehen könnten, zeigten Warnke und Ebeling anschließend in der nicaraguanischen Hauptstadt Managua, wo eine Woche vor ihrem Besuch die erzkonservative Verlegerin Violeta Chamorro nach Wahlen den linken Revolutionär Daniel Ortega an der Staatsspitze abgelöst hatte. Bonn stieg dort in die Verpflichtungen ein, die die DDR den mittelamerikanischen Linken zugesagt hatte. So verknüpfte sich die Wende in Deutschland mit jener in Nicaragua.[234]

Weitere Initiativen in der 2. Amtsperiode von Warnke müssen ebenfalls erwähnt werden. Die Bundesregierung verabschiedete im Juni 1990 zusammen mit den Ländern, den Kirchen und gesellschaftlichen Gruppen erstmals einen Nationalen *Rauschgiftbekämpfungsplan*, der sich nicht nur auf die Nachfragereduzierung bei uns zentrierte, sondern auch die Anbauländer ins Visier nahm. Das BMZ verstärkte folgerichtig die Zusammenarbeit bei Vorhaben der ländlichen Entwicklung, um den Drogenbauern alternative Einkommensquellen zu erschließen. Regionale

Schwerpunkte waren Peru, Bolivien, Kolumbien und Thailand.[235]

Besonders erfolgreich erwiesen sich Projekte in Bolivien. In den drei anderen Ländern waren die Ergebnisse eher bescheiden.

Auf dem Weltwirtschaftsgipfel 1990 in Houston wurde auf Initiative von Bundeskanzler Kohl das *Pilotprogramm zur Erhaltung der brasilianischen Amazonaswälder*[236] konzipiert. Warnke und sein Team (zu dem auch der Autor gehörte) führten im August 1990 mit der brasilianischen Regierung die entscheidenden Verhandlungen zur Konkretisierung und sagten 150 Millionen Dollar zur Finanzierung zu.

Außerdem führte Warnke das neue Instrument „*debt for nature swaps*" ein, bei dem Schuldenerlasse gewährt wurden gegen die Verpflichtung des Entwicklungslandes, eingesparte Zins- und Tilgungszahlungen für Umwelt- und Ressourcenschutzmaßnahmen einzusetzen.[237] Die ersten begünstigten Länder waren Zaire, Äthiopien, Laos und Kenia.

Die *Bilanz* der knapp zweijährigen 2. Amtszeit von Warnke als Entwicklungsminister *kann sich sehen lassen.* Warnke initiierte die Rauschgiftbekämpfung als neue Aufgabe der Entwicklungszusammenarbeit, führte das Instrument der „debt for nature swaps" ein und gestaltete konkret das Pilotprogramm zur Erhaltung der brasilianischen Tropenwälder tatkräftig mit. Vor allem aber die Tatsache, dass etwa zwei Drittel der DDR-Projekte fortgeführt und die Entscheidungen sorgsam und zugleich zügig getroffen wurden, bleibt ein großes Verdienst der Minister Ebeling und Warnke.

• Stimmen von Zeitzeugen: Dr. Gerd Schetting, Prof. Dr. Matthias Weiter

Dr. Gerd Schetting

Ministerialrat a. D., 1990 für Fragen der Entwicklungszusammenarbeit der DDR dem Parl. Staatssekretär im BMZ, Hans-Peter Repnik zugeordnet.

„Entwicklungszusammenarbeit" der DDR

Mit der Bildung eines eigenen „Ministerium für wirtschaftliche Zusammenarbeit" (MWZ) unter Leitung von Minister Ebeling stellte sich zugleich die Frage nach dem Schicksal von Projekten der Zusammenarbeit der DDR mit Entwicklungsländern, die als Umsetzung einer staatlichen Entwicklungspolitik zu werten waren. Der erste Schritt dazu war der Versuch einer Bestandsaufnahme solcher Projekte, der dadurch erheblich erschwert wurde, dass sie bisher in die Zuständigkeit einer Vielzahl von Institutionen der alten DDR gefallen waren. Das BMZ leistete Amtshilfe durch die Entsendung zweier Mitarbeiter in das Berliner MWZ und beauftragte einen weiteren Mitarbeiter in Bonn mit einer ersten Analyse und Bewertung der vielfältigen, nach den eigenen Kriterien oft ungewöhnlichen, vereinzelt auch kreativen Kooperationsformen. Hatte die „Finanzielle Zusammenarbeit" der DDR eindeutig auch die Förderung der eigenen Wirtschaft zum Ziel, vernachlässigte ihre „Technische Zusammenarbeit" vielfach die Aus- und Fortbildung einheimischer Partner, da sie in der Regel auf die Leistungen der entsandten DDR-Kräfte fokussiert war. Völlig unbekannt im System westlicher Entwicklungszusammenarbeit war das Phänomen der Vertragsarbeiter, die sich auf Grund von Staatsverträgen der DDR u.a. mit Vietnam, Mosambik, Angola, Kuba für zwei bis fünf Jahre zur Aus- und Fortbildung und gleichzeitig gezielt zur Deckung des DDR-eigenen Bedarfs an billigen Arbeitskräften in der DDR aufhielten, Anfang 1990 knapp 100.000. Die Ergebnisse von Bestandsaufnahme und Analyse ebenso wie die Überlegungen, wie mit

Projekten, Abkommen, Verträgen und insbesondere den von ihnen betroffenen Menschen zu verfahren sei, war bereits im Frühjahr 1990 Gegenstand zweitägiger offizieller „Konsultationen“ zwischen MWZ unter Leitung von Minister Ebeling und BMZ unter Leitung des Parlamentarischen Staatssekretärs Repnik in Berlin. Es folgten die zweiten „Konsultationen“ am 26./27. Juni 1990 in Konstanz unter der jeweils gleichen Leitung zum gleichen Themenkreis und zur Zuständigkeit innerhalb der Bundesregierung und der Länder für bisherige DDR-Aktivitäten nach der Wiedervereinigung. Einem dritten Treffen, für Herbst 1990 im Spreewald vorgesehen, ist die Wiedervereinigung zuvorgekommen.

Prof. Dr. Matthias Weiter

1988–1993 Leiter der Grundsatzabteilung der GTZ in Eschborn, 1996 bis 2000 Leiter des Parlaments- und Kabinettsreferates des BMZ, seit 2004 Honorarprofessor für Entwicklungspolitik an der Humboldt-Universität zu Berlin.

Der Entwicklungspolitische Runde Tisch

In der ersten Phase bis zu Bildung der Regierung von Lothar de Maizière wurden die inhaltlichen Schwerpunktsetzungen am Entwicklungspolitischen Runden Tisch (ERT) diskutiert und getroffen. Die Moderatoren waren *Walter Bindemann* und *Wolf-Dieter Graewe.* Letzterer hat dann als Staatssekretär des Ministeriums für wirtschaftliche Zusammenarbeit der DDR gemeinsam mit dem Parlamentarischen Staatssekretär des Bundesministeriums für wirtschaftliche Zusammenarbeit und Entwicklung, *Hans-Peter Repnik,* in den Bodensee-Konferenzen die Prinzipien und Strukturen der entwicklungspolitischen Vereinigung gestaltet und nach dem 3. Oktober 1990 als Leiter der Außenstelle Berlin des Bundesministeriums für wirtschaftliche Zusammenarbeit diesen Prozess weiter begleitet. Der Entwicklungspolitische Runde Tisch hat dann noch bis 1993 weiter getagt und sich erst aufgelöst, als die Treuhand, nach ausdrücklicher Unterstützung aller Fraktionen des Bundestages, bereit war, 35 Millionen DM aus den privaten Solidaritätsspendengeldern der DDR-Bürger wieder freizugeben und als Stiftungskapital der Stiftung Nord-Süd-Brücken zur Förderung entwicklungspolitischer Nichtregierungsorganisationen einzubringen.

12 Entwicklungspolitik in gesamtdeutscher Verantwortung

Minister: Carl-Dieter Spranger (1991–1998)

Beschreibung und Wertung

Mit der deutschen Wiedervereinigung im Oktober 1990 und dem Zusammenbruch des Eisernen Vorhangs hatte die entwicklungspolitische Arbeit der Bundesrepublik eine neue Dimension erlangt. Diese *historische Zeitwende*, die Beendigung des Ost-West-Konfliktes, bedeutete für die Entwicklungspolitik insgesamt eine *grundlegend neue Herausforderung*.[238]

Neuer Entwicklungsminister wurde 1991 Carl-Dieter Spranger (CSU). Seine Ernennung rief Überraschung und Erstaunen hervor. Der Minister war wegen seiner harten innenpolitischen Haltung umstritten und nicht durch entwicklungspolitisches Interesse aufgefallen. Er hatte in der Presse den Ruf des „erzkonservativen Straußschen Kettenhundes“[239], doch schon nach kurzer Zeit erwarb er sich durch seine sachliche Art hohes Ansehen. Spranger erfuhr während seiner Amtszeit breite *überparteiliche Unterstützung*. Mit dem weltweiten Abschied von zentralistischen, planwirtschaftlichen Ausrichtungen boten sich für die Entwicklungsländer neue Strukturen, welche durch marktwirtschaftliche und demokratische Reformen eingeleitet werden konnten. Fern von ideologischen und geostrategischen Orientierungen konnte die Entwicklungspolitik nun verstärkt auf politische und differenziertere innere Rahmenbedingungen in den Entwicklungsländern eingehen.[240]

Um den weltweiten Veränderungen und den damit entstandenen neuen Herausforderungen gerecht zu werden, entwickelte das BMZ unter Sprangers Leitung *neue Kriterien für die entwicklungspolitische Zusammenarbeit*.[241] Die Entwicklungszusammenarbeit wurde für die Entwicklungsländer von nun an an bestimmte Rahmenbedingungen geknüpft, welche sich auf fünf wesentliche Bereiche bezogen:

[1] Beachtung und Einhaltung der Menschenrechte,
[2] Partizipation der Bevölkerung am politischen Geschehen,
[3] Gewährung und Existenz von Rechtssicherheit und Rechtsstaatlichkeit,
[4] Förderung marktwirtschaftlicher und sozialer Strukturen und
[5] eine entwicklungsorientierte gute Regierungsführung (good governance).

„Selbsthilfepolitik ist Demokratiepolitik", so Sprangers Devise.[242]

Was bedeuteten diese Kriterien im Einzelnen?

„Zu [1]: Die Wiener Menschenrechtskonferenz im Juni 1993 war ein Meilenstein für das Zusammenleben der Menschen in ihren Ländern und im Rahmen der Völkergemeinschaft. Die Abschlusserklärung hatte auf breiter Basis die *universelle Gültigkeit der Menschenrechte* und die Verpflichtung aller Staaten, sie zu respektieren, bekräftigt. Bei aller kultureller Verschiedenheit wurde deshalb betont: Menschenrechte und Demokratie sind grundlegende Erfolgsvoraussetzungen einer Entwicklungsstrategie, die den Menschen in den Mittelpunkt stellt. Es darf keinen kulturellen Relativismus geben. Menschenrechtsverletzungen können nicht als kulturelle Eigenheiten angesehen und geduldet werden.

Zu [2]: Die *Teilhabe der Bevölkerung an politischen Entscheidungen* biete die Gewähr dafür, dass der Entwicklungsprozess an den Interessen der Bevölkerungsmehrheit ausgerichtet ist. Ohne die Beteiligung der Bevölkerung am politischen Willenbildungs- und Entscheidungsprozess seien erfolgreiche Reformprozesse auf Dauer unmöglich. Nur wenn wirkliche Teilhabemöglichkeiten gegeben seien und von der Bevölkerung angenommen werden, könne die Qualität der Programme gesichert werden.

Zu [3]: *Rechtssicherheit und Rechtsstaatlichkeit* seien wichtige Voraussetzungen für den Aufbau eines funktionierenden Staates. Die Freiheit von Folter, die Gewährung grundlegender Rechte bei der Festnahme, die Unabhängigkeit der Justiz, die Verwirklichung des Grundsatzes „Gleiches Recht für alle" seien grundlegende Elemente einer rechtsstaatlichen Ordnung. Rechtssicherheit erforderte allerdings mehr als die Wahrung von Individualrechten. Rechtssicherheit verlange auch, dass staatliches Handeln transparent und berechenbar ist. Nur auf dieser Grundlage könnten sich wirtschaftliches Planen und Handeln rational vollziehen und sich an den Spielregeln einer sozialen Marktwirtschaft ausrichten.

Zu [4]: Die Schaffung einer *marktfreundlichen Wirtschaftsordnung* sei die entscheidende Bedingung für die Beseitigung der Armut. Wo das Wettbewerbsprinzip beachtet wird, das Eigentum dem Schutz des Staates untersteht, wo sich die Preisbindung auf dem Markt vollzieht und Gewerbefreiheit herrscht, dort seien die Voraussetzungen für die freie Entfaltung des Einzelnen auch im Wirtschaftsleben gegeben.

Zu [5]: *Entwicklungsorientierung durch staatliches Handeln* bedeute schließlich, dass die Regierungspolitik vorrangig darauf ausgerichtet sein muss, wirtschaftlichen und sozialen Fortschritt zur Verbesserung der Lage der Menschen zu fördern, die natürlichen Lebensgrundlagen zu erhalten und geeignete Maßnahmen zur Begrenzung des Bevölkerungswachstums zu ergreifen. Der wirtschaftliche und vor allem der soziale Fortschritt in den Entwicklungsländern hänge ganz erheblich davon ab, in welchem Maße der Staat und die Regierung sich ihrer Kernaufgaben annehmen und mit welcher Effizienz sie sie erfüllen. Korruptionsbekämpfung ist dabei ein Schlüsselelement.

Diese Kriterien sollen die Hilfe nicht starr konditionieren. Es geht nicht darum, Hürden für unsere Partnerländer zu errichten, wir sollen positive Entscheidungen der Regierungen in Richtung Reformen unterstützen und helfen gleichzeitig bei der Durchführung dieser Reformen. Die Erfahrungen zeigen allerdings, dass Regime, die die Menschenrechte systematisch grob missachten, kaum in der Lage sind, dauerhafte Entwicklungsleistungen hervorzubringen. Werden in einem Land die Menschenrechte mit Füßen getreten, muss sich unsere Entwicklungszusammenarbeit auf Maßnahmen beschränken, die unmittelbare humanitäre Wirkung haben."[243] Entscheidend für den Entschluss, Hilfe zu leisten, sei in erster Linie der Reform- und Aufbauwille. Daher wäre es ganz wichtig, die Tendenzen gesellschaftlicher Prozesse zu beurteilen.[244]

Was bewirken die fünf Kriterien in der Praxis?
(die Kriterien sind im Prinzip bis heute gültig)

Bei der Planung der Zusammenarbeit mit jedem einzelnen Entwicklungsland stellt die Beurteilung der Kriterien eine wesentliche Entscheidungshilfe für die Feststellung des Umfangs der deutschen Leistungen, der sog. *Länderquote* dar. Die internen Rahmenbedingungen und Eigenanstrengungen eines Partnerlandes sind aber nicht nur entscheidend für den *Umfang*, sondern vor allem auch für die *Art der Zusammenarbeit.* Die Anwendung der Kriterien darf nicht als Nebenwirkung eine Bestrafung der ohnehin durch eine schlechte Regierung benachteiligten Bevölkerung zur Folge haben. Im Vordergrund des Ansatzes steht daher die Frage, wie kann trotz Defiziten bei den einzelnen Rahmenbedingungen mit einem Land so zusammengearbeitet werden, dass die Lage der Bevölkerung verbessert wird. Das BMZ räumt deshalb, wo immer möglich, sog. Positivmaßnahmen, die direkt auf die Rahmenbedingungen Einfluss nehmen, sowie Anreizen zur Verbesserung von Menschenrechten und Rechtssicherheit den Vorrang gegenüber Sanktionen ein. In vielen Fällen wird auch mit Hilfe *nicht-staatlicher Organisationen* mit einem Land zusammengearbeitet.

Die *Bekämpfung der Armut* wurde zum *wichtigen Ziel der Entwicklungsanstrengungen* erklärt.[245] Dabei wurden Armut und ihre Ursachen nicht nur materiell definiert. Menschen sind arm, wenn sie nicht über das Minimum an monetärem oder nichtmonetärem Einkommen verfügen, das zur Deckung ihres Nahrungsmittelbedarfs und zur Befriedigung ihrer Grundbedürfnisse erforderlich ist. Soziale, ökonomische, kulturelle, politische und ökologische Faktoren sind untrennbar miteinander verbunden und ihre Verbesserungen sind die Voraussetzungen für die Minderung der Armut. Methodisch unterschied Spranger *drei Säulen* der Armutsbekämpfung:[246]

- strukturelle Reformen
- unmittelbare Armutsbekämpfung
- mittelbare Armutsbekämpfung

„*Strukturelle Reformen* bilden den vorrangigen Ansatz der Armutsbekämpfung, weil sie an den Ursachen und nicht nur an den Erscheinungsformen der Armut ansetzen. Sie haben das Ziel, auf internationaler und internationaler Ebene armutsreduzierende, wirtschaftliche, politische und gesellschaftliche Rahmenbedingungen zu schaffen. [...] Beispiel: Den afrikanischen Ländern Benin, Kamerun, Malawi und Kenia wurde im Rahmen der internationalen PSPPA-Initiative (Poverty and Social Policy Programme for Africa) mit sozialpolitischen Beratungen zur Seite gestanden. [...]

Die *unmittelbare Armutsbekämpfung* verfolgt das Ziel, Vorhaben so zu gestalten, dass diese die Armen direkt erreichen. Als Beispiel kann hier ein Wohnungsbauprojekt im Senegal genannt werden. Die Zerstörung illegaler Wohnsiedlungen war Ende der 1980er-Jahre die vorherrschende staatliche Antwort auf die Slumbildung in Senegal. Diese Abrisssanierung stieß auf den wachsenden Widerstand der Betroffenen. Im Rahmen der Neuorientierung der offiziellen Politik begann ein Vorhaben der Technischen Zusammenarbeit, bei dem es gelang, die Bewohner in ungewöhnlich intensiver Form an allen Planungs- und Durchführungsarbeiten zur Verbesserung der technischen und sozialen Infrastruktur in ihrem Wohngebiet zu beteiligen. Das Slumgebiet wurde saniert, nicht abgerissen.

Zur *mittelbaren Armutsbekämpfung* tragen Vorhaben zur Förderung der Infrastruktur bei, wenn sie in eine Gesamtpolitik eingeordnet sind, die den Lebensstandard der Armen erhöht. Beispiel: Diesen Weg beschreitet ein Projekt in Tansania, das durch die Finanzierung von Ersatzteilen, Ausrüstungen und Reifen für Überlandbusse Engpässe im Transportwesen zu beseitigen hilft. Hier wird durch die angestrebte größere Effizienz des Transportwesens die Produktivität der kleinbäuerlichen Landwirtschaft und der ländlichen Räume verbessert.[247] Für die Armutsbekämpfung setzte sich insbesondere auch die Parlamentarische Staatssekretärin *Michaela Geiger* ein.

Spranger war eine treibende Kraft beim *Umweltschutz*. 1991 wurde auf deutsch-französische Initiative zusammen mit UNDP und UNEP bei der Weltbank die Einrichtung eines neuen Finanzierungsinstruments beschlossen: *Die Global Environmental Facility (GEF)*.[248] Die GEF hat die Aufgabe, die Entwicklungsländer bei der Umsetzung internationaler Vereinbarungen zum Umweltschutz zu unterstützen, durch Maßnahmen

- zum Klimaschutz (Verminderung der Treibhausgase)
- zum Schutz der Ozonschicht
- zur Erhaltung der biologischen Vielfalt
- zum Schutz internationaler Gewässer.

Die GEF ist bis heute das wichtigste multilaterale Instrument zur Finanzierung von Umweltschutzmaßnahmen.

Das BMZ hat nach der politischen Zeitenwende die entwicklungspolitische Zusammenarbeit mit folgenden Ländern neu aufgenommen[249] (1992/1993):

- den Nachfolgestaaten des ehemaligen Jugoslawiens: Kroatien, Bosnien-Herzegowina, Mazedonien
- den südosteuropäischen Ländern Albanien und Moldau
- den Kaukasusländern Georgien, Aserbaidschan, Armenien
- den zentralasiatischen Ländern Kasachstan, Usbekistan, Kirgistan, Tadschikistan und Turkmenistan.

Diese Länder sind bis heute Partnerländer des BMZ (mit Ausnahmen von Kroatien, das in der Zwischenzeit Mitglied der EU wurde, und Turkmenistan, mit dem eine Zusammenarbeit aus politischen Gründen ausgeschlossen wurde).

1994 wurde das sog. *Transformprogramm der Bundesregierung* ins Leben gerufen.[250] Dessen Ziel war es, die bereits fortgeschrittenen Reformländer Mittel- und Osteuropa zu fördern, und zwar Bulgarien, Estland, Litauen, Lettland, Polen, Rumänien, Russland, die Slowakei, Slowenien, die Tschechische Republik, die Ukraine, Ungarn und Weißrussland. Ziel war es, die Staaten beim Aufbau von Demokratie und sozialer Marktwirtschaft zu beraten. Das BMZ bot sich als federführendes Ressort an, diesen Transformationsprozess mit den vorhandenen und über viele Jahre erprobten Instrumenten mitzugestalten. Treibende Kraft waren *Spranger* und sein Staatssekretär *Härdtl*. Für diese Aufgabe wurden über 2 Milliarden Euro bereitgestellt. Das BMZ konzentrierte sich auf wenige Kernbereiche. Einerseits ging es um die Beratungen der Regierungen beim Umbau ihrer Gesellschafts- und Rechtssysteme. Beispielsweise galt es, moderne Gerichtsverfahren und ein verlässliches Katasterwesen einzuführen bzw. konkrete rechtliche und wirtschaftspolitische Rahmenbedingungen für den Aufbau marktwirtschaftlicher Strukturen zu entwickeln. Andererseits konnten mit den vorhandenen Mitteln erhebliche Investitionen im Bereich der Infrastruktur getätigt werden. Diese Investitionen konzentrierten sich im Wesentlichen auf die Bereiche Energie und Wasser sowie auf die Herstellung eines funktionierenden Finanzsektors, insbesondere auch zur Förderung von kleineren und mittleren Unternehmen. Das Transformprogramm endete 2005. Aber auch nach dessen Ende wurde die Zusammenarbeit des BMZ mit den Ländern Mittel- und Osteuropas fortgeführt.

Spranger setzte drei neue *thematische Akzente*. Mit dem 1994 verabschiedeten Sektorkonzept *„Finanzsystementwicklung – Förderung von Sparen und Kredit"*[251] hatte das BMZ eine grundlegende Neuausrichtung seiner Förderpolitik vorgenommen. Im Mittelpunkt stand nunmehr das Finanzwesen als System mit der speziellen Ausrichtung, auch breiten Bevölkerungsschichten Zugang zu Finanzdienstleistungen zu verschaffen (Sparen und Kredit). Ferner wurde die Förderung *umweltgerechter Stadtentwicklung* in den Entwicklungsländern, vor allem durch Stadtteilsanierung und planvolle Stadterweiterung in den Vordergrund gerückt. 1994 wurde ein Konzept zur *Flüchtlingspolitik im Rahmen der Entwicklungszusammenarbeit*[252] erarbeitet, als dessen Ziele definiert wurden:

- Verminderung der Fluchtursachen in den Herkunftsländern
- Entschärfung der Fluchtfolgen in den aufnehmenden Entwicklungsländern
- Förderung der Rückkehrer und Wiedereingliederung von Flüchtlingen in ihren Heimatländern.

Unter Spranger wurde versucht, *soziokulturelle Bedingungen* operationell zu erfassen und zwar anhand von *drei Schlüsselfaktoren*:[253]

- der Legitimität (hier wird geprüft, ob der Projektträger das Vertrauen der Bevölkerung genießt)
- den Entwicklungsstand (hier wird nach dem Stand der gesellschaftlichen Komplexität gefragt)
- und der soziokulturellen Heterogenität (wie unterscheiden sich Gruppen nach Ethnien, Sprache und Religion?)

Diese Schlüsselfaktoren, die im Wesentlichen von dem BMZ-Mitarbeiter *Simson* erarbeitet worden waren, werden bei der Erarbeitung von Länderkonzepten, bei der Festlegung von Schwerpunkten und bei der Projektprüfung herangezogen.

Es wurden auch *neue Instrumente* geschaffen. Um dem steigenden Finanzierungsbedarf, insbesondere bei der Infrastruktur und der Industrie vieler Partnerländer stärker entgegenzukommen, wurde 1994 ein neues Finanzierungsinstrument zur Mobilisierung zusätzlichen Kapitals für entwicklungspolitisch förderungswürdige Vorhaben geschaffen, die *Verbundfinanzierung*[254]. Beim Verbundkredit werden niedriger verzinsliche Mittel der Finanziellen Zusammenarbeit mit langer Laufzeit mit höher verzinslichen Marktmitteln der KfW mit kurzer Laufzeit zusammen eingesetzt. Ferner wurden bilaterale Abkommen für die *Reintegration von Fachkräften* geschlossen, so mit der Türkei, Chile, Vietnam, Eritrea, Slowenien, Kroatien, Mazedonien und Albanien. Kern solcher Abkommen waren revolvierende Kreditfonds zur Förderung kleinerer und mittlerer Unternehmen und Finanzierungszuschüsse für die Beratung der Rückkehrer vor Ort.

In der außenpolitischen Wahrnehmung spielte das *BMZ* bei den verschiedenen *Weltkonferenzen,* angefangen mit der Konferenz für Umwelt und Entwicklung in Rio de Janeiro (1992), der Wiener Menschenrechtskonferenz (1993), der Konferenz für Bevölkerung und Entwicklung in Kairo (1994), der Konferenz über die Inselstaaten in Barbados (1994), der Konferenz für soziale Entwicklung in Kopenhagen (1995), der Weltfrauenkonferenz in Peking (1995), der UN-Konferenz über menschliche Siedlungen in Istanbul (1996) und der Welternährungskonferenz in Rom (1996) eine *herausragende und prägende Rolle.* Wichtige Repräsentanten des BMZ waren dabei die Parlamentarischen Staatssekretäre *Hans-Peter Repnik* und *Klaus-Jürgen Hedrich.* Das BMZ hat aus den Weltkonferenzen *konkrete entwicklungspolitische Konsequenzen gezogen.*[255] Die finanziellen Mittel für die Menschenrechtsförderung, für Umweltvorhaben, für Familienplanung, für soziale Entwicklung (insbesondere Gesundheit und Bildung), für die Förderung von Frauen, für Stadtentwicklung und für die Landwirtschaft wurden durchweg erhöht, um zusätzliche Projekte in diesen Bereichen zu finanzieren (der Autor war Chefverhandler des BMZ bei sieben der acht Weltkonferenzen). Weltweit wurde das Engagement der Bundesregierung im Bereich der Entwicklungspolitik von der OECD und den Vereinten Nationen gewürdigt und als beispielhaft angesehen.

Was war bei den *Globalkonferenzen* 1992–1996 *neu* gegenüber früheren Konferenzen?[256]

[1] In den Aktionsplänen wurden die politischen und ökonomischen Rahmenbedingungen als überwölbende Klammern übersektoraler und sektoraler Bereiche ins Zentrum gesetzt.

[2] Die Aktionspläne wurden eine wichtige Bezugsgrundlage für jene Bevölkerungsgruppen in den einzelnen Ländern, deren Meinung zu einzelnen Sachthemen häufig unterdrückt wurde (Beispiel Kairo-Konferenz: weltweites Recht auf Familienplanung).

[3] Die von den Konferenzen erstellten nationalen Berichte und die nach den Konferenzen zu erstellenden nationalen Umsetzungsberichte wurden – wie in Deutschland – häufig vom Kabinett verabschiedet. Insbesondere die nationalen Umsetzungsberichte stellen eine Art institutionelles Gedächtnis dar.

[4] Bei den Weltkonferenzen wurden die NROs zunehmend beteiligt. Man muss jedoch realistischer Weise darauf hinweisen, dass der Einfluss der NROs auf die Konferenzergebnisse geringer war, als es ihre Präsenz vermuten lässt.

[5] Während der fünf Jahre ist in den Aktionsplänen eine eindeutige Tendenz von Empfehlungen (Recommendations) zu Verpflichtungen (Commitments) festzustellen. Lediglich als Ergebnis der Rio-Konferenz wurden völkerrechtlich verbindliche Dokumente verabschiedet: Die Klima-Rahmenkonvention, die Konvention zur Erhaltung der Artenvielfalt und die Wüstenkonvention. Da die Mittel für diese Konventionen im Entwicklungshaushalt verankert sind, handelt es sich um einen „qualitativen Sprung" der Entwicklungspolitik, da dadurch die Entwicklungszusammenarbeit für diese Bereiche auf eine völkerrechtlich verbindliche Grundlage gestellt wurde.

[6] Durch die Globalkonferenzen konnte das erstarrte Verhältnis der UN-Organisationen zu den internationalen Finanzierungsinstitutionen, insbesondere Weltbank und Internationaler Währungsfonds, gelockert werden. Man muss aber auch deutlich betonen, dass Finanz- und Handelsfragen substanziell bei den Globalkonferenzen nicht verhandelt wurden.

[7] Die Weltkonferenzen haben die innenpolitische Debatte zu globalen Fragen belebt, insbesondere durch die Einrichtung der nationalen Komitees, der Erstellung der nationalen Vorberichte und der nationalen Umsetzungsberichte, der Bundestagsdebatten zu Weltkonferenzen und der zahlreichen Beschlüsse und Anfragen der Parteien im Bundestag zu Weltkonferenzen.

[8] Eine Alternative zu Globalkonferenzen im Zeitalter der Globalisierung besteht nicht.

Die aktive UN-Politik unter Spranger und seines Staatssekretärs *Härdtl* hat dazu beigetragen, dass die ehemalige Bundeshauptstadt *Bonn* am 1. Juli 1996 offiziell *UN-Stadt* wurde.

Am 1. Juli 1998 wurde die Arbeitsgemeinschaft CIC – *Center for International Cooperation*[257] eingerichtet (Bundesregierung, Landesregierung, Nordrhein-Westfalen, Stadt Bonn). Ziel war die Förderung und der Ausbau des Zentrums für internationale Zusammenarbeit. Sichtbares Ergebnis ist die stetig gewachsene UN-Familie in Bonn, bestehend u.a. aus dem Freiwilligen-Programm der Vereinten Nationen (United Nations Volunteers UNV), dem Sekretariat der Klimarahmenkonvention (United Nations Framework Convention on Climate Change), der Konvention zur Bekämpfung der Wüstenbildung (United Nations Convention to Combat Desertification), dem UN-Informationszentrum, der Universität der Vereinten Nationen und weiteren 14 kleineren UN-Einrichtungen.

In das ehemalige Bundestagsgebäude im Tulpenfeld Bonn zogen die bisher in Berlin ansässigen entwicklungspolitischen Organisationen *Deutscher Entwicklungsdienst*, *Deutsches Institut für Entwicklungspolitik* und *Deutsche Stiftung für Internationale Entwicklung* ein. Ferner wurde im Rahmen des Berlin-Ausgleichs das *Zentrum für Entwicklungsforschung* (ZEF) (u.a. auf Initiative des Autors) und das *Zentrum für Europäische Integration* (ZEI) an der Universität Bonn gegründet.

Carl-Dieter Spranger hat sein Haus ohne Skandale korrekt, *umsichtig und strategisch klug* geleitet. Durch seine zurückhaltende Art und die Fähigkeit, ein Ministerium souverän und wirksam zu führen und getroffene Entscheidungen auch in die Praxis umzusetzen, hat sich Spranger hohes Ansehen erworben, auch bei der Opposition. Auch war er in der Lage, *über parteipolitische Grenzen hinaus zu denken*, so hat er auch z. B. einen Angehörigen der sozialdemokratischen Partei zum politischen Beamten, d. h. zum Abteilungsleiter ernannt, der jahrelang die multilaterale und später auch die bilaterale Abteilung geleitet hat. Für Sprangers Amtszeit gilt: Eine gelungene Verbindung von Behutsamkeit, Konzentration und Umsetzungsorientierung, wenn auch gelegentlich angereichert mit einer gewissen Sprödigkeit.

Sprangers entwicklungspolitische Leistungen sind beachtlich: Die Einführung der fünf Kriterien, die Durchsetzung der Armutsbekämpfung als durchgängiges Prinzip der Entwicklungszusammenarbeit, die Aufnahme der entwicklungspolitischen Zusammenarbeit mit zahlreichen Ländern des ehemaligen Ostblocks (u.a. Durchführung der Transformationsprogramms), das Setzen neuer thematischer Akzente (Finanzsystementwicklung, umweltgerechte Stadtentwicklung, Flüchtlingskonzept), die Operationalisierung soziokultureller Faktoren und die Einführung neuer Instrumente (Verbundfinanzierung, Reintegration von Fachkräften). Die aktive Rolle des BMZ bei den acht Weltkonferenzen und die daraus abgeleiteten konkreten Folgemaßnahmen haben dazu beigetragen, dass Bonn 1996 UN-Stadt wurde und zahlreiche UN-Organisationen in Bonn angesiedelt wurden.

Stimmen von Zeitzeugen: Dr. Klemens van de Sand, Prof. Franz Nuscheler, Reiner Kraetsch, Dr. Günter Bonnet

Dr. Klemens van de Sand

Planungs- und Menschenrechtsbeauftragter, Unterabteilungsleiter für Asien und Süd-Ost-Europa im BMZ, Assistant President, IFAD Rom (1997–2003).

Der Minister, der von rechts kam und links überholte

Angesichts der teilweise hämischen Kritik an der Berufung des konservativen Innenpolitikers *Spranger* muss besonders überraschen, dass unter seiner Ägide die deutsche Entwicklungspolitik wie nie zuvor Anerkennung sowohl aus der Zivilgesellschaft als auch auf internationaler Ebene erfuhr. Inhaltlich wurden kritische Nichtregierungsorganisationen durch die innovative Verbindung von Entwicklungspolitik und Menschenrechten in den fünf Kriterien – international später als „rights based approach" bezeichnet – und durch die wegweisende Ausrichtung der Entwicklungszusammenarbeit auf die drei Schwerpunkte Armutsbekämpfung, Umwelt und Bildung „links überholt". Institutionell erhielten die Kirchen und Nichtregierungsorganisationen durch die „Ländergespräche" erstmals die Gelegenheit, an dem ebenfalls neu geschaffenen Instrument der „Länderkonzepte" mitzuwirken und so die staatliche Entwicklungszusammenarbeit zu beeinflussen. Das führte zu einer Entspannung im Verhältnis zwischen BMZ und Nichtregierungsorganisationen, die ihre (oft berechtigte) Kritik an der offiziellen Politik jetzt eher konstruktiv als polemisch vortrugen.

Nicht minder bemerkenswert war, dass das BMZ mit den neuen Konzepten und Instrumenten in den 1990er-Jahren eine Führungsrolle in der internationalen Entwicklungsdiskussion einnahm (die später so nicht durchgehalten werden konnte) – und das, obwohl der Minister selbst sich auf internationalem Parkett nicht besonders wohlfühlte. Sie zeigte sich etwa bei den großen VN-Konferenzen und wurde u.a. durch den deutschen Vorsitz der 1993 eingerichteten OECD/DAC-Arbeitsgruppe „Participatory Development amd Good Governance“ bestätigt. Dennoch hätten sich die „Konzeptionalisten“ im BMZ gelegentlich noch mehr Interesse der politischen Führung an der Umsetzung der proklamierten Ziele und weniger Widerstände der „Pragmatiker“ auf der Arbeitsebene gewünscht!

Prof. Franz Nuscheler

Emeritierter Professor für Internationale und Vergleichende Politik, Universität Duisburg-Essen, von 1990 bis 2005 Direktor des INEF (Institut für Entwicklung und Frieden), Universität Duisburg-Essen.

Vom innenpolitischen Saulus zum entwicklungspolitischen Paulus

Wir in der politisch engagierten Entwicklungswissenschaft und in der zivilgesellschaftlichen Szene hofften nach dem wenig erinnerungswürdigen Interludium eines blassen Ministers namens Jürgen Warnke auf eine kraftvolle Führungsfigur im BMZ, die das Gewicht dieses eher randständigen Ressorts in der Regierung wieder aufbessern und sich mit entwicklungspolitischer Kreativität den Herausforderungen der weltpolitischen Umbrüche stellen könnte. Dann ereilte uns die wenig erfreuliche Nachricht, dass wir wieder einen Hardliner aus den Reihen der CSU bekommen sollten, der sich zwar in der Innen- und Rechtspolitik einen Namen gemacht hatte, aber in der Entwicklungspolitik einen solchen völlig vermissen ließ. Mein persönlicher Eindruck verdüsterte sich noch, als sich der neue Minister – auf wessen Anraten auch immer – weigerte, mit mir in einer TV-Diskussion aufzutreten. Aber schon bald nahmen wir mit wachsendem Erstaunen zur Kenntnis, dass sich der innenpolitische Saulus zum entwicklungspolitischen Paulus wandelte. Wir entdeckten mit großem Respekt, wie seine neuen Kriterien für die Entwicklungszusammenarbeit die in der Weltbank, in der OECD und EU geführten Überlegungen zur Funktion der Entwicklungspolitik in der nach dem Ende des Kalten Krieges entstehenden neuen Weltordnung aufgriffen. Ich habe diese neuen Kriterien in meinen Reden und Publikationen mit großem Lob „Spranger-Duftmarken" genannt. Eine neuere Publikation über das Entstehen des normativen Konzepts von „Good Governance" brachte diese „Duftmarken" wieder in die ihnen gebührende Erinnerung. Und was blieb sonst noch an Erinnerung an diesen zunächst ungeliebten Minister übrig? Die Mahnung, aufgrund politisch motivierter Vorurteile nicht vorschnell zu urteilen und auch Politikern, denen man nicht viel Gutes zutraute, eine Chance zu geben. Kurzum: Bundesminister Carl-Dieter Spranger war auch für einen notorischen Kritiker der deutschen Entwicklungspolitik eine positive Überraschung.

Reiner Kraetsch

Unter Minister Spranger Mitarbeiter im Referat Armutsbekämpfung, später Leiter des Referates Armutsbekämpfung und Soziale Entwicklung im BMZ.

Politik der Armutsbekämpfung – ein administrativer Quantensprung unter Spranger

Zum Thema: „Selbsthilfeorientierte Armutsbekämpfung" hatte im BMZ schon lange vor Spranger unter *Karl Osner* eine Gemeinsame Arbeitsgruppe staatlicher und nicht-staatlicher Organisationen (intern bekannt als S24/E31) praxisnahe Politikansätze erarbeitet, die in der Arbeit des BMZ jedoch wenig Beachtung fanden, im Gegenteil: Sie wurden belächelt und als irrelevant abgetan. Zur Überraschung der Arbeitsgruppe gelang es dann sehr schnell nach Amtsübernahme von *Spranger*, zwei eher unscheinbare, für die Umsetzung in verbindliche administrative Strukturen jedoch kaum zu überschätzende Schritte zu tun: 1. Verabschiedung eines Sektorkonzeptes „Armutsbekämpfung durch Hilfe zur Selbsthilfe", und 2. Verbindliche Festlegung eines Anteils von 4 Prozent der Technischen Zusammenarbeit für Vorhaben, die den Kriterien der selbsthilfeorientierten Armutsbekämpfung entsprechen mussten. Damit war erstmalig von der Leitung des BMZ eine verbindliche Umsetzungsvorgabe für einen bis dahin stiefmütterlich behandelten Politikbereich erlassen worden.

Dr. Günter Bonnet

War als Referent im Organisationsreferat des BMZ bis Ende 1993 für das Nord-Süd-Zentrum Bonn zuständig. Zuletzt war er bis Ende 2007 Leiter der Unterabteilung „Planung und Grundsätze der bilateralen EZ; Lateinamerika" im BMZ.

Bonn wird Deutsches Zentrum für internationale Zusammenarbeit

Am 20. Juni 1991 fasste der Bundestag den Bonn-Berlin-Beschluss, der im BMZ sehr schnell die Idee zur Schaffung eines „Nord-Süd-Zentrums" in Bonn entstehen ließ.

Schon in der ersten Kabinettsitzung nach dem Beschluss bekamen Minister *Spranger* und Außenminister *Kinkel* auf Anregung des BMZ den Auftrag, der VN anzubieten, ihre multilaterale Technischen Hilfe durch die Umsiedlung von UNDP, UNICEF, UNFPA und UNIFEM mit etwa 2.000 Mitarbeiterinnen und Mitarbeitern von New York nach Bonn in Europa zu konzentrieren. Dieser große Wurf scheiterte zwar trotz positiver Standortprüfung des VN-Sekretariats im Juni 1993, insbesondere an den USA. VN-Generalsekretär Boutros-Ghali bot aber wenige Wochen später an, das UN-Freiwilligenprogramm UNV mit knapp 100 Beschäftigten von Genf nach Bonn zu verlagern – von den Skeptikern im BMZ und den anderen Ressorts als Feigenblatt und Trostpflaster verspottet. Sie täuschten sich: UNV zog 1995 nach Bonn um und wurde die Keimzelle des VN-Standortes Bonn mit heute 18 VN-Organisationen und über 1.000 Mitarbeitern, insbesondere neu geschaffener Institutionen infolge der großen internationalen Konferenzen, z. B. das Sekretariat der Klimarahmenkonvention.

Parallel zur VN-Bewerbung betrieb das BMZ aktiv die Idee eines nationalen Nord-Süd-Zentrums. Schon Ende Juli 1991 wurde im Ressortkreis vereinbart, dass zur weiteren Konzentration von EZ-Organisationen im Großraum Bonn die drei Organisationen DSE, DED und DIE von Berlin nach Bonn verlagert werden sollen. In den nächsten Monaten änderte sich jedoch die Stimmung im BMZ, da sich in den Teilungsmodellen der Bundesregierung abzeichnete, dass ein solches Zentrum auch den Verbleib des BMZ nach sich ziehen würde. Die BMZ-Leitung wollte nicht vom politischen Zentrum Berlin abgetrennt werden. Daher wurde versucht, durch Konditionierung z. B. des nationalen Nord-Süd-Zentrums an den Erfolg des UN-Angebotes wieder aus der Klemme herauszukommen. Doch dieser Zug war abgefahren. Mit über 700 zu verlagernden Arbeitsplätzen waren die drei Organisationen für die Ausgleichsplaner viel zu wichtig. Und so wurde 1994 im Berlin-Bonn-Gesetz „Bonn als Standort für Entwicklungspolitik, nationale, internationale und supranationale Einrichtungen“ festgeschrieben.

13 Entwicklungspolitik als globale Strukturpolitik
Ministerin: Heidemarie Wieczorek-Zeul (1998–2009)

Beschreibung und Wertung

Im Jahre 1998 wurde die schwarz-gelbe Regierung unter Helmut Kohl CDU/FDP durch eine rot-grüne Regierung (SPD/Grüne) unter Gerhard Schröder abgelöst. Heidemarie Wieczorek-Zeul (SPD) wurde Entwicklungsministerin. Sie behielt dieses Amt auch während der großen Koalition CDU/CSU und SPD (2005 –2009).

Das BMZ übernahm 1998 nach dem Regierungswechsel – nach harten Koalitionsverhandlungen sowie mit anderen Ressorts – folgende zusätzliche Aufgaben:

- die umfassende Zuständigkeit für die Beratungshilfe für die Reformländer in Mittel- und Osteuropa (Transformprogramm)
- die volle Zuständigkeit für das Lomé-Abkommen der Europäischen Union mit den AKP-Staaten (Staaten Afrikas, der Karibik und des Pazifiks)
- die Federführung für die „Weltsozialgipfel" und die UN Organisation Habitat (nachhaltige Stadtentwicklung)

Die Verhandlungen führte neben *Wieczorek-Zeul* vor allem ihr Staatssekretär *Erich Stather.*

Die Arbeit des Ministeriums und die klassische Entwicklungszusammenarbeit wurden ab 1998 mit sehr viel umfassenderen Politikansätzen verbunden.[258] Der in den letzten Jahren beschleunigt fortschreitende Globalisierungsprozess hatte die Rahmenbedingungen für Entwicklungspolitik entscheidend verändert. Entwicklungspolitik wurde als *globale Strukturpolitik* definiert, deren Ziel es ist, die wirtschaftlichen, sozialen, ökologischen und politischen Verhältnisse in den Entwicklungsländern zu verbessern und einen Beitrag zur Mitgestaltung der globalen Ordnungspolitik zu leisten.

Dabei wurden *vier Ansatzpunkte* unterschieden:[259]

- *ökonomische globale Ordnungspolitik* (vor allem internationale Regeln gegen das Unterwandern national-staatlicher Steuergesetze, gerechtere Welthandelsordnung, Einführung internationaler Steuern (Devisentransaktionssteuer))
- *soziale globale Ordnungspolitik* (internationale Sozialstandards, Kernarbeitsnormen, Kampf gegen Kinderarbeit, Sozialklauseln, soziale Gütesiegel, Global Compact)
- *ökologische globale Ordnungspolitik* (Klimarahmenkonvention, Artenvielfaltkonvention, Montrealer Protokoll zur FCKW-Minderung, Wüstenkonvention, Basler-Konvention über gefährliche Abfälle, Rotterdamer Konvention über gefährliche Chemikalien)
- *politische globale Ordnungspolitik* (internationaler Strafgerichtshof, reformierter Weltsicherheitsrat, Idee: UN-Sicherheitsrat für wirtschaftliche und soziale Rechte)

Wieczorek-Zeul hat die *erste Regierungserklärung zur Entwicklungspolitik in der Geschichte der Bundesregierung* am 19. Mai 2000 vor dem Deutschen Bundestag mit dem Titel „Frieden braucht Entwicklung“ abgegeben.[260]

Aus institutioneller Sicht erfuhr die deutsche Entwicklungspolitik eine Aufwertung, indem sie zusammen mit der Außen- und Sicherheitspolitik als gleichrangiges Instrument zur Gewährleistung stabiler internationaler Rahmenbeziehungen angesehen wurde. Dies schlug sich in der *Aufnahme des Ministeriums für wirtschaftliche Zusammenarbeit* und Entwicklung in den *Bundessicherheitsrat im September* 1998 nieder. In den von der rot-grünen Bundesregierung überarbeiteten „Politischen Grundsätze für den Export von Kriegswaffen und sonstigen Rüstungsgütern“ wurden erstmals entwicklungspolitische Kriterien aufgenommen.

Die im September 2000 eingeführte *entwicklungspolitische Regelprüfung von Gesetzesnormen*[261] erleichterte die Formulierung einer kohärenten Gesamtpolitik. Auch die mit der Weiterentwicklung des *Hermes*-Exportversicherungsinstruments verbundene stärkere Berücksichtigung sozialer und ökologischer Belange hatte die Kohärenz der deutschen Gesamtpolitik zum Ziel, wenn auch bisher nur in Ansätzen erreicht.

Die Bundesregierung hatte auch ihre Anstrengungen zur *Korruptionsbekämpfung* im Rahmen der Entwicklungszusammenarbeit verstärkt. Es wurden explizite Antikorruptionsklauseln in die Regierungsverhandlungen über bilaterale Entwicklungszusammenarbeit mit aufgenommen. Auch wurden sanktionsfähige Antikorruptionsklauseln in die Darlehens- und Finanzierungsverträgen der KfW (Kreditanstalt für Wiederaufbau) eingefügt.[262]

Die *Deutsche Investitions- und Entwicklungsgesellschaft (DEG)* wurde in die Kreditanstalt für Wiederaufbau *integriert*. Die Carl-Duisberg-Gesellschaft (CDG) wurde 2002 mit der Deutschen Stiftung für Internationale Entwicklung (DSE) zur neuen Institution „InWEnt" (*Internationale Weiterbildung und Entwicklung*) verschmolzen.

Eine der wichtigsten programmatischen Stützen der Entwicklungspolitik bildeten die auf dem *Millenniums-Gipfel der Vereinten Nationen* im Dezember 2000 beschlossenen Millenniumsziele bis 2015.[263] Sie stellten ein konkretes Zielsetzungssystem dar und beinhalteten folgende Hauptpunkte: die Beseitigung der extremen Armut und des Hungers, Verwirklichung der allgemeinen Primarschulbildung, Förderung der Gleichstellung der Geschlechter und Stärkung der Rolle der Frau, Senkung der Kindersterblichkeit, Verbesserung der Gesundheit von Müttern, Bekämpfung von HIV/AIDS, Malaria und anderen Krankheiten, Sicherung der ökologischen Nachhaltigkeit und Aufbau einer weltweiten Entwicklungspartnerschaft. Zur Verwirklichung der „Millennium Development Goals" verabschiedete die Bundesregierung nur wenige Monate nach dem Millennium-Gipfel das *Aktionsprogramm 2015*, das die Armutsbekämpfung als Querschnittsaufgabe aller

Politikfelder und als übergeordnete Aufgabe der deutschen Entwicklungspolitik in den Mittelpunkt stellte: „Armut ist die größte Massenvernichtungswaffe unserer Tage.“[264]

Unter Wieczorek-Zeul wurde der *Achtung der Menschenrechte* und der *Förderung der Gleichberechtigung* eine besonders hohe Bedeutung zugemessen. Das BMZ unterstützte zusammen mit BMJ und AA den Aufbau des Deutschen Instituts für Menschenrechte. Ein Schwerpunkt der praktischen Menschenrechtsarbeit war es, im Rahmen der Entwicklungszusammenarbeit einen Beitrag zur Bekämpfung der *weiblichen Genitalverstümmelung* zu leisten. Zahlreiche Projekte auf diesem Gebiet wurden initiiert. Wieczorek-Zeul nahm z. B. im April 2005 in Benin an der „nationalen Feier zur Beendigung der Tradition der Beschneidung von Frauen und Mädchen“ teil.[265]

Um die Probleme Afrikas kümmerte sich auch intensiv die Parlamentarische Staatssekretärin *Uschi Eid*, die von 2001 bis 2005 G8-Afrika-Beauftragte des Bundeskanzlers war.

Das BMZ hat aktiv – vor allem durch seinen Staatssekretär *Erich Stather* – an der Vorbereitung und Gestaltung der *Weltausstellung Expo 2000* („Mensch-Natur-Technik“) in Hannover mitgewirkt, insbesondere bei vier Bereichen:[266]

- der Identifikation, Aufbereitung und Darstellung der sog. weltweiten Projekte (dies waren Projekte, die nicht in Hannover, sondern weltweit an unterschiedlichen Standorten in 123 Ländern präsentiert wurden).
- beim Themenpark, insbesondere beim Themenpark „Basic Needs“
- bei den „Global Dialogues“ zum Thema Grundbedürfnisse
- bei den Nationentagen (für alle teilnehmenden Nationen wurden in Hannover Nationentage abgehalten).

Die Vorbereitungen zur Expo 2000 wurden zu einem Teil noch in der Amtszeit von Minister Spranger geleistet (von dem damaligen Parlamentarischen Staatssekretär *Klaus-Jürgen Hedrich*).

Eine wesentliche Leistung in der Amtszeit von Wieczorek-Zeul war die *Reduzierung der Zahl der Partnerländer von 118 Ländern auf 70 Länder.*[267] Das BMZ hat überdies in den Partnerländern gezielt *inhaltliche Schwerpunkte* festgelegt. 33 Staaten wurden als Schwerpunktpartnerländer identifiziert, in denen jeweils drei spezifische Schwerpunktbereiche definiert wurden, weitere 37 Länder wurden zu Partnerländern, in denen ein wichtiger Programmbereich unterstützt wird.

Die Entwicklungspolitik wurde zunehmend *internationalisiert und multilateralisiert.* Auf internationaler Ebene gelang der Bundesregierung 1999 während ihrer Amtszeit als EU-Ratspräsidentschaft und G7-Vorsitz die Durchsetzung einer *umfassenden Entschuldungsinitiative für hochverschuldete arme Entwicklungsländer*[268]. Dieser Schuldenerlass wurde auf dem Kölner Weltwirtschaftsgipfel im Juli 1999 beschlossen. Durch das Programm wurde ein Gesamtvolumen von 70 Milliarden US-Dollar an Schulden erlassen. Deutschland beteiligte sich daran mit 10 Milliarden US-Dollar. Die Entschuldung wurde dabei an die Bereitschaft zur Armutsbekämpfung seitens der Entwicklungsländer geknüpft. Die Kölner Entschuldungsinitiative bewirkte eine wichtige Strukturveränderung. Man kann dies z. B. daran ablesen, dass sich die Anteile für Gesundheit und Bildung am Bruttonationaleinkommen in den betroffenen Entwicklungsländern in den Jahren nach der Initiative verdoppelt haben. Zum Beispiel gehen in Tansania heute doppelt so viele Kinder zur Schule wie früher, die Zahl ist von 800.000 auf 1,6 Millionen gestiegen, in Mosambik stieg die Zahl von 2 auf 3 Millionen.[269] Wieczorek-Zeul: „Die Kölner Entschuldungsinitiative hat Millionen und Abermillionen Menschen das Leben leichter gemacht. Ich kann meine Arbeit durchaus selbstkritisch betrachten, dies ist und bleibt einer der größten Erfolge in meinem gesamten politischen Leben.“[270]

Ein wichtiger Fortschritt zur Verbesserung der Handelsbedingungen armer Länder stellt die vom BMZ im Jahre 2000 mitgestaltete EU-Initiative *Everything but arms* dar. Sie ermöglicht es nunmehr den am wenigsten entwickelten Ländern, alle ihre Produkte – außer Waffen – ohne Quoten und ohne Zollschranken in die EU zu exportieren.

Nach Beendigung des Kosovokrieges 1999 wurde der *Stabilitätspakt für Südost-Europa* geschaffen, der darauf abzielte, Staaten in Südost-Europa bei ihren Bemühungen zur Förderung des Friedens, der Demokratie, der Achtung der Menschenrechte sowie des wirtschaftlichen Wohlstandes zu stärken.[271] Dafür setzte sich insbesondere Staatssekretär *Erich Stather* als auch *Leo Kreuz* ein. Mit Kabinettsbeschluss vom 11. Juni 1999 wurden 1,2 Milliarden DM für den Stabilitätspakt bereitgestellt. Die Federführung für die Bereiche wirtschaftlicher Wiederaufbau, Entwicklung und Zusammenarbeit lag dabei beim BMZ, das seine Mittel insbesondere einsetzte in Albanien, Bosnien-Herzegowina, Bulgarien, Kosovo, Montenegro, Serbien, Kroatien, Mazedonien und Rumänien. Die inhaltlichen Schwerpunkte lagen bei der Förderung der wirtschaftlichen und sozialen Infrastruktur, der Wirtschafts- und Beschäftigungsförderung und der Förderung der Zivilgesellschaft. Besondere Bedeutung kam auch der Förderung der regionalen Kooperation zwischen den Ländern bei. Der Stabilitätspakt hat einen Quantensprung ermöglicht. Krieg in Südosteuropa steht hoffentlich nicht mehr auf der Tagesordnung, sondern politische und regionale Kooperation. (Hinweis: Ukraine gehört nicht zu den Ländern des Stabilitätspaktes).

Der *11. September 2001* brachte tiefe Einschnitte für die Entwicklungspolitik mit sich. Deutschland, das auf eine lange Tradition in der Zusammenarbeit *mit Afghanistan* zurückblicken konnte, hat sich von Anfang an massiv entwicklungspolitisch engagiert, insbesondere in den Bereichen Gesundheit, Bildung, Trinkwasser, Elektrizitätsversorgung, Straßenbau und Frauenförderung. Im BMZ wurde eine Sonderarbeitsgruppe eingerichtet und ein *Sonderbeauftragter für den Wiederaufbau Afghanistans* ernannt.[272] Als erste Vertreterin eines westlichen Landes im Ministerrang besuchte Wieczorek-Zeul bereits am 13. und 14.12.2001 Kabul und sagte erste Sofortmaßnahmen zu. Im Rahmen eines 100-Tage-Sofortprogramms konzentrierte sich die deutsche Hilfe zunächst auf die Bereiche Gesundheit und Bildung. 2002 wurden bereits fünf Krankenhäuser in Kabul rehabilitiert, ergänzend hierzu wurden Operationsausrüstungen, Medikamente, kinderchirurgische Ausrüstungen und Laborausrüstungen für verschiedene Krankenhäuser in Kabul geliefert. Für das „Back-to-School-Programm" wurden Lehr- und Lernmaterialien geliefert. Insgesamt 17 Schulen wurden von Deutschland im Jahre 2002 rehabilitiert[273] (Sonderbeauftragter des BMZ für Afghanistan war der Autor). Deutschland kündigte 2002 mit 320 Millionen Euro (jährlich 80 Millionen Euro von 2002 bis 2005) den größten bilateralen Beitrag der EU-Mitgliedsstaaten an. Was geschah mit dem Geld? Durch die deutsche Entwicklungszusammenarbeit wird z. B. heute für mehr als 2,5 Millionen Menschen in Kabul und Umgebung die Stromversorgung gesichert. Mehr als 2 Millionen Menschen in Kabul, Herat und Kundus erhalten sauberes Wasser, mehr als 6 Millionen Kinder gehen wieder zur Schule. Die deutsche Entwicklungszusammenarbeit hat 250 Schulen wieder aufgebaut. Ferner wurden Gewerbeschulen und Gesundheitseinrichtungen instandgesetzt. Zu den Erfolgsgeschichten gehört die Gründung der ersten Mikrofinanzbank mit ihren Filialen. Hier können auch Frauen und Kleinunternehmer Kleinkredite für eine Existenzgründung erhalten.[274] Es liegt eine gewisse Tragik darin, dass sich in den letzten Jahren die Sicherheitslage in Afghanistan verschlechtert hat und die Erfolge der Entwicklungszusammenarbeit in Afghanistan in der öffentlichen Wahrnehmung in den Hintergrund treten.

Einen besonderen, wenn auch *innenpolitisch umstrittenen* Akzent setzte Wieczorek-Zeul mit der *Wiederaufnahme der Entwicklungszusammenarbeit mit Kuba*.[275] Im Mai 2002 fanden darüber Gespräche mit *Fidel Castro*, mit Carlos Lage, seinem Vizepräsidenten, und obersten Wirtschaftsplanern und Ministern der kubanischen Regierung statt. Der Autor nahm an diesen Gesprächen teil. Zugesagt wurden 3 Millionen Euro für ein Vorhaben zur Bekämpfung der Wüstenbildung und Trockenheit des Landes. Hier ging es darum, Erosion, Versalzung und Wüstenbildung rund um den Rio Cauto, den größten Fluss Kubas, zu bekämpfen. Mit zwei weiteren Euro-Millionen wurden Studien- und

Fachkräftefonds eingerichtet. Für die Entwicklungszusammenarbeit mit Kuba galten grundsätzlich die gleichen Ziele wie für andere Entwicklungsländer, die nicht dem westlichen Stand von Demokratie entsprachen: Das BMZ setzte auf „Wandel durch Zusammenarbeit."[276]

Wieczorek-Zeul hat auch eine *Kaukasus-Initiative*[277] gestartet. Die drei Länder südlich des großen Kaukasus – Armenien, Aserbaidschan, Georgien – wurden mit der Auflösung der Sowjetunion unabhängig und befanden sich in einem schwierigen Übergangsprozess von zentral gelenkter Planwirtschaft zu sozialer Marktwirtschaft und Demokratie. Oberstes Ziel der Kaukasus-Initiative des BMZ war es, einen sichtbaren Beitrag zum Konfliktabbau und zur Krisenprävention zu leisten. Dafür wurden vier Schwerpunkte gesetzt:

- Auf- und Ausbau des Rechtssystems und Stärkung der kommunalen Demokratie, insbesondere durch ein erfolgreich überregional ansetzendes Projekt der Rechtsberatung, an dem alle drei Kaukasusländer teilnehmen.
- Förderung des Energiesektors, insbesondere durch die Wiederinstandsetzung von Übertragungsleistungen und die Förderung von regenerativen Energien.
- Förderung der Privatwirtschaft. Hier werden insbesondere Projekte zum Auf- und Ausbau kleinerer und mittlerer privater Unternehmen und zur Reform des Finanzsektors unterstützt.
- Als Letztes galt es einen Beitrag zur Bekämpfung der Tuberkulose zu leisten, da alle drei Länder zunehmend unter dem Problem der Tuberkulose leiden.

Die Kaukasus-Initiative wurde durch eine *Zentralasien-Initiative*[278] ergänzt. Die fünf zentralasiatischen Staaten Kasachstan, Kirgistan, Tadschikistan, Turkmenistan und Usbekistan waren mit den militärischen Operationen in Afghanistan stärker in den Blickpunkt der Weltpolitik geraten. Deutlich wurde dabei nicht nur ihre Bedeutung innerhalb der weltweiten Antiterror-Koalition, sondern auch ihre eigene Gefährdung durch islamistische Gruppierungen und radikal-islamische Strömungen, seien sie in den Ländern selbst beheimatet oder eine von außen einwirkende Gefahr. Die Zentralasien-Initiative hatte die Aufgabe, die zentralasiatischen Staaten in ihrem schwierigen Prozess der Transformation von einer Zentralverwaltungswirtschaft zu einer marktwirtschaftlichen Ordnung und des Übergangs zur Demokratie zu unterstützen, denn als die Staaten 1991 sich von der Sowjetunion lösten und unabhängig wurden, durchlebten sie eine zum Teil chaotische Umbruchsphase, in der sie einen Rückgang ihres Bruttosozialprodukts von bis zu 60 Prozent verkraften mussten. Im Rahmen der Zentralasien-Initiative wurden die vier Länder Kasachstan, Kirgistan, Usbekistan und Tadschikistan in ihrer gesellschaftlichen und wirtschaftlichen Entwicklung hin zu Demokratie und Marktwirtschaft unterstützt. Turkmenistan blieb aufgrund der ungünstigen politischen Rahmenbedingungen außen vor. Die deutschen Initiativen konzentrierten sich auf die Überwindung der sozioökonomischen Probleme und der demokratisch-rechtsstaatlichen Defizite mit einer Vielzahl konkreter Projekte sowie auf die Bekämpfung der sich ausbreitenden Tuberkulose.

Der EU-Beitritt von zehn neuen Mitgliedsstaaten am 1. Mai 2004 und von zwei weiteren Ländern (Bulgarien, Rumänien) am 1. Januar 2007 leitete eine neue Epoche der europäischen Zeitgeschichte ein. Das BMZ hat alle *neuen EU-Länder* (Estland, Litauen, Lettland, Ungarn, Polen Tschechien, Slowakei, Slowenien, Bulgarien, Rumänien, Malta und Zypern) bei der Erarbeitung ihrer eigenen entwicklungspolitischen Strategien beraten und mitgeholfen, in den Außenministerien der betroffenen Länder eigene Entwicklungsabteilungen aufzubauen und NRO-Netzwerke zu bilden (der Autor war Beauftragter des BMZ für die neuen EU-Länder und initiierte und koordinierte die Arbeiten).

Während Wieczorek-Zeuls Amtszeit wurde auch das sog. *Ankerlandkonzept*[279] des BMZ entwickelt. Hinter dem Begriff Ankerland steht keine formale Länderkategorie, sondern er beschreibt den Charakter einzelner Entwicklungsländer aus der Sicht der deutschen staatlichen Entwicklungszusammenarbeit.

Zu den Ankerländern zählen China, Indien, Indonesien, Pakistan, Ägypten, Nigeria, Südafrika, Brasilien und Mexiko. Den Ankerländern kommt aufgrund ihres wirtschaftlichen Gewichts, ihres politischen Einflusses in der Region und ihrer zunehmenden Mitwirkung an internationalen Prozessen eine Schlüsselrolle zu und zwar regional wie auch global für die Erreichung der Millenniumsentwicklungsziele (MDG) und bei der Gestaltung internationaler Politiken. Dies gilt vor allem für die wirtschaftliche und politische Stabilität in ihren Regionen, aber auch für den weltweiten Klima- und Ressourcenschutz und für die Mitwirkung an einer globalen Ordnungspolitik (Global Governance). Um Politik, Wissenschaft, Wirtschaft und Zivilgesellschaft in den Ankerländern besser zu vernetzen und um Verständnis für die unterschiedlichen Positionen zu schaffen und Lösungen für Probleme zu entwickeln, wurde 2008 unter Beteiligung weiterer Bundesministerien eine Dialogreihe zu den globalen öffentlichen Gütern mit den Themenblöcken „Bewältigung des Klimawandels“ und „Stärkung der internationalen Finanzstabilität“ durchgeführt. Ferner werden junge Fach- und Führungskräfte aus politischen Thinktanks und Regierungsinstitutionen der Ankerländer in einem sechsmonatigen Dialog- und Fortbildungsprogramm zu Themen der Global Governance zusammengebracht. Im Rahmen eines zweimonatigen Praxisaufenthaltes in einer deutschen Institution, einer EU- oder UN-Organisation lernen sie Bereiche kennen, die in Zusammenhang zu ihrer Arbeit im Heimatland stehen.

Eine besondere Herausforderung bedeutete für das BMZ der Tsunami 2004. Das verheerende *Seebeben* in *Südostasien* im Dezember 2004 hat die Verbundenheit in der „Einen Welt“ erneut deutlich gemacht. Die überwältigende Hilfsbereitschaft der gesamten internationalen Gemeinschaft hat die „*Globalisierung der Solidarität*“[280] gefördert. Die Bundesregierung hat Anfang 2005 die von der Flutkatastrophe betroffenen südostasiatischen Länder mit 500 Millionen Euro unterstützt.

Der Abbau *struktureller Ursachen gewalttätiger Konflikte* sowie der Aufbau von Mechanismen *gewaltfreier Konfliktbearbeitung* wurden zu einer wichtigen Aufgabe der Entwicklungspolitik. 2006 wurde der *Zivile Friedensdienst* geschaffen, ein zentrales Instrument in der friedenspolitischen Entwicklungszusammenarbeit.[281] Er ist in Deutschland das wichtigste Instrument zur zivilen Krisenprävention. Das Besondere daran ist, dass zivilgesellschaftliche Gruppen mit staatlichen Organisationen zusammenarbeiten. Die gewaltfreie Bearbeitung von Konflikten steht dabei im Vordergrund der Arbeit. Der Zivile Friedensdienst ist ein Gemeinschaftswerk staatlicher und nicht-staatlicher Träger der Entwicklungs- und Friedensarbeit zur Förderung des gewaltfreien Umgangs mit Konflikten und Konfliktpotenzialen. Die Aufgaben des Zivilen Friedensdienstes liegen in folgenden Bereichen:[282]

- Stärkung von Friedenspotenzialen mit lokalen Partnern, u.a. durch vertrauensbildende Maßnahmen
- Vermittlung bei Konflikten zwischen Angehörigen von Interessengruppen, Ethnien und Religionen sowie Aufbau von Kooperations- und Dialogstrukturen über Konfliktlinien hinweg
- Schaffung von Anlaufstellen und gesicherten Räumen zur Unterstützung und Begegnung von Konfliktparteien
- Reintegration und Rehabilitation der von Gewalt besonders betroffenen Gruppen, inklusive Traumabewältigung
- Trainingsmaßnahmen zu Instrumenten der zivilen Konfliktbearbeitung
- Stärkung der lokalen Rechtssicherheit
- Beiträge zur Versöhnung und zum Wiederaufbau

Im Zivilen Friedensdienst werden berufserfahrene Frauen und Männer in der Regel für mehrere Jahre in einer Konfliktregion eingesetzt. Dort bauen beispielsweise Psychologen und Pädagogen Beratungsstellen für traumatisierte Kriegsopfer auf. Sozialwissenschaftler und Geographen veranstalten Workshops zu Konfliktbearbeitung, Journalisten beraten Menschenrechtsorganisationen, wie sie Medien für sich nutzen können. Das BMZ übertrug die Aufgaben im Rahmen des Zivilen Friedendienstes dem Deutschen Entwicklungsdienst in Zusammenarbeit mit sechs anderen anerkannten Fachentwicklungsdiensten: der Arbeitsgemeinschaft für Entwicklungshilfe (AGEH), Dienste in Übersee (DÜ/EED), EIRENE, Weltfriedensdienst (WFD), Christliche Fachkräfte International (CFI) sowie dem Forum Ziviler Friedensdienst (Forum ZFD). Für den Dialog des BMZ mit der Zivilgesellschaft setzte sich vor allem Frau *Karin Kortmann* ein, Parlamentarische Staatssekretärin im BMZ von 2005 bis 2009.

2008 wurde ein neuer Freiwilligendienst für junge Menschen in Entwicklungsländern eingerichtet. Dieses Programm „*Weltwärts*“[283] soll nicht nur der Völkerverständigung dienen, sondern jungen Menschen Einblick in die Nöte und Strukturen von Entwicklungsländern geben. Zielsetzung war es, jungen Leuten die Möglichkeiten zu geben, interkulturelle Kompetenzen zu erwerben und zu einer nachhaltigen Entwicklung beizutragen. Damit ist „Weltwärts“ einer der größten Freiwilligendienste dieser Art (bisher 20.000 Einsätze).

Das BMZ hat auch *neue Instrumente* eingeführt. Befolgen Partnerländer eine vernünftige „good governance“, war Deutschland bereit, Teile des Landeshaushaltes direkt zu finanzieren. Solche *Budgetfinanzierungen* wurden z. B. Äthiopien, Burkina Faso, Ghana, Malawi, Mosambik, Uganda, Sambia, Tansania und Vietnam gewährt.[284] Das Instrument ist bis heute umstritten. Die Kritiker bezweifeln, dass die Kontrollmöglichkeiten in den Partnerländern ausreichen. Das BMZ hat auch die Möglichkeiten für ein Zusammenwirken von öffentlicher Entwicklungszusammenarbeit und privater Unternehmenstätigkeit deutlich ausgebaut. Für Entwicklungspartnerschaften mit der Wirtschaft wurde 1999 eine spezielle Budgetlinie eingerichtet (*Public-Privat-Partnership-Fazilität*). Auch dieses Instrument ist nicht unumstritten, denn es kann Fehlallokationen und Verzerrungen auslösen.

Wieczorek-Zeul war eine durchsetzungsstarke, fordernde, hoch motivierte – an der Sache interessierte – Ministerin mit viel Empathie für die Menschen in den Entwicklungsländern. Sie hatte einen Arbeitsstil, der ihre Mitarbeiterinnen und Mitarbeiter oft bis an die physischen und psychischen Grenzen forderte.

Durch ihre Begeisterung für die *Entwicklungspolitik konnte sie viel bewegen*: die Fortentwicklung der Entwicklungspolitik zur globalen Strukturpolitik, das Aktionsprogramm Armutsbekämpfung, die Reduzierung der Zahl der Partnerländer, die Entschuldungsinitiative, die Mitgestaltung des Stabilitätsprogramms Südost-Europa, die Förderung des zivilen Wiederaufbau Afghanistans, die Wiederaufnahme der Entwicklungszusammenarbeit mit Kuba, die Kaukasus-Initiative, die Zentralasien-Initiative, das Ankerlandkonzept, die tatkräftige Hilfe nach dem Tsunami in Südostasien und die Schaffung des zivilen Friedensdienstes und von Weltwärts.

Stimmen von Zeitzeugen: Dr. Michael Hofmann, Adolf Kloke-Lesch, Wolfgang Kroh, Prof. Dirk Messner, Dr. Reinhard Hermle

Dr. Michael Hofmann

1999–2007 Leiter der Abteilung Multilaterale Zusammenarbeit und Sektoraufgaben im BMZ, Ministerialdirektor, 2007–2010 Deutscher Exekutivdirektor der Weltbank.

Entwicklungspolitische Fortschritte durch vier Powerfrauen

Ministerin *Wieczorek-Zeul* kam zum richtigen Zeitpunkt, weil viele darauf warteten, dass sich die Bundesregierung endlich aktiv an internationalen Initiativen wie der zur Entschuldung der ärmsten Entwicklungsländer beteiligte. Die britische Ministerin *Claire Short*, ein politisches Powerhaus in Tony Blairs global ambitionierter Labour-Regierung, war sehr dankbar für die Unterstützung der neuen deutschen Ministerin – wie auch die niederländische und die norwegische Kollegin, *Evelyn Herfkens* und *Hilda Johnson*, deren Länder finanziell und politisch seit Jahren entwicklungspolitische Vorreiter waren. Weil alle vier Ministerinnen zugleich Gourverneurinnen der Weltbank waren, konnten sie dank ihrer

Eloquenz und Quengeligkeit Politik zugunsten der Ärmsten in Entwicklungsländern wesentlich mitbestimmen, und zwar in der Weltbank und im IWF und UN-Gremien – und nicht zuletzt auch in der EU und im eigenen Lande.

So konnte zumindest zeitweilig das Grunddilemma deutscher Entwicklungspolitik aufgelöst werden: Globale Entwicklungsaufgaben und entsprechend hohe Erwartungen von den Nichtregierungsorganisationen und Experten, aber nur geringe öffentliche Aufmerksamkeit und Anerkennung für Entwicklungsthemen, da die Medien und die politischen Eliten allenfalls bei Kriegen, Krisen und Katastrophen Interesse an fernen Entwicklungsländern zeigen, zumal die deutsche Wirtschaft einzig kaufkräftige Kunden interessieren – bedauerlicherweise.

Adolf Kloke-Lesch

1998 bis 2002 Referatsleiter im BMZ für Entwicklungspolitische Planung und für Außen- und Sicherheitspolitik, 2003 bis 2007 Leiter der Unterabteilung „Frieden und Demokratie; Menschenrechte; Vereinte Nationen", 2007 bis 2010 Leiter der Abteilung „Globale und sektorale Aufgaben; Europäische und multilaterale Entwicklungspolitik; Afrika, Naher Osten", 2011 bis 2012 Mitglied des Vorstandes der GIZ; seit 2012 Assoziierter Wissenschaftler beim DIE.

Sicherheitspolitik für Menschen

Mit dem Koalitionsvertrag von 1998 (insbes. der Mitgliedschaft im Bundessicherheitsrat) wurde das BMZ zu einem unmittelbaren sicherheitspolitischen Akteur. BMZ-Mitarbeiterinnen und -Mitarbeiter wurden in eine Welt katapultiert, in der sie nicht automatisch gern gesehen waren oder gehört wurden. Zwar war die Friedensdimension schon seit Jahrzehnten ein Teil des entwicklungspolitischen Denkens, aber die direkte Übernahme sicherheitspolitischer Verantwortung war Neuland. Dafür musste auch im BMZ geworben und Know-how aufgebaut werden. Das BMZ beteiligte sich an Ressortabstimmungen zu Rüstungsexporten (z. B. Leo 2 für die Türkei) oder zu Auslandseinsätzen der Bundeswehr (z. B.

Afghanistan). Für *Wieczorek-Zeul* wurden bald der Kosovo-Krieg (1999) und der 11. September 2001 zu formativen Momenten, in denen sie unter schwerem Ringen ihr friedens- und sicherheitspolitisches Profil weiterentwickelte. Sie trat für eine konsequente Bindung militärischer Interventionen an Menschenrechte und Völkerrecht ein und widersetzte sich der geopolitischen Instrumentalisierung humanitärer Interventionen. Sie plädierte im Afghanistan-Kontext frühzeitig für den Vorrang von ISAF gegenüber Enduring Freedom und einen gleichrangingen Einsatz außen-, sicherheits- und entwicklungspolitischer Instrumente. Sie unterstützte mit Nachdruck die Ablehnung des Irakkrieges (2003). Enttäuschend war für sie, dass nach dem Tsunami in Sri Lanka im Rahmen des Wiederaufbaus nicht auch eine friedliche Beilegung des Konfliktes mit den Tamilen gelang. Als Anwältin der „Responsibility to Protect" fand sie es unerträglich, wenn Deutschland und Europa sich immer wieder schwer taten, in Afrika bei Völkermord, Kriegsverbrechen, Verbrechen gegen die Menschlichkeit und ethnischen Säuberungen ähnlich starkes Engagement zu zeigen wie auf dem Balkan oder in Afghanistan. Unter der Amtszeit von Wieczorek-Zeul haben Bundeswehr und BMZ – anders als in der Öffentlichkeit oft dargestellt – eine gute Zusammenarbeit und viel gegenseitiges Verständnis entwickelt. Gleichzeitig brachte Wieczorek-Zeul aufgrund ihres engen Austausches mit Friedensbewegung und -forschung sowie der humanitären Hilfe immer wieder Gesichtspunkte in die Debatten ein, die Kabinettskollegen und „Mainstream"-Sicherheitspolitiker, aber auch BMZ-Mitarbeiter zuweilen herausforderten und zum Nachdenken provozierten.

Wolfgang Kroh

Er war seit 1971 für die KfW in der Finanziellen Zusammenarbeit tätig. Nach Stationen in verschiedenen Regional- und Fachabteilungen war er mehrere Jahre leitend für entwicklungspolitische Grundsatzfragen und Förderkonzepte verantwortlich, bevor er in den Vorstand der KfW berufen wurde, in dem er die Ressortverantwortung für die finanzielle Zusammenarbeit bis zu seiner Pensionierung 2009 innehatte.

Eine kraftvolle Neuerung: Fachliche und Regionale Schwerpunktbildung in der bilateralen Entwicklungszusammenarbeit

Zu den operativ bedeutsamsten Entwicklungen gehörte aus meiner Sicht neben der Reduzierung der Zahl der Partnerländer vor allem die Reduzierung der Vielfalt der Förderansätze und Konzentration der Förderung auf wenige Schwerpunktbereiche pro Land, die nun auch einheitlich für die gesamte bilaterale Zusammenarbeit festgelegt wurden. Die Durchsetzung des Strategieansatzes ist in hohem Maße das Verdienst von *Michael Bohnet*, der ab 1999 Leiter der Regionalabteilung des BMZ war. Damit verschob sich der Fokus stärker auf die Ebene der strategischen Ausrichtung aller Einzelmaßnahmen auf gemeinsame Zielsetzungen im jeweiligen Schwerpunktbereich. Dies unterstrich den instrumentellen Charakter der Projekte als Elemente eines übergeordneten, längerfristig ausgerichteten Förderkonzeptes und sollte der sog. Projektitis ein Ende setzen.

Diese Bündelung der Kräfte und die gleichzeitige Stärkung der Koordination und Vertiefung der Arbeitsteilung vor Ort sowie die Stärkung der Partnerorientierung der bilateralen EZ waren m. E. die zentralen Bausteine zur Verbesserung der entwicklungspolitischen Wirksamkeit der Förderung. Die Umsetzung selbst war wegen der vielfältigen zusätzlichen Einigungszwänge und inhaltlichen Ansprüche allerdings ein durchaus schwieriger und von Widerständen in allen beteiligten Institutionen begleiteter, aber letztlich doch erfolgreicher Modernisierungsprozess.

Für die KfW, die als Entwicklungsbank erst zu Beginn der 90er-Jahre die Möglichkeit zur Einrichtung von Außenvertretungen erhielt, war der nun folgende zügige Ausbau ihrer personellen Präsenz vor Ort eine erhebliche Herausforderung. Damit verbunden war indes ein so substanzieller Zugewinn an Handlungsmöglichkeiten und Kompetenzen für die KfW wie auch für bilaterale EZ insgesamt, dass sich im Nachhinein eher die Frage stellt, warum dieser Schritt nicht schon früher getan wurde.

Ein wichtiger Auftakt zur Straffung der institutionellen Vielfalt in der bilateralen EZ war aus meiner Sicht der Erwerb der Anteile an der DEG durch die KfW und die Eingliederung der DEG in die KfW-Gruppe. Damit wurde die Grundlage für den dann folgenden raschen und sehr erfolgreichen Ausbau der Privatwirtschaftsförderung durch die DEG geschaffen, den ich als Mitglied des Aufsichtsrates begleiten durfte.

Prof. Dirk Messner

Direktor des Deutschen Instituts für Entwicklungspolitik und Vorsitzender des Wissenschaftlichen Beirats der Bundesregierung Globale Umweltveränderungen (WBGU).

Die Globalisierung gestalten

Es müssen zwei zentrale Weichenstellungen erfolgen, um möglichst vielen Menschen dauerhafte Entwicklungschancen zu eröffnen. Die erste Herausforderung besteht darin, Entwicklungskonzepte und -strategien für eine Welt mit 9 Milliarden Menschen zu erfinden, die es ermöglichen, Wohlstand, soziale Entwicklung, Demokratie, Freiheit und Sicherheit in den enger werdenden Grenzen des Erdsystems und unter den Bedingungen eines noch längst nicht gestoppten globalen Klimawandels zu schaffen bzw. zu sichern. Die zweite Herausforderung besteht darin, einen weltwirtschaftlichen Ordnungsrahmen zu etablieren, der die Globalisierung auf stabile und faire Grundlagen stellt.

Es geht um die Transformation der internationalen Kooperation: Armutsbekämpfung in ärmsten Ländern, fragilen Staaten und Schwellenländern, grüne Transformationsstrategien in armen und aufsteigenden Ländern, die Zukunft der Demokratie in den Weltregionen sowie im internationalen System, Stabilisierung von fragilen Staaten und die Bedeutung der neu entstehenden globalen Mittelschichten für globale und nachhaltige Entwicklung. Der derzeitige Wachstumspfad würde im Laufe des Jahrhunderts zu einem Erdsystemwandel führen, mit unabsehbaren und irreversiblen Folgen, gerade weil viele Entwicklungsländer sich nun dynamisch entwickeln. Wir brauchen also einen an Zukunftsfähigkeit ausgerichteten Paradigmenwechsel. Entwicklungspolitik muss Politik für globale Entwicklung werden. Seit 1998 sind dazu in der deutschen Entwicklungspolitik erste Ansätze entwickelt worden, die aber noch sehr zaghaft sind und tatkräftig weiterentwickelt werden müssten.

Am Ende muss entschieden werden, ob Entwicklungspolitik „eng" definiert wird, als Politik zur weltweiten Armutsbekämpfung. Dann müsste sich Entwicklungszusammenarbeit auf die kleiner werdende Gruppe der ärmsten Länder konzentrieren. Andere Ressorts wären dann für sektorale Fragen globaler Entwicklung zuständig: das Umweltministerium für globale Entwicklungsfragen, das Forschungsressort für globale Wissenschaftszusammenarbeit, das Wirtschafts- und Energieministerium für weltweite Energiekooperation, das Auswärtige Amt für die Koordination der außenorientierten Politiken. Man kann Entwicklungspolitik auch „umfassender" verstehen, als das Politikfeld, das für die Zusammenarbeit mit Nicht-OECD-Ländern zuständig ist, die sich auf globale Entwicklungsfragen beziehen. Dann müsste das Entwicklungsressort entsprechend konzeptionell, personell und finanziell verstärkt werden. *„Entwicklungskooperation für globale Entwicklung"* verlangt zudem nach klaren Prioritätensetzungen, um eine Überforderung des Politikfeldes zu vermeiden. Mein Vorschlag zielt auf drei Säulen globaler Entwicklung: [1] Armutsbekämpfung und politisch-institutionelle Stabilisierung in den 30–40 ärmsten und fragilsten Ländern; [2] zukunftsfähige und inklusive Energie- und Ressourcenkooperation, die den Grenzen des Erdsystems Rechnung trägt; [3] Wissenschafts-, Innovations- und Technologiekooperation zur Lösung nationaler und globaler Entwicklungsfragen.

In jedem Fall gilt: Entwicklungszusammenarbeit muss den im- oder expliziten Hilfspaternalismus überwinden, der sich nach einem guten halben Jahrhundert „Development Aid" zwischen „den Reichen" und den „Armen" eingeschliffen hat. Aus der Kooperationsforschung wissen wir: Nachhaltige Zusammenarbeit basiert vor allem auf Reziprozität, also auf gemeinsamen Interessen und wechselseitigen Lernprozessen.

Dr. Reinhard Hermle

Von 1999 bis 2005 Vorstandsvorsitzender des Verbandes Entwicklungspolitik deutscher Nichtregierungsorganisationen (VENRO).
Studium der Politischen Wissenschaft, Geschichte und des Staatsrechts.
Seit 1984 war er für das Bischöfliche Hilfswerk Misereor und für Oxfam tätig.

Distanz und Nähe: Zum Verhältnis von NRO und BMZ

In die Amtszeit von Minister *Spranger* fiel die Gründung des Dachverbandes der nicht-staatlichen entwicklungspolitischen Organisationen, VENRO, im Dezember 1995. Gelegentlich wird vermutet, dazu sei es auf Druck des BMZ gekommen. Dies trifft nicht zu. Es geschah aus Einsicht in die Notwendigkeit dieses Schritts und war Ausdruck eines neuen Selbstbewusstseins und der gestiegenen Bedeutung der NRO als eigenständige Akteure der Entwicklungszusammenarbeit. Das BMZ begrüßte die Initiative, da es nun für den Dialog mit der bunten Welt der nicht-staatlichen Organisationen einen autorisierten Ansprechpartner hatte, und Minister Spranger sprach auf der Gründungsversammlung. Auch wenn gute Arbeitsbeziehungen aufgebaut werden konnten, blieb das Verhältnis nicht spannungsfrei und viele Erwartungen seitens der NRO erfüllten sich nicht. Sie fühlten sich hinsichtlich sowohl ihrer besonderen Expertise bei der direkten Armutsbekämpfung als auch ihres politischeren Verständnisses von Entwicklungspolitik nicht angemessen ernst genommen. Außerdem bestanden bei vielen NRO grundlegende Vorbehalte gegen die staatliche Entwicklungszusammenarbeit fort. Kritische Einlassungen trafen auf geringes Verständnis im BMZ und wurden in der Regel scharf zurückgewiesen.

Gestritten wurde auch mit Ministerin *Wieczorek-Zeul*, aber es herrschte ein neuer Geist. Offenheit zu Dialog und Kooperation nahmen zu. In starker Erinnerung bleibt mir nicht zuletzt die gemeinsame Reise mit der Ministerin nach Afghanistan im Dezember 2001, kurz nach 9/11. Die Schnittmengen der entwicklungspolitischen Konzepte von Staat und NRO wurden größer. Das machte sich vor allem am neuen Verständnis von Entwicklungspolitik als globaler Strukturpolitik fest. Schon lange hatten NRO gefordert, dass die klassische EZ in den größeren Zusammenhang der Gestaltung entwicklungsfreundlicher wirtschaftlicher, sozialer und politischer Strukturen und Rahmenbedingungen vor Ort und weltweit eingebettet sein müsse. Verstärkt wurde dieser Ansatz durch die immer drängender werdenden umwelt- und klimapolitischen Probleme. Zu einem interessanten Beispiel für das Zusammenspiel von Politik und Zivilgesellschaft wurde der G8-Gipfel 1999 in Köln, bei dem nicht zuletzt unter Druck von *erlassjahr* und Menschenkette ein Teilschuldenerlass für hochverschuldete Entwicklungsländer erreicht wurde. Lobby- und Advocacy-Arbeit wurden zu einem Markenkern von VENRO. Adressat von Interventionen wurden verstärkt auch andere Ministerien, internationale Institutionen oder Unternehmen, oft im Schulterschluss mit der Ministerin, die sich gern auch in Fragen von entwicklungspolitischer Bedeutung einmischte, die nicht originär zum Aufgabenfeld des BMZ zählten.

14 Entwicklungspolitik mit wirtschaftsfreundlichem Profil
Minister: Dirk Niebel (2009–2013)

Beschreibung und Wertung

Das FPD-Wahlprogramm von 2009 forderte die Eingliederung des BMZ in den Geschäftsbereich des Auswärtigen Amtes. Diese Forderung konnte die FDP in den Koalitionsverhandlungen gegenüber CDU/CSU nicht durchsetzen. Nach der Ablösung der rot-grünen Regierung 2009 durch eine schwarz-gelbe Regierung (CDU/FDP) wurde Dirk Niebel (FDP) *„folgerichtig“* Entwicklungsminister, wodurch erstmals seit Jahrzehnten die FDP die Minister für das Auswärtige Amt und das BMZ stellten. Unter Niebel wurde eine neue entwicklungspolitische Konzeption erarbeitet mit dem Thema *„Chancen schaffen – Zukunft entwickeln“*.[285] Dieses Konzept verbindet altbekannte liberale entwicklungspolitische Ansätze, wonach wirtschaftliche Interessen und Wertorientierung keinen Gegensatz bilden, mit einer neuen Prioritätensetzung.[286] Niebel: „Wenn es um Menschenrechte geht, stellen wir Werte über Interessen: In Grenzfällen hat es seinen Preis, zu Werten zu stehen.“[287] „Ich interpretiere das Z im Namen des BMZ darum, wie es von Anfang an gemeint war: Als wirtschaftliche Zusammenarbeit, nicht als wiederholte Zuzahlung. Meine Interpretation von BMZ ist „Bundesministerium für Zukunft.“[288]

Das BMZ hat versucht, einen Beitrag zu mehr Kohärenz zu leisten. Um die Transparenz der ODA-Aktivitäten der verschiedenen Ressorts zu erhöhen, wurde 2010 auf Staatssekretärsebene unter Vorsitz des BMZ (Staatssekretär *Beerfeltz*) der *Ressortkreis Technische Zusammenarbeit und ODA Transparenz* eingerichtet. Dadurch wurde die Koordinierungsfunktion des BMZ konkretisiert.[289] Das BMZ hat auch seine *politische Steuerung* verstärkt. Das wurde z. B. dadurch erreicht, dass der sektorpolitische Dialog mit den Partnerländern, der bislang größtenteils von den Durchführungsorganisationen wahrgenommen wurde, 2013 bei den deutschen Auslandsvertretungen verankert wurde. Zu diesem Zweck wurden die deutschen Botschaften in 46 Kooperationsländern personell mit zusätzlichen Referenten für wirtschaftliche Zusammenarbeit aus dem BMZ verstärkt.[290]

Ins Zentrum der Arbeit des BMZ rückte die bilaterale Entwicklungszusammenarbeit. Durch sie könne durch eine bessere Sichtbarkeit der „deutschen Hilfe" die Legitimität im In- und Ausland gestärkt werden und durch eine direktere Konditionierung die Durchsetzung „deutscher Interessen" erleichtert werden. Bilaterale Maßnahmen hätten zwei Vorteile[291]: Erstens seien die Leistungen der Bundesrepublik besser zu erkennen und zweitens seien die Steuerungsmöglichkeiten besser. Deshalb war Niebel auch bei der Budgethilfe sehr zurückhaltend. Die deutsche Entwicklungspolitik und die damit gegebenen Mittel wurden an klare Konditionen wie gute Regierungsführung und die Einhaltung der Menschenrechte geknüpft. Aufbauend auf seiner langjährigen Entwicklungszusammenarbeit im Bereich der Menschenrechte hat das BMZ ein verbindliches *Menschenrechtskonzept* für seine Entwicklungspolitik erstellt. Für alle Vorhaben der staatlichen bilateralen Zusammenarbeit wurde ein Menschenrechts-TÜV etabliert. Das bedeutet, dass alle Neuvorhaben des BMZ systematisch auf menschenrechtliche Wirkungen und Risiken geprüft wurden.[292] Der *Aktionsplan zur Inklusion* von Menschen mit Behinderungen in der deutschen Entwicklungszusammenarbeit ergänzte das Menschenrechtskonzept. Dieser Plan, für den sich vor allem die Parlamentarische Staatssekretärin *Kopp* einsetzte, sieht vor, die Inklusion von Menschen mit Behinderungen systematisch bei allen Akteuren zu verankern.[293]

Niebel waren die zersplitterten Organisationen der deutschen Entwicklungszusammenarbeit ein Dorn im Auge: „Da gab es im Laufe der Zeit KfW und DED, GTZ und DSE, CDG, InWEnt und anderes mehr. Wenn die Deutschen im Partnerland einzogen, dann wurde der Platz neben den Eingangsportalen knapp, um alle Hinweisschilder unterzubringen. Und dann musste ja noch entschieden werden, wer wie groß und wie weit oben hängen und anschrauben darf."[294] Zusammengefügt wurde die bisherige Deutsche Gesellschaft für Technische Zusammenarbeit (GTZ), die Internationale Entwicklung und Weiterbildung GmbH (InWEnt) und der Deutsche Entwicklungsdienst (DED) zur *Deutschen Gesellschaft für Internationale Zusammenarbeit* (GIZ), tatkräftig vorangetrieben durch Staatssekretär Beerfeltz (Vorstand GIZ: Dr. Bernd Eisenblätter, Dr. Hans-Joachim Preuß, Dr. Sebastian Paust, Prof. Jürgen Wilhelm, Dr. Christoph Beier, Adolf Kloke-Lesch, Tom Pätz). Durch diesen Zusammenschluss sollte eine Entwicklungszusammenarbeit aus einem Guss erleichtert werden. Allerdings ist es bis heute nicht gelungen, auch die für die Finanzielle Zusammenarbeit zuständige Kreditanstalt für Wiederaufbau (für die EZ verantwortlicher Vorstand Dr. Norbert Kloppenburg) in dieses Konzept einzubinden.

Die bisher auf das AA und das BMZ verteilte Humanitäre Hilfe wird ab 2012 nach einer Ressortvereinbarung zwischen BMZ und AA vom AA gestaltet und vergeben. Das BMZ wird für die strukturbildende Übergangslage, die Katastrophenprävention und des Kinderhilfswerk der Vereinten Nationen (UNICEF) zuständig sein. Ich halte dies für einen Fehler, die humanitäre Hilfe hätte insgesamt beim BMZ angesiedelt werden sollen, denn sie ist die Schwester der Entwicklungszusammenarbeit.

Eine strukturelle Veränderung brachte die Gründung des unabhängigen *Deutschen Evaluierungsinstituts der Entwicklungszusammenarbeit (DEVAL)* in Bonn. Das Institut analysiert und bewertet die Wirksamkeit, Wirtschaftlichkeit und Nachhaltigkeit von Maßnahmen der Entwicklungszusammenarbeit und spricht Empfehlungen für deren Verbesserung aus. Damit soll die Entwicklungsarbeit künftig transparenter und effizienzbasierter gesteuert werden. Die Gründung eines solchen unabhängigen Evaluierungsinstituts war überfällig.

Eine große Rolle spielte bei der neuen Politik die *Einbindung privatwirtschaftlicher Aktivitäten* und damit der Unternehmen in die Entwicklungszusammenarbeit. Das Ministerium setzte auf die Verbesserung der Möglichkeiten für mehr entwicklungsorientiertes Engagement für Unternehmen, vom Mittelständler bis zum Großunternehmer. Der beiderseitige Nutzen wurde dabei in den Mittelpunkt gestellt („win-win"). Mit der *Servicestelle zur Zusammenarbeit mit der Wirtschaft*[295] hat das BMZ eine Anlaufstelle für deutsche Unternehmen eingerichtet, die sich in Entwicklungs- und Schwellenländern engagieren möchten. Neben der finanziellen Aufstockung des Programms für Entwicklungspartnerschaften der Wirtschaft (DeveloPPP.de)[296] wurden neue Förderangebote wie die Mitfinanzierung von Machbarkeitsstudien durch die Deutsche Investitions- und Entwicklungsgesellschaft entwickelt, um entwicklungspolitisch sinnvolle Investitionen von kleinen und mittleren Unternehmen in Entwicklungsländern zu unterstützen. Auch die Förderangebote für entwicklungspolitische Projekte von Organisationen der verfassten Wirtschaft sind ausgeweitet worden. *Sog. EZ-Scouts*[297] unterstützen Industrie- und Handelskammern und Wirtschaftsverbände bei der Beratung ihrer Mitglieder für mehr entwicklungspolitisches Engagement. Das BMZ unterstützt die deutsche Wirtschaft und Unternehmen auch bei der Wahrnehmung sozialer Verantwortung (*Corporate Social Responsibility, CSR*) durch zahlreiche Initiativen. So wird z. B. der Global Compact der Vereinten Nationen gefördert, der das Ziel hat, Menschenrechte, Arbeitsnormen und Umweltschutz in der Unternehmenskultur zu verankern. Ihm gehören international über 7000 Unternehmen und 3000 andere Mitgliederorganisationen an.[298]

Verstärkt wurde auch die ressortübergreifende Zusammenarbeit, insbesondere mit der *Bundeswehr und dem Verteidigungsministerium*. Dies gilt insbesondere für die Kooperation mit Afghanistan[299], wenngleich viele Entwicklungshelfer vor Ort diese Zusammenarbeit kritisch sehen. Mit der Ausrichtung der Afghanistan-Konferenz 2011 hat die Bundesregierung bestätigt, dass der Wiederaufbau und die Stabilisierung des Landes weiterhin hohe

Priorität hat. Mit der BMZ-Entwicklungsinitiative (250 Millionen Euro jährlich) und dem AA-Stabilitätspakt (180 Millionen jährlich) wurden die *Mittel für den zivilen Aufbau Afghanistans* auf 430 Millionen Euro jährlich erhöht.[300]

Das BMZ hat unter Niebel auch ein *neues Afrika-Konzept* vorgelegt, in dem Afrika eindeutig als Chancenkontinent bezeichnet wird, da er über erhebliche Potenziale verfügt. Breiteren Raum als vorher nehmen in der Afrikakonzeption die Themen Umwelt und Klimaschutz, Rohstoffe und Energie ein. Zielsetzung ist es, dem negativen Afrikabild entgegenzuwirken. Dieses entspreche nicht der aktuellen Dynamik und der Wirklichkeit Afrikas. Im Gegenteil, die *afrikanischen Löwen* von heute seien das, was die asiatischen Tiger früher waren. Afrika sei ein Kontinent der Zukunftschancen.[301]

Neben dem starken Engagement in Afghanistan und Subsahara-Afrika forderte auch der *Umbruch in den Staaten Nordafrikas sowie des Nahen und Mittleren Ostens* die deutsche Entwicklungspolitik heraus. Das BMZ unterstützt die mittelfristige Konsolidierung demokratischer Gruppen und Strukturen in Tunesien, Ägypten, Libyen und anderen Staaten der Region. Mit einer *Transformationspartnerschaft* wurden im Zuständigkeitsbereich des BMZ entwicklungspolitische Fonds zur Förderung von Demokratie, Bildung und Wirtschaft in der Region Nordafrika und Naher Osten eingerichtet.[302]

Das BMZ hat auch die Zusammenarbeit mit *Schwellenländern* neu definiert. Diese Zusammenarbeit soll vorwiegend dem gemeinsamen Schutz globaler öffentlicher Güter wie dem Klima- und Umweltschutz, der wirtschaftlichen Stabilität und der Bekämpfung grenzüberschreitender übertragbarer Krankheiten dienen. Konkretisiert wurde der Ansatz durch das BMZ-Konzept der entwicklungspolitischen Zusammenarbeit mit globalen Entwicklungspartnern (GEP). Es stellt die Grundlage für die entwicklungspolitische Zusammenarbeit mit Brasilien, Indien, Indonesien, Mexiko und Südafrikas dar. Mit dieser Kerngruppe erfolgt die Entwicklungszusammenarbeit auf zwei Ebenen: einerseits über die Zusammenarbeit durch bilaterale Projekte und Programme in den GEP-Ländern – andererseits in Form von länderübergreifender Zusammenarbeit mit den GEPs bei der Gestaltung der regionalen und globalen Entwicklungsagenden.[303]

Thematisch räumte Niebel der Förderung der *ländlichen Entwicklung,* der *Landwirtschaft* und der Ernährungssicherung mehr Beachtung ein als seine Vorgänger. Auch die enge Verknüpfung von *Umwelt* und *Entwicklung* wurde mit der Bonner Konferenz „The Water, Energy and Food Security Nexus – Solutions for the Green Economy" 2011 ins Visier genommen. Deutschland wurde weltweit zweitgrößter Geber im Klimabereich.[304]

Auch international wurden einige Akzente gesetzt. Seit 2010 arbeitet das BMZ an der Gestaltung einer Agenda mit, die die Millenniumsziele nach 2015 ablösen und verschmelzen soll mit universell gültigen, *globalen Nachhaltigkeitszielen* (Sustainable Development Goals). Der Generalsekretär der Vereinten Nationen, Ban Ki-moon hatte dazu 2012 Bundespräsident a. D. Horst Köhler zum Mitglied eines hochrangigen Beratergremiums ernannt. Zur Unterstützung von Horst Köhler wurde im BMZ eine Beraterstruktur (Sherpa-Stab) eingerichtet.[305]

Das BMZ hat den entwicklungspolitischen Dialog mit der deutschen Zivilgesellschaft sowie mit Ländern, Kommunen und kommunalen Spitzenverbänden intensiviert. Das zeigt sich in der Ausarbeitung einer *BMZ-Strategie zur Zusammenarbeit mit der Zivilgesellschaft* – in enger Abstimmung mit der Zivilgesellschaft – sowie in der deutlichen Erhöhung der finanziellen Förderung zivilgesellschaftlicher Programme.[306] Bürgerinnen und Bürger sowie zivilgesellschaftlichen Organisationen, Bundesländer und Kommunen können sich leichter entwicklungspolitisch engagieren, denn seit Anfang 2012 gibt es hierfür mit der vom BMZ ins Leben gerufenen *Engagement Global GmbH* einen zentralen Ansprechpartner. Engagement Global organisiert und unterstützt die Zivilgesellschaft durch Beratung und Qualifizierungsangebote.[307] Niebel hat ferner einen *Innovationsbeirat* geschaffen, um Impulse für neue Ideen zu bekommen. Die Wirkungen des Innovationsbeirats blieben jedoch eher bescheiden.

Niebel hat während seiner vierjährigen Amtszeit *einige entwicklungspolitischen Akzente* gesetzt: die starke Betonung der Einbindung privatwirtschaftlicher Aktivitäten in die Entwicklungszusammenarbeit, der Vorrang der bilateralen Entwicklungszusammenarbeit, die Erarbeitung eines verbindlichen Menschenrechtkonzeptes, die Vorlage einer Afrika-Strategie, die Hervorhebung der ländlichen Entwicklung und der Landwirtschaft, die Gründung der Deutschen Gesellschaft für Internationale Zusammenarbeit (GIZ), von Engagement Global und des deutschen Evaluierungsinstituts. Dies bedeutet eine markante – wenn auch nicht unumstrittene – Kombination inhaltlicher und institutioneller Reformen.

Kritisch bleibt anzumerken: die zu starke Verknüpfung der entwicklungspolitischen mit der militärischen Zusammenarbeit und die Verlagerung der humanitären Hilfe an das AA. Außerdem hat Dirk Niebel während seiner Amtszeit das Ministerium stark *parteipolitisch beeinflusst* und mit FDP-Vertrauten bestückt. Er vertraute zunächst einem Kreis von Staatssekretären und Abteilungsleitern aus seinem parteipolitischen Umfeld eher als den angestammten Fachbeamten des BMZ.[308] Aus einer Presseerklärung des Personalrats des BMZ aus dem Frühjahr 2011 ist bemerkenswert, dass dieser öffentlich anmahnte, dass die „institutionellen Kenntnisse und fachlichen Erfahrungen" der Mitarbeiter nicht „ungenutzt" bleiben dürfen. Daraus ist zu schließen, das eine Gemengelage aus fachlichen und parteipolitischen Differenzen die institutionelle Reform-Diskussion begleiteten. Der Minister selbst wurde in diesem Zusammenhang von der Presse mit den Worten zitiert: „Loyalität kommt vor Fachlichkeit."[309] Die starke Kritik in der Öffentlichkeit an der parteipolitischen Ausrichtung des BMZ hat viele sinnvolle Impulse und Initiativen des BMZ während der Amtszeit Niebels verschüttet. Sie sind in der öffentlichen Diskussion untergegangen. Dirk Niebel verlor sein Amt, als die FDP bei der Bundestagswahl 2013 unterhalb der Fünf-Prozent-Hürde blieb.

Stimmen von Zeitzeugen: Prof. Dr. Jürgen Wilhelm, Gerold Dieke, Thomas Albert

Prof. Dr. Jürgen Wilhelm

Ministerialdirigent a. D., Geschäftsführer des Deutschen Entwicklungsdienstes, Vorstand der Deutschen Gesellschaft für Internationale Zusammenarbeit (GIZ), Honorarprofessor an der Heinrich-Heine-Universität Düsseldorf.

Die Turbofusion

Dirk Niebel übernahm ein im Grunde von Heidi Wieczorek-Zeul gut bestelltes Haus. Allerdings war sie mehrfach und schließlich auf der Zielgeraden von Kabinettskollegen bei dem wichtigen Vorhaben der Fusion der drei großen staatlichen Durchführungsorganisationen der Entwicklungspolitik ausgebremst worden. Niebel war vor seiner ihm überraschend zufallenden Rolle als Bundesminister Generalsekretär der FPD und in dieser Rolle mehrfach als verbaler Haudegen aufgefallen. Die Liberalen, vor allem ihr vormaliger Generalsekretär fühlten sich durch ihren unglaublich hohen Wahlerfolg jedoch in all ihrem Tun bestätigt, und so legte er auch in der ungewohnten Rolle als Kabinettsmitglied den Degen nie aus der Hand. Florett war seine Sache nicht. Dieses – nennen wir es burschikose – Verständnis von Politik kam Niebel nun allerdings bei der Realisierung der Fusion zugute. Gleich zu Beginn der Legislaturperiode gab er dieses Ziel aus und begann, es mit seinem Vertrauten, dem früheren Bundesgeschäftsführer der FPD und nunmehrigem BMZ-Staatssekretär, *Jürgen Beerfeltz*, umzusetzen. Beerfeltz war, der Tradition der beamteten Staatssekretäre des BMZ folgend, auch Vorsitzender des Aufsichtsrates der GTZ und des Verwaltungsrates der DED sowie von InWEnt, konnte also auch die offizielle Aufsichtsseite der drei Organisationen beeinflussen und steuern. Beerfeltz war klug genug – anders als sein gescheiterter Vorgänger –, die Geschäftsführer und andere wichtige Beschäftigte von Beginn an in die Umsetzungspläne einzubeziehen, und dies nicht nur als Lippenbekenntnis. Wir gestalteten bis ins Detail mit und waren Subjekte und nicht lediglich Objekt des regierungamtlichen Handelns.

In der unglaublich kurzen Zeit von nur einem Jahr gelang es *Niebel* und *Beerfeltz* die Fusion zu vollziehen, was angesichts der vielen Rücksichtsnahmen, die es zu beachten galt, wahrlich eine Meisterleistung darstellte. Alle drei Organisationen unterlagen in unterschiedlicher Ausprägung der Mitbestimmung: Beim DED galt es, die Partner der Zivilgesellschaft, bei InWEnt die der Wirtschaft, bei der GTZ die Abgeordneten des Bundestages und der Arbeitnehmervertreter im Aufsichtsrat mitzunehmen, die symbolträchtige Standortfrage Bonn und Eschborn musste geklärt werden usw. Wie nicht anders zu erwarten, stieß die Umsetzung des insgesamt ca. 20.000 Mitarbeiter umfassenden „Change-Management-Prozesses" bei den Beschäftigten auf vielfältige Skepsis, die bis heute bei einigen nicht gewichen ist. Insbesondere die Integration des „Deutschland"-Teils von InWEnt und die Entsendung von Entwicklungshelfern des früheren DED in die alten GTZ-Projekte läuft noch immer nicht richtig rund, was jedoch kein Verschulden des GIZ-Managements darstellt, sondern vor allem auf dem Versäumnis einer mit dem Finanzminister zu vereinbarenden Ausfinanzierung der Projekte durch die BMZ-Administration und dem früheren überkommenden Geschäftsmodell von InWEnt beruht.

Trotz aller Holprigkeiten und anzuzweifelnder Klugheit bei mancher Personalentscheidung, insbesondere in der neuen Spitze des Unternehmens, war die Fusion politisch und nicht zuletzt aus Sicht der Partner in den Entwicklungsländern richtig und zielführend und muss deshalb für Dirk Niebel als Erfolg gewertet werden. Die verwirrende Vielfalt deutscher Präsenz in vielen ohnehin administrativ überforderten Partnerländern wurde deutlich reduziert, Synergien konnten gehoben und die entwicklungspolitische Signifikanz erhöht werden. Nicht zuletzt wurde durch die Fusion die Transparenz der deutschen Entwicklungspolitik für den kontrollierenden Bundestag deutlich verbessert.

Gerold Dieke

Seit 1965 mit Entwicklungspolitik befasst, zunächst an der Universität Münster, als freiberuflicher Gutachter für BMZ und NGOs und als Abteilungsleiter in der Auslandsarbeit einer politischen Stiftung. Von 1987 bis 1999 war er einer der drei Geschäftsführer der GTZ (Deutsche Gesellschaft für Technische Zusammenarbeit) und leitete von 2011 bis 2013 den Innovationsbeirat des BMZ.

Wichtige Reformen, schwierige Öffentlichkeitsarbeit

Michael Bohnet benennt einige entwicklungspolitische Akzente, die Niebel in seiner vierjährigen Amtszeit gesetzt hat, die auch ich für wichtig halte. Sie sind zum Teil programmatische Kurskorrekturen aus liberaler Sicht, reagierten aber auch auf neue Herausforderungen. Es gelang zudem, das Gewicht des BMZ innerhalb der Bundesregierung zu erhöhen und seine Zuständigkeiten und Koordinationsfähigkeit zu stärken.

Die institutionellen Reformen, die Dirk Niebel und insbesondere sein Staatssekretär *Hans-Jürgen Beerfeltz* mit großer Energie betrieben, stießen aber auf auch massive Widerstände und Iloyalitäten im BMZ selbst (z. B. anonyme Rundschreiben an die Mitglieder des AwZ und die Medien). Auch wegen einzelner Fehler kam es zu teils heftiger Medienkritik, die ein weiteres zentrales Anliegen beeinträchtigte: die Stärkung des Politikfelds Entwicklungspolitik. Diese wurde nicht nur massiv durch verstärkte Medienarbeit, insbesondere mit Hilfe neuer Technologien, und durch bundesweite Großveranstaltungen verfolgt, sondern auch durch die Einrichtung eines Innovationsbeirates.

Dieser Beirat trat an die Stelle des traditionellen Wissenschaftlichen Beirats und bestand neben Wissenschaftlern insbesondere aus Prominenten verschiedenster Medien – der IT-Wirtschaft und von Verbänden. Ich wurde zum Vorsitzenden berufen. Da dieser Beirat zwar innovative Vorschläge erarbeitete, aber von Ende 2011 bis Mitte 2013 nur viermal tagte und der folgende Minister – bislang – den Beirat nicht wieder berief, seine Arbeit also endete, kam es auf diesem Wege nicht zu der angestrebten deutlichen Stärkung des Politikfeldes. Der Innovationsbeirat konnte keine nachhaltige Wirkung entfalten – leider.

Thomas Albert

Nahostbeauftragter, Afrikabeauftragter des BMZ von 2005 bis 2012, Ministerialdirigent a. D.

Eine gelungene Integration der Entwicklungspolitik in die Außenpolitik

Niebel war davon überzeugt, dass Entwicklungszusammenarbeit eine Politik im wohlverstandenen Eigeninteresse Deutschlands zur Förderung von Frieden, weltweitem Handel und von Umwelt- und Ressourcenschutz sei. Entsprechend hat er seine starke Rolle als *Westerwelle*-Intimus und früherer Generalsekretär der FDP genutzt, um mit den BMZ-Themen stärker als je zuvor die anderen FDP-Ressorts zu konfrontieren, Augenhöhe einzufordern und zu koordiniertem Vorgehen zu drängen. Denkwürdig für uns BMZler die mehrfachen Leitungsklausuren mit Westerwelle, in denen Niebel die BMZ-Interessen durchzusetzen wusste.

In dieser politischen Blickrichtung der Bedeutungssicherung und Verankerung von Entwicklungspolitik in moderner Außenpolitik und Gesamtpolitik muss man auch die organisatorische Neugliederung von GTZ, DED und InWent zur GIZ sehen. Niebel ging es darum, die verlorene Steuerung des Vorfeldes wieder in die Hand zu bekommen und für die Bundesregierung einerseits und das BMZ andrerseits zu sichern.

Hervorstechend war sein persönlich gewinnender Managementstil. Und hinzugesellte sich Respekt und gar Hochachtung, mit welchem minimalen Zeitaufwand Niebel unsere Vorschläge lesend oder hörend aufzunehmen und ein zu eins gegenüber Gesprächspartnern und der Öffentlichkeit zu verarbeiten wusste.

Es bleibt aber festzuhalten: Die gleichzeitig erschreckend parteipolitisch geprägten Vorgänge im Personalbereich bleiben die dunklen Schatten der Ära Niebel.

15 Paradigmenwechsel: Nachhaltigkeit rückt ins Zentrum

Minister: Gerd Müller (2013–heute)

• Beschreibung und Wertung

Gerd Müller (CSU) kam Ende 2013 ins Amt. Er fordert einen Paradigmenwechsel im Denken und im Handeln. Die Frage nach den Grenzen des Wachstums wurde neu gestellt. Der gewaltige ökologische Fußabdruck wird ins Blickfeld genommen. Müller: „Würden alle Menschen auf der Erde auf dem Konsumniveau von uns Deutschen und Europäern leben, dann brauchten wir drei Planeten: denn die Menschen hinterlassen einen gewaltigen ökologischen Fußabdruck. […] Die Menschheit überlebt nur dann in Würde, wenn wir die Schöpfung erhalten und uns an den global geltenden Grundwerten orientieren. […] Dazu brauchen wir ein neues Denken, ein neues Handeln von Staat und Gesellschaft, aber auch von jedem Einzelnen. *Nachhaltigkeit muss das Prinzip allen Tuns und aller Entwicklung sein.*“[310] Müller will ein „neues globales Verantwortungsethos“ mit entwickeln helfen.[311] Er fordert die Globalisierung so zu gestalten, dass sie den Menschen dient und nicht ausschließlich den Märkten und der Wirtschaft, da nicht der freie Markt ohne jegliche Kontrolle das Leitbild sein sollte, sondern eine ökologisch-soziale Marktwirtschaft.[312] Angemahnt werden ökologische und soziale Standards in den Finanz- und Wirtschaftsbeziehungen und in internationalen Handelsabkommen.[313]

Müller: „Wir brauchen ein wertebasiertes Ordnungssystem. Klimaschutz in der Entwicklungspolitik zahlt sich aus. Mit jedem Euro, den wir hier investieren, sparen wir 4 Euro, die wir in Zukunft für Umweltschäden ausgeben müssten. Schon heute steht fest, dass Menschen in Entwicklungs- und Schwellenländern die Hauptleittragenden des Klimawandels sein werden.“[314]

Im Klimaschutz soll ein rechtsverbindliches Klimarahmenabkommen im Jahre 2015 angestrebt werden[315] mit dem noch weit entfernten Ziel, den globalen Temperaturanstieg auf unter zwei Prozent zu begrenzen.[316] Deutschland hat 750 Mio. Euro für den Grünen Klimafonds (Green Climate Fund) zugesagt. Anlässlich einer Reise nach Kolumbien und Peru hat Müller einen bi- und multilateralen Geothermie-Fonds für Lateinamerika gestartet. Ferner setzt sich das BMZ für den Erhalt der biologischen Vielfalt ein. Nach Aussagen des Parlamentarischen Staatssekretärs *Thomas Silberhorn* unterstützt das BMZ 44 Partnerländer beim Erhalt ihrer vielfältigen Tier- und Pflanzenwelt und teils einzigartigen Ökosysteme. So werden beispielsweise über 350 Schutzgebiete mit einer Gesamtfläche ungefähr so groß wie Deutschland und Frankreich zusammen unterstützt.[317]

Müller war so mutig, den *ethisch-humanitären Aspekt* seiner Arbeit mit eindringlichen Worten zu beschreiben. „Ich war im Südsudan, an der syrischen Grenze und in der Zentralafrikanischen Republik. Man schaut in den Himmel, wenn man leuchtende Kinderaugen sieht, aber man schaut in die Hölle, wenn man das Elend sieht, in denen diese Kinder leben müssen."[318] Oder an anderer Stelle: „Allein 25000 Kinderherzen haben heute aufgehört zu schlagen, weil diese Kinder nichts zu essen hatten, keine Medikamente bekommen haben, nicht geimpft wurden oder kein sauberes Trinkwasser hatten. Für uns ist das alles unvorstellbar."[319]

Das Ministerium hat 2014 in einem breit angelegten Dialog eine nationale *Zukunftscharta* mit dem Motto „Eine Welt – unsere Verantwortung" erarbeitet.

Die Charta befasst sich in recht allgemeiner Form mit folgenden Themen: ein Leben in Würde, natürliche Lebensgrundlagen bewahren, Wirtschaftswachstum mit Nachhaltigkeit verbinden, Menschenrechte fordern und fördern, menschliche Sicherheit stärken, kulturelle und religiöse Vielfalt schützen, Digitalisierung für transformativen Wandel nutzen, eine neue globale Partnerschaft entwickeln. Die Zukunftscharta bündelt das vorhandene Wissen und bleibt bei seinen Zukunftszielen recht vage. Die

Wegweiser wirken höchstens verbindend, aber nicht verbindlich. Dem Dokument fehlen Ecken und Kanten. Über den „state of the art" hinausgehend ist das Kapitel 6 über Kultur und Religion. Es wird betont, dass Religion und Kultur entwicklungsfördernd oder entwicklungshemmend wirken können. Hier hätte man sich gewünscht, etwas Genaueres über die entwicklungsfördernden und entwicklungshemmenden Wirkungen der großen Weltreligionen Christentum, Islam, Buddhismus, Hinduismus und Judentum in einigen Partnerländern des BMZ zu erfahren. Das Ziel, Plattformen für interreligiösen Dialog zu ermutigen, ist sinnvoll. Nur so kann langfristig ermöglicht werden, dass Religion nicht Teil des Problems, sondern Teil der Lösung ist.

Die Zukunftscharta soll ein Leuchtturmprojekt der Bundesregierung werden.[320]

Damit soll ein neues globales Zielsystem für nachhaltige Entwicklung nach 2015, der Post-2015-Prozess, mitgestaltet werden. Die Post 2015-Agenda der Vereinten Nationen muss sich sowohl an die Entwicklungsländer als auch an die Industrieländer richten.

Dabei müssen die verschiedenen Dimensionen der Nachhaltigkeit ins Blickfeld genommen werden: ökologische, ökonomische, soziale, politische und kulturelle. Angestrebt wird nach Aussagen von Staatssekretär *Friedrich Kitschelt* eine Agenda universeller, globaler und nachhaltiger Entwicklungsziele, die „people-centered" und zugleich „planet-sensitive" sind.[321] Müller: „Das BMZ ist auch und gerade das Ministerium für globale Entwicklungen."[322] Auch finanziell soll aufgestockt werden. Der Entwicklungshaushalt soll um mehr als 2 Milliarden Euro für die nächsten vier Jahre wachsen.

Im Zentrum seiner Überlegungen steht, dass nahezu 1 Milliarde Menschen unterernährt sind bzw. hungern. Müller betont vor allem die negativen Folgen der Erderwärmung auf die Ernährungssicherung. Die Weltbank schätzt, dass bei 1,5 Grad Klimaerwärmung bis 2020 die Anbaufläche von Mais, dem Hauptnahrungsmittel in weiten Teilen Afrikas, um 40 Prozent zurückgehen wird, ähnliches gilt für Sorghum-Hirse.[323] Das Ministerium will mit einer Sonderinitiative „*Eine Welt ohne Hunger*“[324] gegensteuern und in Mali und in Zentralafrika einen Schwerpunkt setzen. Für die ländliche Entwicklung sollen insgesamt jährlich 1,4 Milliarde Euro bereitgestellt werden. *10 grüne Wertschöpfungszentren in Afrika* sollen aufgebaut werden. Sie sollen u.a. Demonstrationsbetriebe, Versuchseinrichtungen, Landwirtschaftsschule, Aus- und Weiterbildung und Beratung bündeln und Impulse für Ertragssteigerung, Marktintegration und Ressourcenschutz geben. Dabei sollen Leitbilder nicht Agrarfabriken sein, sondern leistungsfähige bäuerliche Betriebe, die die lokale Ernährung sichern. Diese Zentren solle nach Möglichkeit aus existierenden Forschungs-, Bildungs- und Beratungsstrukturen im Land heraus entwickelt werden und in bestehende nationale Entwicklungsprogramme der deutschen Entwicklungszusammenarbeit eingebettet werden.[325] Technische und organisatorisch-institutionelle Innovationen sollen gemeinsam eine völlig neue Form von „Grüner Revolution“ begründen, die den Übergang vom Leitbild des „producing more“ zum Nachhaltigkeitsparadigma des „producing more with less“ ermöglichen soll.[326] Gekoppelt werden sollen diese Anstrengungen mit einer Stärkung der Grundbildung und dem Aufbau beruflicher Ausbildungszentren (mindestens 400 Millionen Euro jährlich).

Das BMZ hat ein neues Konzept „*Afrika auf dem Wege vom Krisen- zum Chancenkontinent*“[327] erstellt und damit die Aktivitäten des Ministers Niebels fortgeschrieben. Afrika ist ein Kontinent der Potenziale mit einer jungen dynamischen Bevölkerung, rasant wachsenden Volkswirtschaften und einem großen Reichtum an natürlichen Ressourcen. Müller: „Unter den Top 10 der weltweit am schnellsten wachsenden Staaten sind sechs afrikanische Länder, viele Länder des Kontinents haben sich rasant und erfreulich entwickelt. Dennoch verbinden wir mit Afrika immer noch vor allem Krisen oder Kriege. Afrika besteht aber aus 54 höchst unterschiedlichen Staaten. Ich werbe dafür, in Afrika stärker die Chancen zu sehen.“[328]

Afrikas fruchtbare Böden bilden dazu ein großes Potenzial. Zielsetzung ist es zu erreichen, dass der Kontinent sich in naher Zukunft selbst ernähren kann. Dies kann nur bei einer nachhaltigen Nutzung der natürlichen Lebensgrundlagen gelingen. Ressourcen- und Klimaschutz müssen deshalb mit Ernährungssicherung einhergehen. Gute Beschäftigung sei das beste Mittel, Armut zu überwinden. Qualifikation und Bildung, insbesondere von Jugendlichen sollen deshalb einen Schwerpunkt der Zusammenarbeit bilden. Als erste Maßnahmen wurde der Zentralafrikanischen Republik eine Zusage von 10 Millionen Euro für Ernährungssicherung und Unterstützung von Flüchtlingen gewährt. Ferner wurde mit der Afrikanischen Union eine Vereinbarung von Leuchtturmvorhaben zu Bildung, Landwirtschaft und erneuerbaren Energien getroffen. Angestrebt sind überdies die Förderung von 100 neuen deutsch-afrikanischen Partnerschaften von Schulen, Hochschulen, Vereinen, Kirchen, Gemeinden und Kommunen und der Aufbau von zehn grünen Innovationszentren für landwirtschaftliche Wertschöpfung gemeinsam mit der deutschen Agrarwirtschaft. Ferner soll ein deutsch-afrikanisches Jugendwerk nach dem deutsch-französischen Vorbild geschaffen werden.

Das BMZ investiert in die Gesundheit der Menschen in den Partnerländern. Für 2014–2016 werden für die Globalen Fonds zur Bekämpfung von Aids, Tuberkulose und Malaria 655 Mio. Euro zur Verfügung gestellt.

Das BMZ hat konkret auf die *Ebola-Krise* reagiert. Den betroffenen westafrikanischen Staaten Sierra Leone, Liberia und Guinea wurden rund 100 Millionen Euro zur Ernährungssicherung, Prävention und Gesundheitsversorgung zur Verfügung gestellt.[329]

Positiv hervorzuheben ist, dass Müller militärische Mandate, z. B. im Südsudan oder in der Zentralafrikanischen Republik nicht für ausreichend hält. Ein militärisches Mandat muss eingebettet sein in einen ganzheitlichen Prozess. Vernetzte Entwicklungspolitik heißt für ihn: humanitäre Hilfe, Stabilität, technischer Wiederaufbau und staatliche Strukturen. Militär schaffe allein noch keine Lebensperspektiven. „Deshalb muss für alle zukünftigen Mandate die *Gleichwertigkeit zwischen der zivilen – der Entwicklungszusammenarbeit – und der militärischen Komponente gelten.*“[330]

Müller strebt ein abgestimmtes *Flüchtlingskonzept*[331] an, das letztlich auf dem Flüchtlingskonzept von Spranger aufbaut. Ziel ist es, einen Beitrag zu leisten, um die Ursachen für Flucht und Vertreibung zu reduzieren und die negativen Folgen abzumildern. Ein Großteil der Flüchtlinge seien Binnenflüchtlinge oder flüchten in die Nachbarstaaten. Deshalb will das BMZ gezielt die aufnehmenden Gemeinden stabilisieren. Überdies soll rückkehrwilligen Flüchtlingen die Reintegration in ihre Heimat ermöglicht werden. Deutschland hat rd. 800 Millionen Euro für syrische Flüchtlinge und ihre Betreuung in den Nachbarstaaten der Region bereitgestellt, vor allem in Jordanien (Wasserversorgung), Libanon (Lebensmittel, Bildungsprogramme) und Nord-Irak (Notunterkünfte).[332]

Auch in der *Ukraine* konnte das BMZ schnell helfen. Das BMZ arbeitet mit der Ukraine seit 20 Jahren entwicklungspolitisch zusammen und konnte auf diese Erfahrungen in der aktuellen Krise aufbauen. Das BMZ lieferte z. B. Wohneinheiten für insgesamt 4.000 Binnenflüchtlinge.[333]

Das BMZ will auch einen Beitrag zur Stabilisierung und *Friedenssicherung im Nahen Osten und Nordafrika*[334] leisten. Damit dies gelingt, müssen die politischen und wirtschaftlichen Transformationsprozesse in der Region aktiv unterstützt werden. Für dieses Ziel sollen gezielt Beschäftigung schaffende Maßnahmen gefördert werden. Die Qualifikation von Jugendlichen steht dabei im Mittelpunkt. Die Transformationsländer sollen einerseits durch die Ermutigung von Reformkräften in den staatlichen Strukturen, andererseits durch die gezielte Förderung von zivilgesellschaftlichen Akteuren unterstützt werden. Investitionen in den Wasser- und Energiesektor und die Qualifikation von Fachpersonal sollen sowohl Konflikte um Ressourcen entschärfen als auch junge Menschen in den Arbeitsmarkt integrieren. Als konkrete Maßnahmen wurden in die Wege geleitet: die Unterzeichnung einer Erklärung mit der israelischen Regierung zum Ausbau von trilateralen Kooperationen insbesondere in Afrika und die Vereinbarung einer neuen Strategie mit der tunesischen Regierung zur Förderung des tunesischen Hinterlandes und der Beschäftigung sowie die Unterstützung von Marokko beim Aufbau von sechs Solarkraftwerken und bei der Bekämpfung der Jugendarbeitslosigkeit.[335]

Gemeinsam mit Vertretern der Wirtschaft, der Gewerkschaften und der Zivilgesellschaft hat Müller ein *Textilbündnis* („Ein Bündnis der Fairness") auf den Weg gebracht, dem inzwischen 50 Partner beigetreten sind. Ziel ist es, konkrete Verbesserungen der sozialen und ökologischen Standards in der Textil- und Bekleidungsindustrie zu erreichen. Leider haben wichtige Branchenverbände ihre Mitwirkung verweigert. Das BMZ hofft weiter, dass Verbände und Unternehmen sich dem Textilbündnis anschließen. Müller reiste nach China, um sich über die Sozial- und Umweltstandards in der chinesischen Textilindustrie zu informieren. Sein Parlamentarischer Staatsskretär *Hans-Joachim Fuchtel* flog nach Bangladesch, um weitere Hilfen für die Einhaltung von Umwelt- und Sozialstandards nach dem Einsturz der Textilfabrik Rana Plaza vor eineinhalb Jahren zur Verfügung zu stellen.[336]

Interessanterweise will Müller das Thema „*Sport für Entwicklung*"[337] stärker in die deutsche Entwicklungszusammenarbeit integrieren. Mehrere Pilotmaßnahmen zur *Integration von Sport* in den Entwicklungsländern sollen mit Partnern wie dem Deutschen Fußballbund (DFB) und dem Deutschen Olympischen Sportbund (DOSB) gestaltet werden. Als weitere Einzelmaßnahme ist z. B. die Stärkung von Mädchen im Fußballsport in Namibia durch den Bau eines Mädchensport- und Förderzentrums in Windhuk geplant. Mit dem DFB soll ein „Memorandum of Understanding" über die zukünftige Zusammenarbeit in Entwicklungsländern vereinbart werden. Ferner soll an zunächst zehn Mädchenschulen in Kabul/Afghanistan qualifizierter Sportunterricht ermöglich werden.

Bei *Weltwärts soll die Süd-Nord-Schiene*[338] verstärkt werden. Jungen Menschen aus den Partnerländern soll es ermöglicht werden, einen Freiwilligendienst in Deutschland zu leisten. Seit Dezember 2013 arbeiten bereits die ersten Süd-Nord-Freiwilligen in Deutschland.

Gerd Müllers entwicklungspolitischer Ansatz, nämlich die starke Betonung der Nachhaltigkeit, lässt ihn fast wie einen Nachfolger Epplers erscheinen. Müller wird eine Freundlichkeit nachgesagt, aber auch Härte, wenn es darum geht, das BMZ zum „Haus der Guten und Gerechten" umzugestalten.[339] Eine gewisse Machbarkeitseuphorie, der häufig viele neue Minister zu Beginn ihrer Amtszeit fröhnen, lässt sich bei ihm nicht verhehlen. Seine Vorliebe für Demonstrationsbetriebe und Versuchseinrichtungen erinnert an den ersten Entwicklungsminister Scheel, der in den 1960er-Jahren ebenfalls ein „Faible" für Mustergüter hatte, die jedoch nur begrenzt ausgestrahlt haben.

Die Konzentration der Arbeit auf Ernährungssicherung, Klimaschutz, Afrika und die Flüchtlingsfrage ist gut. Das BMZ hat unter Müllers Leitung auch konkret und schnell auf aktuelle Krisen reagiert, z. B. auf die Ebola-Epidemie, auf das syrische Flüchtlingsdrama und auf die humanitäre schwierige Lage in der Ukraine. Sein von ihm initiiertes Textilbündnis hat bisher noch keinen durchschlagenden Erfolg erzielt.

Im Gegensatz zu allen seinen Vorgängern hat er das Thema „Sport und Entwicklungszusammenarbeit" für prioritär erklärt, alle seine Vorgänger hatten es als nachrangig deklariert. Auf das Ergebnis darf man gespannt sein.

Sein Drängen auf die Gleichwertigkeit zwischen den zivilen und militärischen Komponenten bei zukünftigen Mandaten ist hochaktuell und nachhaltig zu begrüßen. Müller stichelt deshalb gerne gegen seine Kabinettskollegin Ursula von der Leyen, die vornehmlich Militäreinsätze im Blick hat.[340] Müller hat im Gegensatz zum Bundespräsidenten und zur Verteidigungsministerin keinen einseitigen Tunnelblick auf das Militärische.

Ein wenig beunruhigend erscheint bisher die Vernachlässigung der multilateralen Aspekte der Entwicklungszusammenarbeit, doch haben bisher alle Entwicklungsminister im Laufe ihrer Amtszeit gelernt, dass die multilaterale Entwicklungspolitik ein wirksamer Hebel ist, um globale Ordnungspolitik[341] mitzugestalten.

• Stimmen von Zeitzeugen: Prof. Dr. Dr. hc. Joachim von Braun, Hans-Joachim Daerr, Prof. Constantin von Barloewen

Prof. Dr. Dr. hc. Joachim von Braun

Direktor des Zentrums für Entwicklungsforschung (ZEF) Universität Bonn, Professor für wirtschaftlichen und technologischen Wandel, Themenpate bei der Zukunftscharta für den Bereich „Ökonomische Dimension der Nachhaltigkeit".

Entwicklungspolitischer Wandel nach 2010: Suche nach neuer Identität im Wettbewerb

Deutsche Entwicklungspolitik ist in ihrer Geschichte mit zunehmender Frequenz immer wieder anders geworden. Ob sie mit jedem Anderswerden auch besser geworden ist, darf bezweifelt werden. *Michael Bohnet* leistet mit seiner Geschichte der Deutschen Entwicklungspolitik einen wertvollen Beitrag zur Orientierung aus historischer Erfahrung. Entwicklungspolitik steht an einer Zeitenwende. Multipolare, vernetzte, reichere Welt; zunehmende Internationalisierung vieler Politikbereiche ohne Beteiligung der Entwicklungspolitik, globale Nachhaltigkeitsprobleme; zunehmend komplexe gewalttätige Konflikte, die unverarbeiteten Finanz- und Agrarpreiskrisen von 2008: Das Umfeld der Entwicklungspolitik hat sich in den letzten Jahren grundlegend verändert.

Die Entwicklungspolitik ist auf der Suche nach Orientierung – auch in Deutschland – und Suche nach den realistischen Beiträgen, die sie zur Gestaltung in Zukunft leisten kann. Wirtschaftlicher Aufschwung in vielen Weltregionen hat frühere Empfängerländer heute zu investierenden Partnern und Geberländern werden lassen. Die Vereinten Nationen bringen eine neue globale Agenda für nachhaltige Entwicklung auf den Weg. Die deutsche Entwicklungszusammenarbeit steht nun mehr und mehr im Wettbewerb mit anderen Akteuren um die erfolgreichsten Konzepte. Sie hat erkannt, dass sie sich dafür neu aufstellen muss.

Die mutige Initiative des BMZ, 2014 eine „Zukunftscharta für die Eine Welt“ auf breiter Front in Deutschland zu diskutieren und umzusetzen, ist eine logische Antwort auf die neuen Herausforderungen. Entwicklungspolitik kann nur in viel breiteren Partnerschaften einen signifikanten Beitrag zu nachhaltiger Entwicklung leisten und aus der selbst erstellten Nische kommen. Nachhaltige Entwicklung ist sehr wissens- und forschungsintensiv, auch wenn es oft eher erscheint, dass die Nachhaltigkeitsagenda vor allem sehr Rede-intensiv ist. Unsere Partnerländer erwarten in diesem und in dem kommenden Jahrzehnt, dass wir unsere Erfahrungen als Technologieführer in vielen Sektoren teilen und Erfahrungen mit solider Wirtschafts- und Sozialpolitik und als Rechtsstaat zur Geltung bringen. Neuorientierung hin zu einem qualitativen Wirtschaftswachstum bei uns und in Partnerländern ist gefragt, mit praktikablen Investitionen und Innovationen, die den Ressourcenverbrauch rasch reduzieren und breitenwirksam menschenwürdige Beschäftigung schafft.

Hans-Joachim Daerr

Sonderbotschafter des Auswärtigen Amtes für nachhaltige Entwicklung, von 1998 bis 2001, Botschafter in Pakistan, anschließend Beauftragter der Bundesregierung für Fragen der Abrüstung und Rüstungskontrolle. Zugleich war er Sonderbotschafter des Auswärtigen Amtes für Afghanistan; 2003–2006 Leiter der Abteilung Globale Fragen: Vereinte Nationen, Menschenrechte und Humanitäre Hilfe des AA; 2006–2009 Botschafter in Japan.

Herausforderung: das Flüchtlingsproblem

Mit Minister *Müller* verbinden mich meine beiden 2014-Einsätze als Sonderbotschafter für Nachhaltige Entwicklung in New York und für die Vorbereitung der Berliner Syrien-Flüchtlingskonferenz. Beides, die Ausrichtung deutscher Entwicklungspolitik an ökologischer, wirtschaftlicher, sozialer und politischer Nachhaltigkeit (Post-2015-Agenda der VN) sowie ihre Rolle bei der Bewältigung der akuten großen Flüchtlingsprobleme durch Verzahnung der Humanitären Hilfe für die Flüchtlinge mit struktureller Entwicklung der sie aufnehmenden Länder und Reintegrationsförderung, hat Minister Müller als besonders komplexe Herausforderungen erkannt, angenommen und zu Schwerpunkten seiner Politik gemacht. Er sieht das BMZ zu Recht als „Ministerium für globale Entwicklungen". Wünschen muss man ihm dafür eine gute Hand bei der Zusammenarbeit nicht nur mit dem Auswärtigen Amt, sondern auch mit vielen anderen ebenfalls mit zuständigen Ressorts.

Prof. Constantin von Barloewen

Geboren in Buenos Aires, Anthropologe und vergleichender Kulturwissenschaftler, 1993–1998 Professur für Anthropologie an der Staatlichen Hochschule für Gestaltung in Karlsruhe, leitete Forschungsprojekte der EU Kommission und der UNO sowie der Thyssen-Stiftung und war Mitglied im Advisory Committee der Harvard Academy for International Studies (Projekt: Religions & Politics). 2011–2013 Senior Fellow und Advisor des Exekutivdirektors am IASS Klaus Töpfer (Institute for Advanced Sustainability Studies) in Potsdam, Initiator des Projektes zu kulturellen Grundlagen nachhaltiger Entwicklung.

Ist Modernisierung zwingend Verwestlichung?

Sehr bemerkenswert in der Entwicklungspolitik von Minister Gerd Müller, wie ich sie erlebe, ist der Paradigmenwechsel hin zu dem Kairos einer Weltzivilisation der Zukunft, die Frage nach den Grenzen des Wachstums, wesentlich aber die Betonung des Primats der Nachhaltigkeit, als leitendes Prinzip des Handelns und die Erkenntnis der Grenzen des freien Marktes mit der Forderung einer ökologisch-sozialen Marktwirtschaft, entscheidend aber mit Blick auf den Begriff der Würde des Menschen in Tradition der Schöpfungsgeschichte. Gerade das Programm der Zukunftscharta unterstreicht diese Maximen mit besonderer Deutlichkeit.

Wir erleben eine Trias aus Kultur, Ökologie und wirtschaftlicher Entwicklung. Im altgriechischen kennen wir das Wort „Oikos“, das Haus als gemeinsame Wurzel. In diesem Sinne wird Kultur als Ökologie begriffen, die ökonomische Sicht muss durch ökologische Betrachtungsweisen erweitert werden.

Die Kardinalfrage lautet: „Ist Modernisierung zwingend Verwestlichung?“ Gibt es zu Beginn des 21. Jahrhunderts wirklich nur eine westliche Moderne oder nicht vielmehr verschiedene Modernitäten? Ist der Begriff des Fortschritts in allen Kulturen der gleiche? In der shintoistischen Tradition Japans, in den doch archaischen Figuren Afrikas, in der russischen Orthodoxie, in den hinduistischen Traditionen, dem konfuzianistischen Erbe

Chinas oder in Lateinamerika seit der katholischen Scholastik des 16. Jahrhunderts mit einer metaphysischen Tradition im Gegensatz zum nordamerikanisch-kalvinistischen Erbe mit dem empirisch-logisch-analytischen Denken? Es wird verständlich, warum etwa Arbeitsethik, Innovations- und Investitionsverhalten, aber auch das Verhältnis zur Natur und zum Übernatürlichen in verschiedenen Kulturen und ihren Kosmologien verschieden sind. Die Kompatibilität von Technologie und Kultur ist unterschiedlich in ungleichen Kulturen. Technologie ist niemals neutral, sondern muss an Kultur- und Religionstraditionen akkulturiert werden, sonst zerstört sie durch Homogenisierung und Uniformierung kulturelle und letztlich humane Identität. Das Verständnis von materiellem Fortschritt, rein im Sinne des Bruttosozialprodukts lässt noch nicht wirklich einen zivilisatorischen Fortschritt erkennen. Inwieweit hat aber hat das westliche Zivilisationsmodell Gültigkeit für alle Kulturen, Gesellschaften und Ökonomien? Bedarf es nicht vielmehr einer integralen Wirtschafts- und Ökologiepolitik mit ganzheitlicher Perspektive im Sinne eines wirklich demokratischen Humanismus?

Globales Denken ernst zu nehmen bedeutet, andere Kulturen als ebenbürtige Denkkulturen zu begreifen in einer multipolaren Weltzivilisation des 21. Jahrhunderts. Die reine bedrohliche Hegemonie einer instrumentellen Ratio und eines mechanistischen Weltbildes des rein Materiell-Quantitativen muss überwunden werden, ebenso wie die kalte Dominanz des reinen Profitstrebens. Es bedarf letztlich einer Rehumanisierung des Lebens. Dies spricht sehr deutlich immer wieder, so habe ich es erlebt, aus den Worten von Minister Gerd Müller, zumal für die außereuropäischen Gesellschaften und Staaten, für die er Verantwortung trägt. In der Tat muss man weniger die Kultur modernisieren als die Modernität kultivieren.

16 Fazit und zukünftige Herausforderungen

Wie hat sich die „*Entwicklungswelt*" in den letzten 60 Jahren verändert? Die *Bilanz* weist *Licht und Schatten* auf. *Zuerst die positive Bilanz:* Das Ziel, die extreme Armut um die Hälfte zu verringern, wurde ebenso erreicht wie das Ziel, den Anteil der Menschen, die keinen Zugang zu verbessertem Trinkwasser haben, zu halbieren. Die Erfolge im Bildungsbereich sind herausragend. 90 Prozent aller Kinder in Entwicklungsländern besuchen heute die Grundschule, sogar in Afrika südlich der Sahara ist ihr Anteil auf 78 Prozent gestiegen. Die Kinder- und Müttersterblichkeit wurde fast halbiert, desgleichen die Zahl der HIV-Neuinfektionen, die Ausbreitung von Tuberkulose und Malaria kam zum Stillstand. Diese Ergebnisse belegen, dass menschliches Leid gemindert werden kann, auch in Afrika. (vgl. im Einzelnen Tabelle 1). Es ist eigenartig, wie in einer Welt, in der „bad news sells", diese *Erfolgsgeschichte* in der Öffentlichkeit weitgehend unbekannt bleibt. Da es nach Zahlen der Weltbank 1980 noch zwei Milliarden Menschen gab, die von weniger als 1,25 Dollar pro Tag lebten und es heute noch etwa 1 Milliarde Menschen sind, nimmt niemand wahr. Dass die Armut nach einer Einschätzung der UN seit 1950 stärker zurückgegangen ist als in den 500 Jahren davor, dass heute in den Entwicklungsländern vier von fünf Menschen lesen und schreiben können, dass die Kindersterblichkeit sinkt, dass fast 90 Prozent der Menschen Zugang zu sauberem Trinkwasser haben, das weiß niemand. Deshalb kommt es darauf an, dieses „faktenbasierte Wissen" zu verbreiten.

Diese Erfolge sind vor allem den Eigenanstrengungen der Entwicklungsländer zuzuschreiben, aber auch die Entwicklungszusammenarbeit hat komplementär dazu beigetragen, Deutschland als weltweit drittgrößtes Geberland (nach den USA und England, aber noch vor Japan und Frankreich) hat daran Anteil. (vgl. Tabelle 2). Seit 1963 hat Deutschland insgesamt rund 225 Milliarden Euro an öffentlicher Entwicklungszusammenarbeit

(ODA) geleistet (vgl. Tabelle 3 und Diagramm). Entwicklungszusammenarbeit hat Schneisen ins Meer des Elends geschlagen und dazu beigetragen, Notsituationen zu entschärfen und sinnvolle Beiträge zur Erreichung der Millenniumsziele geleistet. Entwicklungszusammenarbeit hat als ein Instrument im gesamten Entwicklungsprozess eine *Anstoßwirkung* geliefert, hat als *Katalysator* für Problemlösungen gedient – nicht mehr, aber auch nicht weniger.[342] Insgesamt hat die Entwicklungszusammenarbeit durch armutsorientierte Programme, durch konkrete Beiträge zum Wirtschaftswachstum und zu mehr Beschäftigung eine positive Rolle gespielt. Dank der Entwicklungszusammenarbeit nahmen in den Entwicklungsländern, auch in Afrika, die Polio-Erkrankungen und die Kindersterblichkeit ab, die Alphabetisierung wurde beschleunigt und das Ausbildungsniveau verbessert.[343] Burnside und Dollar[344] haben durch eine breit angelegte Untersuchung der Zusammenhänge zwischen Entwicklungszusammenarbeit, Wirtschaftspolitik und wirtschaftlichem Wachstum die These bekräftigt, dass Entwicklungszusammenarbeit (ODA) dann einen positiven Effekt auf das wirtschaftliche Wachstum hat, wenn das Partnerland eine entwicklungsfördernde Wirtschafts-Budget- und Außenhandelspolitik durchführt. Fehlen diese Voraussetzungen, ist die Wirkung der Entwicklungszusammenarbeit deutlich geringer. Die Erfolgsaussichten für die Entwicklungszusammenarbeit sind umso höher, je besser die politischen und institutionellen Rahmenbedingungen in den Partnerländern gestaltet sind. Zahlreiche empirische Studien kommen zu ähnlichen positiven Ergebnissen des Zusammenhangs zwischen Entwicklungszusammenarbeit und dem Bildungs-, Gesundheits- und Einkommensniveau der Zielgruppen.[345]

Nun zur *negativen Bilanz:* Neben der vorab geschilderten *Erfolgsgeschichte* gibt es auch eine *Misserfolgsgeschichte.* Die Hungerbekämpfung stagniert, weltweit sind weiterhin 850 Millionen oder 15 Prozent der Weltbevölkerung unterernährt. Häufige Nahrungsmittelkrisen und die Vernachlässigung der Landwirtschaft, auch in der Entwicklungszusammenarbeit, haben Fortschritte bei der Bekämpfung des Hungers verhindert. Die größten *Rückschläge* gab es bei der Sicherung der ökologischen Nachhaltigkeit. Die Zerstörung der Wälder schreitet weiter voran, wenn auch mit geringerer Rate. Trotz größerer Zahl von Schutzgebieten geht immer mehr biologische Vielfalt verloren, die Überfischung der Meere nimmt dramatisch zu und die Treibhausgasemissionen, auch in den Entwicklungsländern, steigen weiter an (vgl. im Einzelnen Tabelle 1). Entwicklungszusammenarbeit hat zur Lösung dieser Probleme noch nichts Bahnbrechendes beigetragen. Hier liegt die zukünftige Herausforderung.

Zusammenfassung: Die Summe realistischer empirischer Evaluierungen über Jahrzehnte hinweg hat ergeben, dass etwa 30 % aller untersuchten Projekte uneingeschränkt positiv beurteilt wurden, ein weiteres Drittel (33 %) wurden mit Einschränkungen als positiv bewertet. Etwa 25 % der Projekte waren teils positiv, teils negativ. Rund 12 % aller überprüften Projekte wurden überwiegend negativ beurteilt. Bildungs-, Gesundheits- und Wasserprojekte wurden überwiegend positiv bewertet, Landwirtschaftsprojekte nahmen einen Mittelplatz ein. Große Infrastrukturvorhaben und Industrieprojekte erhielten überwiegend negative Noten.

Die vergangenen 60 Jahre deutscher Entwicklungspolitik waren geprägt durch ein Wechselbad unterschiedlicher strategischer Ansätze: deutschlandpolitische, außenpolitische, sicherheitspolitische, wirtschaftspolitische, rohstoffpolitische, umweltpolitische und friedenspolitische Interessen, durchwoben von moralisch-humanitären Motiven. Dieser Wandel strategischer Interessen in einem Zeitraum von 60 Jahren ist legitim und nachvollziehbar. Beim Blick auf die Zukunft müssen jedoch die Stellschrauben für die strategischen Überlegungen neu gesetzt werden, aus drei Gründen:

- der globalen Finanzkrise,
- der Nahrungsmittelkrise und
- dem chaotischen Klimawandel

als eine Art Schiffbruch in Zeitlupe.[346] Zusammen haben diese drei Faktoren unsere Vorstellung davon, wie sich die Welt wandelt, gründlich verändert. Hier gilt es, „neu zu denken". Die Entwicklungspolitik der Zukunft verlangt einen intelligenten strategischen Mix. *Neun Herausforderungen* stellen sich auf dem Weg von der *Entwicklungszusammenarbeit zur globalen Kooperation*:

[1] Die weltweite *Finanzkrise* hat *geopolitische Veränderungen* von historischem Ausmaß nach sich gezogen. Das Gewicht der *Schwellenländer* ist gewachsen. Die Finanzkrise hat sichtbar gemacht, wie gefährlich es ist, wenn die reale Weltwirtschaft zu stark vom Finanzsektor bestimmt wird. Auch der Entwicklungspolitik kommt bei der Bändigung der Finanzkrise eine Rolle zu, wenn auch eine bescheidene: Es geht um das Vorantreiben der Finanztransaktionssteuer (es sei daran erinnert, dass das BMZ 2002 die zentrale Studie zur Durchführbarkeit der Devisentransaktionssteuer[347] vorgelegt hat), der BIT-Steuer (globale E-Mail-Steuer) sowie Bemühungen zur Verhinderung der Steuerflucht aus Entwicklungsländern, die Mitwirkung bei der Trockenlegung von Steueroasen in Entwicklungsländern, die Förderung von Mikrofinanzinstitutionen, die Einbindung privatwirtschaftlicher Aktivitäten (*Green Bonds* und *Social Bonds*), die Aktivierung eigener Steuerquellen der Entwicklungsländer und die Hilfe beim Aufbau von Rechnungshöfen und Finanzaufsichtsbehörden in Entwicklungsländern.

[2] Trotz der Erfolge bei der Armutsbekämpfung sind weiterhin *850 Millionen Menschen unterernährt*. Zu den Ursachen zählen das weltweite Bevölkerungswachstum (die Weltbevölkerung wächst alle 14 Tage um ein neues Berlin); die Urbanisierung durch Megastädte; lokal gefährdete Ernten, bedingt durch die Wetterunbilden; die Bodenerosion und immer gravierendere Bewässerungsprobleme aufgrund sinkender Grundwasserspiegel sowie die Spekulation auf Nahrungsmittel. Für die Entwicklungspolitik ergeben sich zentrale Tätigkeitsfelder: stärkere Förderung der Landwirtschaft, insbesondere der Kleinbauern, Anlage von Lebensmittelreserven, Wasser-

projekte, Kampf gegen „Land Grabbing“ und Förderung der Familienplanung.

[3] Den düsteren Hintergrund der Finanzkrise und der Nahrungsmittelkrise bildet das unerwartete *Tempo des Klimawandels*. Laut neuesten wissenschaftlichen Erkenntnissen schreiten der Temperaturanstieg und das Schmelzen der Polarkappen schneller voran, als es selbst die ungünstigsten Prognosen erwarten ließen. Und statt stetiger Veränderungen kann in vielen Entwicklungsländern ein klimatisches Chaos beobachtet werden. Die Regenzeiten werden unberechenbarer, Dürren und Überflutungen wechseln sich auf unvorhersehbare Weise ab, Stürme von bisher nicht gekannter Heftigkeit und überraschende Kälteeinbrüche zerstören Ernten. Bisher konnten sich die Bauern auf die Erfahrungen vieler Generationen stützen, doch mit diesen Entwicklungen sind sie überfordert.[348] Unsicherheit, Zukunftsangst und Ohnmacht greifen um sich. Menschliche Aktivitäten haben Systeme im regionalen und planetarischen Maßstab dem Risiko des Überschreitens physischer Schwellenwerte ausgesetzt, das nicht-lineare, abrupte Umweltveränderungen auslöst. Der schnelle Verfall vitaler Ökosysteme sowie die Unsicherheit über „sichere Grenzen“ zur Vermeidung von ökologischen Katastrophen stellt die Entwicklungspolitik vor neue Herausforderungen: Erarbeitung von Anpassungsstrategien für den als unvermeidlich erkannten Klimawandel, Hilfe bei der Installierung von Frühwarnsystemen, Katastrophenvorsorge, Aufbau von Widerstandsfähigkeit (Resilienz)[349], Dekarbonisierung und radikale Senkung des Ressourcenverbrauchs (z. B. Förderung von erneuerbaren Energien, Steigerung der Energieeffizienz), daneben sind aber auch weiterhin Tropenwald- und Gewässerschutz und Schutz der Artenvielfalt unabdingbar. Die *große Transformation* sollte das Langfristziel sein.

[4] Auch *institutionell besteht Neuerungsbedarf*. Die Zusammenführung der Organisationen der Technischen und der Personellen Zusammenarbeit, d. h. der Gesellschaft für Technische

Zusammenarbeit (GTZ), von InWEnt (Internationale Weiterbildung und Entwicklung) und des Deutschen Entwicklungsdienstes (DED) zur *Gesellschaft für Internationale Zusammenarbeit* (GIZ) war ein notwendiger erster Schritt. Aber für die Praxis weit entscheidender ist die Einbeziehung der für die Finanzielle Zusammenarbeit zuständigen *Kreditanstalt für Wiederaufbau* in diesen Integrationsprozess. Hier muss gehandelt werden.

[5] Die Entwicklungspolitik muss endlich eine hörbare Stimme bei der multilateralen Diskussion über die Gestaltung der politischen, sozialen und ökologischen Rahmenbedingungen in den Entwicklungsländern werden, d.h. aktiv bei der *Konkretisierung der globalen Ordnungspolitik* mitwirken (Menschenreche, Sozialstandards, Umwelt- und Klimagipfel Paris im Dezember 2015, Sicherheit) und die neue globale Agenda mitgestalten (Verbindung der Millenniumsentwicklungsziele mit den globalen Nachhaltigkeitszielen). Wir brauchen Regeln mit Biss.[350]

[6] Bei der Entwicklungszusammenarbeit sollte das gegenseitige Lernen im Mittelpunkt stehen. Der *interkulturelle Dialog* muss zur wichtigen Säule der Entwicklungspolitik werden. *Kulturelle Fragen* sollten ins Zentrum der entwicklungspolitischen Analyse und der daraus abgeleiteten Maßnahmen gerückt werden. Auch die *ethischen Leitlinien*[351] der Arbeitsgemeinschaft Entwicklungsethnologie sollten beachtet werden. Dies schließt auch Debatten über neue *Lebensstile, Wohlstandsmodelle und -indikatoren* ein, die den Wachstumswahn in Frage stellen und über „Green Growth“ hinausgehen. Wir brauchen ein neues Verständnis von Wohlfahrt, das der gesamten Menschheit gerecht wird, die Grenzen des Planeten berücksichtigt und deutlich macht, dass Wachstum über materiellen Reichtum hinausgreift.[352] Es wäre doch eine reizvolle Aufgabe, dem Leitbild des „guten Lebens“ einen konkreten Inhalt zu geben.

Die Fragen der Wechselwirkungen von Entwicklung, Kultur und *Religion* sollten ins Blickfeld genommen werden. Es wäre eine herausfordernde und langfristige, wenn auch schwierige Aufgabe, den entwicklungsfördernden und entwicklungshemmenden Wirkungen der großen Weltreligionen Christentum, Islam, Buddhismus, Hinduismus und Judentum in einzelnen Ländern nachzuspüren.

[7] Auch in Bezug auf die *geographische Ausrichtung* der Entwicklungspolitik muss auf neue Umwälzungen reagiert werden.

Bis 1990 lebte die große Mehrheit der Armen in Ländern mit niedrigem Einkommen. Inzwischen leben 80 Prozent von ihnen in Staaten mit *mittlerem Einkommen und in Schwellenländern*, wie z. B. Indien, Vietnam, Indonesien, China, Brasilien und Mexiko. Die Spannungen – innerhalb dieser Länder – zwischen den wirtschaftlichen Kraftzentren und den Regionen und sozialen Gruppen, die in Armut leben, wächst. *Ungleichheit gewinnt an Sprengkraft.* Fragen der Gerechtigkeit und der Umverteilung sind in der politischen Mitte dieser Länder angekommen. Selbst der internationale Währungsfonds betont, dass Ungleichheit Wachstum und Stabilität gleichermaßen gefährdet.[353] Wie Duncan Green in seinem Buch „From Poverty to Power" 2012[354] herausgearbeitet hat, bedingt heute Armutsbekämpfung Umverteilung der Macht. Die Mittelklassen und die Reichen in diesen Ländern müssen bereit sein, Verantwortung für Armutsminderung im eigenen Land zu übernehmen.[355] Die Armen müssen mehr Mitsprache erkämpfen, damit ihre Stimme gehört wird und sie ihr Schicksal in die eigenen Hände nehmen können. Macht- und verteilungspolitische Fragen gewinnen an Schärfe. Deutsche Entwicklungspolitik kann mangelnde Verteilungspolitik dieser Länder nicht substituieren.

Die deutsche Entwicklungspolitik sollte sich in diesen Ländern – in weiser Selbstbeschränkung – konzentrieren auf die Förderung *sozialer Sicherungssysteme* und auf den gemeinsamen Schutz *öffentlicher Güter* wie Klima- und Umweltschutz und den Erhalt der Biodiversität sowie die *Wissenschafts-*, *Innovations-* und *Technologie-Kooperation.* Hier gilt es zu klotzen, nicht zu kleckern. Die Entwicklungspolitik muss bei der Bereitstellung globaler öffentlicher Güter in Zukunft eine größere Rolle spielen. So könnten fehlende internationale Beschlüsse zur Lastenteilung (etwa beim Klimaschutzabkommen) ansatzweise kompensiert werden.[356]

Etwa 40 Länder mit 1,5 Milliarden Menschen gehören zu der Gruppe der *fragilen und von bewaffneten Konflikten* betroffenen Ländern. Für die deutsche Entwicklungspolitik bedeutet dies eine Herausforderung, denn Schätzungen gehen davon aus, dass 2025 rd. 80 Prozent der extrem Armen in diesen Staaten leben werden. Die *Flucht* aus diesen Ländern wird zunehmen. Diese Länder sollten deshalb zum Schlüsselbereich entwicklungspolitischen Handelns werden. Geeignete Instrumente sind: klassische Entwicklungszusammenarbeit, humanitäre Hilfe, Nahrungsmittelhilfe, die strukturbildende Übergangshilfe (die die Brücke zwischen akuter Nothilfe und langfristiger Entwicklungszusammenarbeit abdeckt), der zivile Friedensdienst, Verwaltungs- und Rechtshilfe, die zivile Kontrolle des Sicherheitssektors, Reintegration von Ex-Kombattanten und die Förderung der Zivilgesellschaft. Große Bedeutung kommt auch den politischen Stiftungen, den kirchlichen Hilfswerken und anderen nicht-staatlichen Organisationen zu, die aus dem Entwicklungsetat noch stärker unterstützt werden sollten.

[8] Auch die *Forschung* ist *herausgefordert*. Die entwicklungspolitischen Erfolgsstories vieler europäischer Länder wie Spanien und Portugal und zahlreicher Schwellenländer wie Korea, Taiwan, Singapur, Malaysia, Thailand, Indien, Indonesien, Iran, Israel, Brasilien, Mexiko, Chile, Costa Rica, Türkei sowie auch einiger afrikanischer Staaten wie Südafrika, Botsuana, Mauritius und Ghana werfen die Fragen auf, welchen *Anteil die Entwicklungszusammenarbeit (ODA) an diesen Erfolgsbilanzen* hat. In vielen Fällen waren die genannten Länder in den 1960er-, 1970er- und 1980er-Jahren große Empfänger von Entwicklungszusammenarbeit, häufig Schwerpunktländer deutscher Entwicklungspolitik. Ohne die Initiativwirkung und Katalysatorwirkung der Entwicklungszusammen-

arbeit, man denke z. B. an die gewerbliche Berufsausbildung, die Krankenhäuser und ländlichen Gesundheitsstationen, die Landwirtschaftsschulen, die Universitätspartnerschaften, den Bau von Straßen, Brücken, Häfen, Flughäfen, Kraftwerken, Staudämmen etc., hätten diese Länder den Aufstieg in die Kategorie der Schwellenländer wohl schwerlich geschafft. Es bleibt eine große Aufgabe der Forschung, diesen längerfristigen Zusammenhängen durch fundierte Länderstudien nachzuspüren.

[9] Die *Entwicklungszusammenarbeit* befindet sich im *Umbruch*. Lange Zeit war Entwicklungszusammenarbeit eng mit „Entwicklungshilfe" oder ODA (Official Development Assistance) verknüpft. Das Konzept ist überholt, da im globalen Zusammenhang die Grundlagen internationaler Kooperation derzeit neu gestaltet werden.[357]

Die Entwicklungspolitik der Zukunft muss sich in *fünf Wandlungsprozesse* „einklinken" bzw. sie mitgestalten.

- *Differenzierung der Partnerländer:* Die Veränderungen in der globalen Wohlstands- und Armutsstruktur führen zu einer Veränderung der Entwicklungszusammenarbeit. Die Gruppe der armen und fragilen Länder bleiben von ODA-Mitteln abhängig, insbesondere zur Armutsbekämpfung.[358] Für die Länder mit mittlerem Einkommen, insbesondere die Schwellenländer, gewinnt die Förderung sozialer Sicherungssysteme, die Finanzierung globaler öffentlicher Güter, insbesondere die Klimafinanzierung, zentrale Bedeutung. Projekte sollten dabei nicht auf Blaupausen bestehender Probleme aufbauen, sondern vielmehr an „in Gang gesetzte Prozesse" ansetzen. An die Stelle von Problemanalysen sollten Potenzialanalysen treten.[359]

- *Neudefinition der ODA-Leistungen:* Derzeit wird diskutiert, ob ODA durch eine neue Kategorie, nämlich „Total Official Support for Development (TOSD)" ergänzt werden soll, in die ODA, aber auch andere Leistungen miteingerechnet werden könnten, z. B. Kosten für UN-Friedensmissionen in Entwicklungsländern, Aufwendungen für Klimafinanzierung oder auch bestimmte Kosten zur Unterbringung von Flüchtlingen in einem Geberland.[360] Diese Diskussion muss aktiv mitgestaltet werden.

- *Wachsende Zahl der Geber:*[361] Die Zahl und Vielfalt der Akteure, die mit Entwicklungsländern kooperieren, steigt. Neben den klassischen bi- und multilateralen Entwicklungsorganisationen treten die „neuen Geber" in Gestalt der Schwellenländer China, Indien, Südkorea, Russland, Brasilien, Venezuela, Südafrika[362] und Türkei[363], die „anderen Geber" in Gestalt der OPEC-Länder, insbesondere Saudi-Arabien, Vereinigte Arabische Emirate und Kuweit, sowie private Stiftungen wie z. B. die Bill-und-Melinda-Gates-Stiftung.

Insgesamt bringen die klassischen OECD-Länder jährlich ca. 135 Milliarden Dollar ODA-Leistungen auf, die neuen und anderen Geber zusammen ca. 20 Milliarden Dollar an ODA oder ODA-ähnlichen Leistungen jährlich (siehe die einzelnen Länderzahlen in Fußnote 364).

Die Leistungen der neuen und anderen Geber dürfen nicht überschätzt werden, sie erbringen rd. 14 Prozent der Gesamt-ODA, die klassischen OECD-Länder rund 86 Prozent.

Für die klassischen OECD-Länder stellt sich die Frage nach Dreieckskooperationen mit den neuen Gebern, insbesondere zur Finanzierung von Armutsprojekten und sicherheitsrelevanten Projekten in armen und fragilen Staaten sowie von Umwelt- und Klimaprojekten in Schwellenländern. Hier gilt es, ein großes Potenzial zu erschließen.

- *Vielfältige Finanzierungsströme:* Die Bedeutung der ODA für Entwicklungsländer nimmt ab, bleibt aber für Länder mit niedrigem Einkommen, vor allem für Konfliktländer, unverzichtbar. In den ärmsten Ländern stellen ODA-Zuflüsse rund 75 Prozent aller externen Ressourcenzuflüsse dar. Andere Finanzströme, insbesondere ausländische Direktinvestitionen, Exportkredite, Portfolioinvestitionen und Überweisungen von Gastarbeitern spielen bei der Finanzierung von Entwicklung in Ländern mit mittlerem Einkommen und Schwellenländern aber eine viel größere Rolle als ODA.[365] Außerdem gibt es neue innovative Finanzierungsinstrumente wie CO_2-Zertifikate, Fluggesellschaftssteuern und zukünftig Devisentransaktionssteuern. Die Entwicklungspolitik muss mitwirken bei der Schaffung kreativer Mischformen all dieser Finanzierungsinstrumente.

- *Politikkohärenz:* Die Entwicklungspolitik wird zuweilen als „Spiegelbild vieler Politikbereiche" bezeichnet, die eine „Schizophrenie staatlicher Handlungsobjekte"[366] offenlegen. Der Forderung nach entwicklungspolitischer Politikkohärenz liegt die Überzeugung zugrunde, dass es neben der Entwicklungszusammenarbeit weitere Politiken gibt, die die Entwicklung der Partnerländer beeinflussen, zuweilen dominanter (Außenpolitik, Sicherheitspolitik, Wirtschaftspolitik, Außenpolitik, Umweltpolitik). Das Streben nach Politikkohärenz bedeutet, Widersprüche und Zielkonflikte verschiedener Politiken zu mildern oder abzuschwächen (etwa negative Wirkungen von EU-Agrarsubventionen auf Entwicklungsländer[367] oder Rüstungsexporte). Auch ein entwicklungspolitisch stärker koordiniertes Vorgehen unterschiedlichster Ressorts, die ODA-anrechenbare Projekte in Entwicklungsländern tätigen, würde die Kohärenz fördern (im Blick sind vor allem das Außenministerium, das Umweltministerium und das Ministerium für Bildung und Forschung, Anteil BMZ an deutscher ODA 60,6 Prozent, AA 9,3 Prozent, Umweltministerium 1,3 Prozent, Bildungs- und Forschungsministerium 1,1 Prozent). Die Entwicklungspolitik der Zukunft muss sich der Kohärenzfrage mit Nachdruck stellen.

Die nächsten Jahrzehnte werden entscheiden, ob Armut und Hunger ebenso Geschichte werden wie die Sklaverei oder ob ein neues[368], von Konflikten, Ausgrenzung und Chaos bestimmtes Zeitalter die Errungenschaften der vergangenen 60 Jahre wieder zunichtemachen wird.

17 Tabellarische Übersichten und Diagramm

Tabellen

Tab. 1: Fortschritte und Rückschritte in den Entwicklungsländern

Arme, die von weniger als 1,25 Dollar pro Tag leben (in % der Gesamtbevölkerung)	**1990**	**2010**
Entwicklungsländer insgesamt	47	22
Afrika	56	48

Unterernährung in % der Gesamtbevölkerung	**1990–1992**	**2011–2013**
Entwicklungsländer insgesamt	24	14
Afrika	33	25

Grundschulbesuch (in %)	**1990**	**2012**
Entwicklungsländer insgesamt	80	90
Afrika	52	78

Sterblichkeitsrate von Kindern unter 5 Jahren (Sterbefälle je 1000 Lebendgeburten)	**1990**	**2011**
Entwicklungsländer insgesamt	99	53
Afrika	177	98

Müttersterblichkeit (Sterbefälle von Müttern im Alter von 15 bis 49 Jahren je 100.000 Lebendgeburten	**1990**	**2013**
Entwicklungsländer insgesamt	430	230
Afrika	990	510

HIV-Infektionsrate (jährliche HIV-Neuinfektionen je 100 Personen im Alter von 15 bis 49 Jahren)	**2001**	**2012**
Entwicklungsländer insgesamt	0,10	0,06
Afrika	0,63	0,29

Zugang zu verbessertem Trinkwasser (Anteil der Gesamtbevölkerung in %)	**1990**	**2012**
Entwicklungsländer insgesamt	70	87
Afrika	48	64

CO_2-Emissionen (in Mrd. Tonnen)	**1990**	**2011**
Entwicklungsländer insgesamt	6,7	18,9
Ostasien	3,0	9,7
Afrika	0,7	1,2

Jährliche Waldverluste (in 1000 ha und % des Gesamtbestandes)	**Ø 1990–2000** in 1000 ha	in %	**Ø 2000–2010** in 1000 ha	in %
Südamerika	4213	0,45	3997	0,45
Afrika	4067	0,56	3414	0,49
Süd- und Süd-Ost-Asien	2428	0,77	677	0,23
Welt	8327	0,20	5211	0,13

Überfischung der Meeresfischbestände außerhalb ihrer sicheren biologischen Grenzen in %	**1974**	**2009**
	10	30

Bedrohte Arten weltweit	**2009**	
	in absoluten Zahlen	**in %**
Säugetiere	1142	20,8
Vögel	1223	12,2

Quellen: UN, Milleniums-Entwicklungsziele, Bericht 2014; FAO, Global Forest Recources Assessment, 2012; FAO, The States of World Fisheries and Aquaculture, 2010; International Union for Conservation of Nature (IUCN), Red List of Threatened Species, 2010

Tab. 2: Geber im Vergleich 2013
Öffentliche Entwicklungsleistungen (ODA)

DAC-Länder Rangliste nach ODA-Leistungen 2013	2013 ODA in Mrd. $	 Anteil am BSP in %
DAC insgesamt	**134,838**	**0,30**
USA	31,545	0,19
Großbritannien	17,881	0,72
Deutschland	**14,059**	**0,38**
Japan	11,786	0,23
Frankreich	11,376	0,41
Schweden	5,831	1,02
Norwegen	5,581	1,07
Niederlande	5,435	0,67
Kanada	4,911	0,27
Australien	4,851	0,34
Italien	3,253	0,16
Schweiz	3,198	0,47
Dänemark	2,928	0,85
Belgien	2,281	0,45
Spanien	2,199	0,16
Republik Korea	1,744	0,13
Finnland	1,435	0,55
Österreich	1,172	0,28
Irland	0,822	0,45
Portugal	0,484	0,23
Polen	0,474	0,10
Neuseeland	0,461	0,26
Luxemburg	0,431	1,00
Griechenland	0,305	0,13
Tschechische Republik	0,212	0,11

Slowakische Republik	0,85	0.09
Slowenien	0,60	0,13
Island	0,35	0,26
Nachrichtlich:		
DAC EU-Mitglieder	**70,725**	**0,42**
G7-Länder	**94,812**	**0,27**

Quelle: OECD/DAC

Tab. 3: Öffentliche Entwicklungsleistungen Deutschlands (Official Development Assistance, ODA)

Jahr	ODA gesamt in Mio. €	Anteil am BSP in % („ODA-Quote")	bilateral vergebene ODA in Mio. €	multilateral vergebene ODA in Mio. €
1963	795,5	0,41	745	61
1964	938,6	0,44	888	50
1965	932,6	0,40	856	76
1966	857,8	0,34	763	95
1967	1.040,40	0,41	892	148
1968	1.139,00	0,42	914	225
1969	1.161,10	0,38	905	256
1970	1.126,30	0,32	872	254
1971	1.408,40	0,36	1.043	365
1972	1.331,80	0,31	991	341
1973	1.503,80	0,32	1.080	424
1974	1.899,60	0,37	1.344	556
1975	2.129,60	0,4	1.462	668
1976	2.049,50	0,35	1.344	706
1977	2.037,70	0,33	1.227	811
1978	2.410,50	0,36	1.603	808
1979	3.179,80	0,44	2.065	1.115
1980	3.311,20	0,43	2.157	1.154
1981	3.677,50	0,46	2.594	1.083
1982	3.913,50	0,47	2.813	1.101

1983	4.149,80	0,47	2.745	1.405
1984	4.047,60	0,44	2.718	1.330
1985	4.426,10	0,46	2.979	1.447
1986	4.252,70	0,42	2.933	1.320
1987	4.036,70	0,39	2.841	1.195
1988	4.253,30	0,39	2.852	1.401
1989	4.760,00	0,40	3.054	1.706
1990	5.221,90	0,41	3.701	1.521
1991	5.852,60	0,39	3.886	1.966
1992	6.046,50	0,37	4.180	1.867
1993	5.882,20	0,35	3.821	2.062
1994	5.653,60	0,33	3.436	2.217
1995	5.515,50	0,31	3.529	1.986
1996	5.847,70	0,32	3.489	2.359
1997	5.192,80	0,28	3.226	1.967
1998	5.020,20	0,26	3.140	1.880
1999	5.176,60	0,26	3.076	2.100
2000	5.458,10	0,27	2.915	2.543
2001	5.571,30	0,27	3.186	2.385
2002	5.649,80	0,27	3.531	2.119
2003	6.004,70	0,28	3.593	2.411
2004	6.064,30	0,28	3.077	2.987
2005	8.112,10	0,36	5.992	2.120
2006	8.313,40	0,36	5.604	2.709
2007	8.978,40	0,37	5.807	3.171
2008	9.692,90	0,38	6.283	3.410
2009	8.604,60	0,35	5.096	3.578
2010	9.803,90	0,39	6.082	3.722
2011	10.135,60	0,39	6.251	3.879
2012	10.199,58	0,37	6.731	3.460
Summe	**224.737,00**			

Quelle: OECD, BMZ, Statistisches Bundesamt

Diagramm

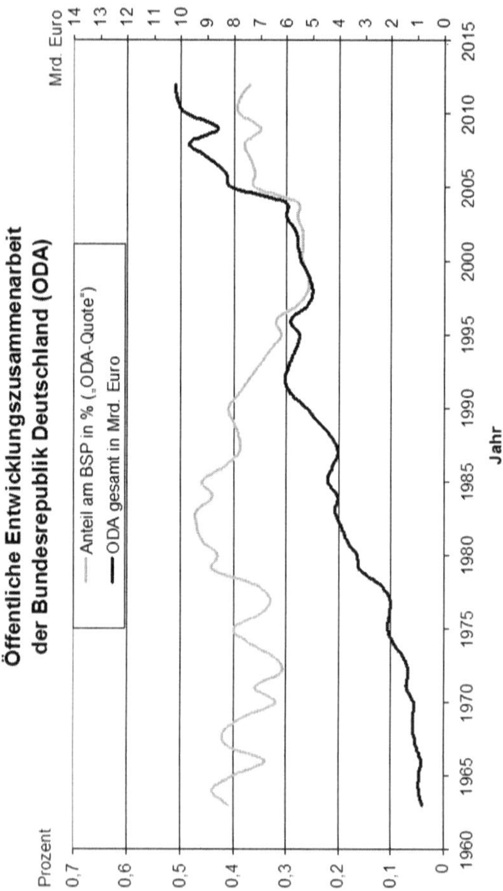

Quelle: Eigene Berechnungen nach OECD- und BMZ-Quellen.

18 Die handelnden Personen im Überblick

Die Minister des BMZ

Name	Lebensdaten	Amtszeit	Partei
Walter Scheel	*08.07.1919	1961–1966	FDP
Hans-Jürgen Wischnewski	*24.07.1922 †24.02.2005	1966–1968	SPD
Erhard Eppler	*09.12.1926	1968–1974	SPD
Egon Bahr	*18.03.1922	1974–1976	SPD
Marie Schlei	*26.11.1919 †21.11.1983	1976–1978	SPD
Rainer Offergeld	*26.12.1937	1978–1982	SPD
Jürgen Warnke	*20.03.1932 †27.04.2013	1982–1987	CSU
Hans Klein	*11.07.1931 †26.11.1996	1987–1989	CSU
Jürgen Warnke	*20.03.1932 †27.04.2013	1989–1991	CSU
Carl-Dieter Spranger	*28.03.1939	1991–1998	CSU
Heidemarie Wieczorek-Zeul	*29.03.1942	1998–2009	SPD
Dirk Niebel	*29.03.1963	2009–2013	FDP
Gerd Müller	*25.08.1955	2013–heute	CSU

Die Parlamentarischen Staatssekretäre des BMZ

Name	Lebensdaten	Amtszeit	Partei
Brigitte Frey	*25.04.1924 †13.09.2009	1969–1972	SPD
Hans Hermann Matthöfer	*25.09.1925 †14.11.2009	1972–1974	SPD
Alwin Brück	*23.9.1931	1974–1982	SPD
Volkmar Köhler	*20.05.1930 †06.06.2012	1982–1989	CDU
Hans Peter Repnik	*27.05.1947	1989–1994	CDU
Michaela Geiger (zusammen mit Hans Peter Repnik)	*29.11.1943 † 30.12.1998	1991–1993	CSU
Klaus-Jürgen Hedrich	*21.12.1941	1994–1998	CDU
Uschi Eid	*18.05.1949	1998–2005	Bündnis 90/ Grüne
Karin Kortmann	*23.06.1959	2005–2009	SPD
Gudrun Kopp	*18.10.1950	2009–2013	FDP
Hans-Joachim Fuchtel	*13.02.1952	2013–heute	CDU
Thomas Silberhorn (zusammen mit Hans-Joachim Fuchtel)	*12.11.1968	2014–heute	CSU

Die beamteten Staatssekretäre des BMZ

Name	Lebensdaten	Amtszeit
Friedrich Vialon	*10.07.1905 †08.04.1990	1962–1966
Udo Hein	*27.12.1914 †19.01.1971	1966–1969
Karl-Heinz Sohn	*19.04.1928	1969–1974
Udo Kollatz	*01.03.1931	1974–1978
Carl-Werner Sanne	*13.10.1923 †04.07.1981	1978–1981
Konrad Porzner	*04.02.1935	1981–1982
Siegfried Lengl	*20.06.1932 †17.07.2012	1982–1992
Wighard Härdtl	*31.03.1942	1992–1998
Erich Stather	*18.09.1948	1998–2009
Hans Jürgen Beerfeltz	*08.04.1951	2009–2013
Friedrich Kitschelt	*24.10.1957	2014–heute

Die Abteilungsleiter des BMZ

(die sog. „politischen Beamten")

Wahlperiode	Abteilungsleiter
4. Wahlperiode 1961–1966	Dr. Gustav Adolf Sonnenhol Horst Dumke Dr. Emil Schneider
5. Wahlperiode 1966–1969	Dr. Gustav Adolf Sonnenhol Horst Dumke Dr. Ulrich Börnstein
6. Wahlperiode 1969–1972	Dr. Ulrich Börnstein Horst Dumke Winfried Böll
7. Wahlperiode 1972–1976	Winfried Böll Dr. Rainer Oppelt Norbert Burger Dr. Uwe Lorenzen
8. Wahlperiode 1976–1980	Dr. Horst Moltrecht Dr. Klaus Dieter Leister Norbert Burger
9. Wahlperiode 1980–1983	Dr. Joachim Grawe Anton Zahn Dr. Horst Moltrecht
10. Wahlperiode 1983–1987	Anton Zahn Dr. Wolfgang Albert Dr. Peter Arnolds
11. Wahlperiode 1987–1990	Anton Zahn Dr. Eberhard Kurth Dr. Peter Arnolds
12. Wahlperiode 1990–1994	Burkhard Schweiger Dr. Eberhard Kurth Anton Zahn

13. Wahlperiode 1994–1998	Dr. Eberhard Kurth Anton Zahn Burkhard Schweiger Winfried Fuchs Dr. Wolf Preuss Klaus Oehler Prof. Dr. Michael Bohnet
14. Wahlperiode 1998–2002	Hans-Dietrich Lehmann Prof. Dr. Michael Bohnet Dr. Gerhard Boehmer Dr. Ursula Schäfer-Preuss Dr. Michael Hofmann
15. Wahlperiode 2002–2005	Hans Dietrich Lehmann Dr. Ursula Schäfer-Preuss Dr. Michael Hofmann
16. Wahlperiode 2005–2009	Hans-Dietrich Lehmann Dr. Ursula Schäfer-Preuss Dr. Michael Hofmann Ingrid Gabriela Hoven Adolf Kloke-Lesch
17. Wahlperiode 2009–2013	Dirk Schattschneider Friedel Eggelmeyer Harald Klein Dr. Werner Bruns Ursula Müller Dr. Friedrich Kitschelt Dr. Uta Böllhoff
18. Wahlperiode 2013 bis heute	Dorothea Fiedler Ursula Müller Andreas Gies Dr. Peter Faller Gunter Beger Ingrid Gabriela Hoven

Quelle: Handbuch der Bundesregierung, Neue Darmstädische Verlagsanstalt, Rheinbreitbach, verschiedene Jahrgänge 10/1973, 6/1977, 8/1981, 10/1986, 2/1990, 4/1994, 4/1998, 5/2005, 3/2009, 11/2011, 3/2013; vor 1973: Organisationspläne des BMZ, nach 2013: Organisationspläne des BMZ

Die Abteilungsleiter (die sog. politischen Beamten) sind in der Regel Ministerialdirektoren (Besoldungsgruppe B9). Als politische Beamte können sie jederzeit in den etwaigen Ruhestand versetzt werden.

Die Unterabteilungsleiter des BMZ

in den 1960er-Jahren	Dr. Franz Klamser Dr. Werner Lamby Dr. Walter Rau Dr. Rainer Oppelt* Horst Goltz Winfried Böll*
in den 1970er-Jahren	Dr. Franz Klamser Dr. Rainer Oppelt* Horst Goltz Winfried Böll* Dr. Walter Rau Dr. Willi Ehmann Karl Osner Dr. Horst Moltrecht* Dr. Gebhard Kerckhoff Dr. Peter Arnolds* Anton Zahn* Dr. Uwe Lorenzen
in den 1980er-Jahren	Dr. Franz Klamser Dr. Willi Ehmann Anton Zahn* Dr. Fritz Fischer Dr. Gebhard Kerckhoff Dr. Uwe Lorenzen Dr. Peter Arnolds* Karl Osner Dr. Eberhard Kurth* Dr. Helmut Schaffer Dr. Wolf Preuss* Burkhard Schweiger*

	Dr. Erich Ehm Winfried Fuchs* Dr. Hubert Linhardt Albert Baumhauer Dr. Joachim Haniel
in den 1990er-Jahren	Dr. Wolf Preuss* Winfried Fuchs* Dr. Hubert Linhardt Dr. Helmut Schaffer Albert Baumhauer Dr. Fritz Fischer Prof. Michael Bohnet* Dr. Uwe Lorenzen Dr. Joachim Haniel Dr. Gebhard Kerckhoff Karl Osner Prof. Wolf-Dieter Graewe Dr. Gerhard Boehmer* Dr. Ulrich Popp Dr. Klemens van de Sand Klaus Oehler* Dr. Rainer Barthelt Dr. Rainer Goerdeler Frau Elisabeth D'Hondt Traugott von Leuckart Karsten Hinrichs Dr. Hans-Peter Schipulle
in den Jahren 2000–2009	Traugott von Leuckart Dr. Rainer Goerdeler Frau Elisabeth D'Hondt Dr. Volker Ducklau Dr. Ulrich Popp Klaus Oehler* Karsten Hinrichs Dr. Hans-Peter Schipulle Frau Dorothea Fiedler* Adolf Kloke-Lesch*

	Frau Gudrun Grosse-Wiesmann Dr. Günter Bonnet Frau Ingrid Gabriela Hoven* Dr. Klemens van de Sand Wolfgang Albert Dr. Friedrich Kitschelt* Frau Dr. Ulla Mikota Dr. Jürgen Zattler Dr. Manfred Konukiewitz
in den Jahren 2010–2014	Frau Gudrun Grosse-Wiesmann[a)] Frau Dr. Christiane Böge-mann-Hagedorn Ulrich van Bebber Wolfgang Kanera Frau Dorothea Fiedler* Wolfgang Albert Dr. Manfred Konukiewitz Andreas Gies* Dr. Jürgen Zattler Gunter Beger* Dr. Rolf Steltemeier Dr. Uwe Schmidt Hans-Peter Baur Frau Gisela Hammerschmidt Dr. Ingolf Dietrich Frau Dr. Ariane Hildebrandt Dr. Bernhard Felmberg Frau Dr. Tanja Rödiger-Vorwerk Dominik Ziller

a) zusammen mit dem Persönlichen Afrikabeauftragten der Bundeskanzlerin, Afrikabeauftragten des BMZ, Günter Nooke,

Die UnterabteilungsleiterInnen sind in der Regel Ministerialdirigenten (Besoldungsgruppe B6); sie sind keine „politischen Beamten“.

Die mit einem * versehenen Personen wurden in einer späteren Phase zu Abteilungsleitern ernannt (sind also auch in der Liste der Abteilungsleiter enthalten).

Organisationspläne des BMZ aus den unterschiedlichen Epochen (1961–heute)

In diesen Organisationsplänen sind auch die Namen der Referatsleiter enthalten. Die Organisationspläne finden Sie online:
www.uvk-lucius.de/bohnet

Vorsitzende des Ausschusses für wirtschaftliche Zusammenarbeit und Entwicklung (AwZ) des Deutschen Bundestages

In der Namensgebung des Ausschusses spiegelt sich seine Wandlung in Inhalten und Kompetenzen im Lauf der Jahre wider.

1961–1969: Ausschuss für Entwicklungshilfe

- 1.02.–20.06.1962 Robert Margulies (FPD)
- 1962–1965 Karl Atzenroth (FPD)
- 1965–1969 Walther Leisler Kiep (CDU)

1969–1994: Ausschuss für wirtschaftliche Zusammenarbeit

- 1969–1974 Alwin Brück (SPD)
- 1974–1994 Uwe Holtz (SPD)

1994–heute: Ausschuss für wirtschaftliche Zusammenarbeit und Entwicklung (AwZ)

- 1994–1998 Manfred Lischewski (CDU/CSU)
- 1998–2005 Rudolf Kraus (CDU/CSU)
- 2005–2009 Thilo Hoppe (Bündnis 90/DIE GRÜNEN)
- seit 2009 Dagmar Wöhrl (CDU/CSU)

Eine umfassende Bestandsaufnahme und Bewertung der Arbeit des Ausschusses für wirtschaftliche Zusammenarbeit seit dem Jahre 1962 fehlt bisher. Es gibt lediglich einen sehr präzisen und inhaltsreichen Bericht von Uwe Holtz mit dem Titel „Entwicklungspolitik im Bundestag, Uwe Holtz: 20 Jahre AwZ-Vorsitzender“. Dabei handelt es sich um die schriftliche Ausarbeitung von Uwe Holtz, die er zu dem Tagesordnungspunkt „50 Jahre Ausschuss für wirtschaftliche Zusammenarbeit und Entwicklung“ der AWZ-Sitzung am 7. März 2011 eingereicht hatte. Es steht zu hoffen, dass auch die Etappen 1962 bis 1974 und die Etappen 1994 bis heute ebenso gründlich aufgearbeitet werden. Es ist unabdingbar, das institutionelle Gedächtnis über die Arbeit des Ausschusses im Parlament nicht verkümmern zu lassen. Hier tut sich ein wichtiges Forschungsfeld auf.

Institutionen der Entwicklungszusammenarbeit

Anbei werden einige wichtige entwicklungspolitische Institutionen aufgeführt:

- *Gesellschaft für Internationale Zusammenarbeit* (GIZ) (Vorstand Tanja Gönner (Sprecherin), Dr. Christoph Beier, Dr. Hans-Joachim Preuß, Cornelia Richter)
- *Kreditanstalt für Wiederaufbau* (KfW) (Vorstandsmitglied Dr. Norbert Kloppenburg, verantwortlich für Internationale Finanzierung)
- *Engagement Global*, Service für Entwicklungsinitiativen (Geschäftsführer Dr. Jens Kreuter, Stellvertreter Bernd Krupp)
- *Deutsches Institut für Entwicklungspolitik* (DIE) (Direktor Prof. Dirk Messner, Stellvertretende Direktorin Dr. Imme Scholz)
- *Deutsches Evaluierungsinstitut der Entwicklungszusammenarbeit* (DEVAL) (Geschäftsführende Direktorin (ad interim) Michaela Zintl)
- *European Association of Development Research and Training Institutes* (EADI) (Vizepräsident Dr. Jürgen Wiemann, Geschäftsführerin Susanne von Itter)

- *Zentrum für Entwicklungsforschung* (ZEF)
  Universität Bonn (Direktoren: Prof. Joachim von Braun, Prof. Dr. Christian Borgemeister, Prof. Dr. Solvay Gerke, PD Dr. Anne Katharina Horndige)
- *Misereor*
  (Hauptgeschäftsführer Pirmin Spiegel, Geschäftsführer Internationale Zusammenarbeit Dr. Martin Bröckelmann-Simon)
- *Brot für die Welt – Evangelischer Entwicklungsdienst*
  (Vorstand: Cornelia Füllkrug-Weitzel, Dr. Claudia Warning, Tilman Henke)
- *VENRO*
  (Dachverband der entwicklungspolitischen und humanitären Nichtregierungsorganisationen) (Vorsitzender Dr. Bernd Bornhorst, Stellvertreter: Renate Bähr, Dr. Klaus Seitz)
- *Welthungerhilfe*
  (Generalsekretär Dr. Wolfgang Jamann)
- *Senior Experten Service*
  (Geschäftsführerin Dr. Susanne Nonnen)
- *Deutsche Investitions- und Entwicklungsgesellschaft DEG*
  (Sprecher der Geschäftsführer Bruno Wenn)
- *German Watch e.V.*
  (Vorstandsvorsitzender Klaus Milke)
- *Entwicklung und Zusammenarbeit*
  (Entwicklungspolitische Fachzeitschrift; Chefredakteur Hans Dembowski)
- *Weltsichten*
  (Magazin für globale Entwicklung und ökumenische Zusammenarbeit) Chefredakteur Bernd Ludermann, Redakteur Tillmann Elliesen)
- *Südwind e.V.*, Institut für Ökonomie und Ökumene
  (Geschäftsführerin Martina Schaub)
- *Stiftung Entwicklung und Frieden*
  (Geschäftsführerin Dr. Michele Roth)

- *Society for International Development* (SID)
  (Vorsitzender des Bonner Chapter: Dr. Günther Oldenbruch)
- *Institut für Entwicklung und Frieden* (INEF)
  Universität Duisburg/Essen (Geschäftsführung: Prof. Dr. Tobias Debiel, Dr. Cornelia Ulbert)

Kurzbiographie des Autors

Michael Bohnet studierte Volkswirtschaftslehre an der Freien Universität Berlin. Nach der Promotion war er zunächst wissenschaftlicher Referent, anschließend Abteilungsleiter beim *Ifo-Institut für Wirtschaftsforschung* in München.

1978 übernahm er die Leitung der Planungsgruppe des BMZ (*Bundesministerium für wirtschaftliche Zusammenarbeit*). Ab 1982 leitete er das UN-Referat und später das Inspektionsreferat des BMZ.

1990 *habilitierte* sich Bohnet im Fach *Volkswirtschaftslehre* an der Universität Duisburg (Thema der Habilitationsschrift: Umschuldungen öffentlicher und privater Forderungen an Entwicklungsländer).

1992 wurde er zum *Ministerialdirigenten* ernannt und übernahm die Leitung der Unterabteilung des BMZ für sektorale und übersektorale Entwicklungspolitik.

1994 folgte die Ernennung zum *Professor* an der Universität Duisburg.

Von 1992 bis 1998 war Bohnet *zentraler Verhandler* der Bundesregierung bei den acht großen Weltkonferenzen, u.a. Umwelt- und Entwicklung in Rio 1992, Weltbevölkerungskonferenz in Kairo 1994 und Weltfrauenkonferenz in Peking 1995.

1998 wurde er zum *Ministerialdirektor* ernannt.

Ab 1998 leitete er die *multilaterale Abteilung* im BMZ, ab 1999 die *bilaterale Abteilung* und übernahm gleichzeitig die Aufgabe des stellvertretenden Staatssekretärs. Überdies war er von Ende 2001 bis Ende 2002 Sonderbeauftragter des BMZ für den Wiederaufbau Afghanistans und von 2003 bis 2011 Beauftragter des BMZ für die neuen EU-Länder.

Mitte der 1990er Jahre wurde Bohnet von der Earth Times in die *Liste der weltweit 100 wichtigsten und einflussreichsten Persönlichkeiten* im Bereich „Umwelt und Entwicklung“ aufgenommen.

Am 26. November 2002 wurde Michael Bohnet vom Bundespräsidenten Johannes Rau das *Bundesverdienstkreuz erster Klasse* des Verdienstordens der Bundesrepublik Deutschland verliehen.

Mitgliedschaften in den letzten 40 Jahren in folgenden Gremien, unter anderem:

- Wissenschaftlicher Beirat des Bundesministeriums für wirtschaftliche Zusammenarbeit
- Vorstand der Europäischen Vereinigung von Entwicklungsforschungsinstituten (EADI)
- Kuratorium Deutsches Afrika-Institut Hamburg
- Kuratorium Deutsches Übersee-Institut Hamburg
- Kuratorium des Fraunhofer-Instituts für solare Energiesysteme, Freiburg
- Ausschuss der EKD (Evangelische Kirche Deutschlands) Kirchliche Mittel für Entwicklungsdienste, Hannover
- Umweltbeirat der Volksrepublik China (China Council for International Cooperation on Environment and Development), Peking
- Vorstand des Instituts für Entwicklung und Frieden (INEF) an der Universität Duisburg
- Advisory Board des Zentrums für Entwicklungsforschung (ZEF) an der Universität Bonn
- Vergabeausschuss der Stiftung Entwicklungszusammenarbeit des Landes Baden-Württemberg
- Kuratorium der Dreyer Stiftung, München
- Vorsitzender des Kuratoriums des Instituts für Entwicklungsforschung und Entwicklungspolitik der RuhrUniversität Bochum

Literaturverzeichnis

Abelshauser, Werner, Nach dem Wirtschaftswunder, Der Gewerkschafter, Politiker und Unternehmer Hans Matthöfer, Bonn, 2009

Ashoff, Guido, Mehr als 60 Jahre deutsche Entwicklungspolitik; noch keine Aussicht auf den Ruhestand, DIE, 2014

Ashoff, Guido; Klingebiel, Stephan, Transformation of a policy area: DIE, Discussion Paper 9/2014

Bahr, Egon, Ein Gefühl der Scham, in: Eins, Entwicklungspolitik, 23/24-2006

Bahr, Egon, Geteilter Wohlstand ist doppelter Wohlstand: Probleme und Pespektiven der wirtschaftlichen Verflechtung zwischen der Bundesrepublik Deutschland und den Entwicklungsländern, in: WSI Mitteilungen, Jg. 29, 1978

Bahr, Egon, Interview mit dem Auslandskurier, Oktober 1974

Bahr, Egon, Koexistenz auf Deutsch, Rede vor der Evangelischen Akademie Tutzing am 11.07.1973 in: Dettmar Cramer ((Hrsg.), Gefragt Egon Bahr, Bornheim 1975

Bahr, Egon, Rede anlässlich der 20-Jahre-Feier der deutsch-indischen Handelskammer am 23.01.1976 in Bombay

Bahr, Egon, Rede anlässlich der Deutsch-Japanischen Wirtschaftsgespräche am 28.01.1976 in Osaka

Bahr, Egon, Solidarität endet nicht an unseren Landesgrenzen, in: Die Neue Gesellschaft, JG. 23, 1978

Bahr, Egon, Zu meiner Zeit, München 1999

Barthelt, Rainer, Die Welt vor dem Abgrund, Düsseldorf 2005

Beck, Kurt; Heil, Hubertus (Hrsg.), Sozialdemokratische Außenpolitik für das 21. Jahrhundert, Baden Baden 2007

Bellers, Jürgen; Haase, Ingo, Deutsche Entwicklungspolitik. Fakten, Trends und Programme, in: Bellers, Jürgen (Hrsg.),

Uni GH Siegen Diskussionspapiere des Faches Politikwissenschaft Nr. 70, Deutsche Entwicklungspolitik 1960–1990, Siegen, 2002

Besters, Hans; Boesch, Ernst E. (Hrsg.), Entwicklungspolitik: Handbuch und Lexikon, Stuttgart, Berlin, Mainz, 1966

Bindseil, Reinhart, Franz Stuhlmann (1863–1928), Zoologe und Afrikaforscher, Halle 2008

Bliss, Franz, Ethisch korrekt, in: Entwicklung und Zusammenarbeit, 11/2013

Bodemer, Klaus, Entwicklungshilfe – Politik für wen?, München, 1974

Bohnet, Michael, Das Nord-Süd-Problem, München 1976, 5 Auflagen

Bohnet, Michael, 40 Jahre Brücken zwischen Entwicklungsforschung und Entwicklungspolitik, Bonn 2011

Bohnet, Michael, Aus Fehlern lernen, Bonn 1986

Bohnet, Michael, Brandt-Bericht und deutsche Entwicklungspolitik am Beginn der 80iger Jahre, in: Nuscheler, Franz (Hrsg.), Entwicklung und Frieden im 21. Jahrhundert, Bonn 2000

Bohnet, Michael, Das sozio-kulturelle Rahmenkonzept des BMZ der 90er Jahre: Eine Retrospektive, in: Wilhelm, Jürgen (Hrsg.): Kultur und globale Entwicklung, Berlin, 2010

Bohnet, Michael, Deutsche Entwicklungspolitik, Bilanz und offene Fragen, in: Manfred Glagow (Hrsg.), Deutsche Entwicklungspolitik, Saarbrücken 1983

Bohnet, Michael, Die Anfänge der Deutschen Entwicklungspolitik, Walter Scheel, Der erste Entwicklungsminister der Bundesrepublik Deutschland (1961–1966), Bonn, 2009

Bohnet, Michael, Die Entwicklungspolitik Erhard Epplers (1968–1974), in: Berthold Unfried, Praktiken von Internationaler Solidarität und Internationaler Entwicklung, Wien, 2010

Bohnet, Michael, Entwicklungsforschung und Entwicklungspolitik, Eine Bilanz des Afrika-Forschungsprogramms des Ifo-Instituts, Teil 1 und Teil 2, München, 1973

Bohnet, Michael, Wechselnde Akzente der Entwicklungspraxis, in: Ernst Simonis (Hrsg.): Entwicklungstheorie – Entwicklungspraxis. Eine kritische Bilanzierung. Berlin, 1986

Bohnet, Michael, Wirksamkeit der Entwicklungspolitik, in: El-Shagi El-Shagi (Hrsg.), Deutsche Entwicklungspolitik, 1988

Böll, Winfried, 30 Jahre Entwicklungspolitik der Bundesregierung, in: Von und mit der Dritten Welt lernen, Grundlagen, Heft 1, Bonn 1995

Bonnet, Günter, 20 Jahre Nord-Süd-Zentrum Bonn, Persönliche Erinnerungen an die erste UN-Bewerbung und die Konzentration der EZ-Organisationen, in: Nachhaltig ins 21. Jahrhundert – 15 Jahre UNO-Stadt Bonn, Bonn 2011

Braun, Hans-Gert, Armut überwinden durch soziale Marktwirtschaft und mittlere Technologie, Berlin 2010

Bundesministerium für wirtschaftliche Zusammenarbeit und Entwicklung, Entwicklungspolitische Berichte, erscheinen in zweijährigem Turnus, bisher erschienen 14 Berichte, beginnend 1973

Bundesministerium für wirtschaftliche Zusammenarbeit und Entwicklung, Journalisten-Handbuch Entwicklungspolitik, ab 2008/2009 unter dem Namen Medienhandbuch, Bonn, erscheint jährlich

Bundesministerium für wirtschaftliche Zusammenarbeit und Entwicklung, Jahresberichte

Bundesministerium für wirtschaftliche Zusammenarbeit und Entwicklung, Die Entwicklungspolitische Konzeption der Bundesrepublik Deutschland und die Internationale Strategie für die 2. Entwicklungsdekade, Bonn 1971

Bundesministerium für wirtschaftliche Zusammenarbeit und Entwicklung, Chancen schaffen, Zukunft entwickeln, Berlin 2011

Bundesministerium für wirtschaftliche Zusammenarbeit und Entwicklung, Die neue Politik des BMZ, 100-Tage-Bilanz, eine Welt ohne Hunger, 27.03.2014

Bundesministerium für wirtschaftliche Zusammenarbeit und Entwicklung, Ein Jahr Entwicklungspolitik von Bundesentwicklungsminister Dr. Gerd Müller, 17.12.2014

Burnside, Craig, Dollar, David, Aid, Policies and Growth, in: The American Review, September 2000

Cassen, Robert, Entwicklungszusammenarbeit, Bern, Stuttgart 1990

Cernicky, Jan, Erhard Eppler, in: Wolfgang Gieler (Hrsg.): Deutsche Entwicklungsminister von 1961 bis 2008. Biographie, Konzeptionen und Einfluss auf nationale und internationale Entwicklungspolitik, Bonn 2008

Clasen, Sigvard, Schlüsselthemen unserer Gegenwart, Mainz 1985

Danckwortt, Dieter, Die Anfänge der Entwicklungspolitik in der Bundesrepublik Deutschland in den fünfziger Jahren und die Weichenstellung für die folgenden Jahrzehnte – Ursache und Wirkung, in: Glagow, Manfred (Hg.), Deutsche und internationale Entwicklungspolitik. Zur Rolle staatlicher, supranationaler und nicht-regierungsabhängiger Organisationen im Entwicklungsprozess der Dritten Welt, Opladen, 1990

Dauerstädt, Michael, Entwicklungspolitik – Politik ohne Entwicklung. Eigenanstrengungen, Ordnungspolitik und Politikdialog im Nord-Süd-Verhältnis, Bonn, 1984

Dennert, Jürgen, Entwicklungshilfe, geplant oder verwaltet, Bielefeld, 1968

Der Spiegel, 44/1967, 8/1970 und 18/1990

Deutscher Bundestag, Tagesaktuelles Protokoll der 131. Sitzung vom 30. September 2011 (Debatte: 50 Jahre deutsche Entwicklungszusammenarbeit – 50 Jahre verlässliche Entwicklungspartnerschaften)

Die Dritte Welt geht alle an, Zwanzig Jahre gemeinsame Entwicklungsarbeit von Staat und gesellschaftlichen Gruppen in der Bundesrepublik Deutschland. Bundesministerium für wirtschaftliche Zusammenarbeit und Entwicklung (BMZ) u.a. Baden-Baden, 1982

Dumke, Horst, Anfänge der deutschen staatlichen Entwicklungspolitik. Eine Korrektur des politischen Bildes. Konrad-Adenauer-Stiftung (KAS). Sankt Augustin: KAS 1997

Durth, Rainer; Körner, Heiko; Michaelowa, Katharina, Neue Entwicklungsökonomik, Stuttgart 1999

Eberlei, Walter, Wirksame Armutsbekämpfung oder heiße Luft? Fünfzig Jahre deutsche Entwicklungszusammenarbeit. In: Blätter für deutsche und internationale Politik. Bonn 52 (2007)

Ehrlich, Paul R.; Ehrlich Annette, Population, Resources, Environment, San Francisco 1970

Elshorst, Hans-Jörg, Organisation und Entwicklung – zum System der deutschen Entwicklungspolitik, in: Manfred Glasgow (Hrsg.), Deutsche und Internationale Entwicklungspolitik, Opladen, 1990

Entwicklung und Zusammenarbeit (Fachzeitschrift für Entwicklungszusammenarbeit und Entwicklungspolitik), erscheint monatlich, Frankfurt

Entwicklung und Zusammenarbeit, 25 Jahre BMZ (u.a. Beiträge von Böll, Dumke, Bodemer) 11, 1982

Entwicklungspolitik im 21. Jahrhundert. Strukturpolitik für eine kooperative Welt. Vierzig Jahre deutsche Entwicklungspolitik. Bericht. Internationaler Politikdialog, 23. Oktober 2001./ Deutsche Stiftung für internationale Entwicklung

(DSE). Entwicklungspolitisches Forum (EF) u.a. Bonn, DSE 2001

Eppler, Erhard, 20 Jahre danach. In: epd-Entwicklungspolitik. Materialien. Frankfurt a.M. (1994) 3

Eppler, Erhard, Der Querdenker, Eine Biographie von Renate Faerber-Husemann, Bonn, 2010

Eppler, Erhard, Die Qualität des Lebens, Vortrag auf der 4. Internationalen Arbeitstagung der IG Metall in Oberhausen am 11. April 1972, in ders. (Hrsg.), Maßstäbe für eine humane Gesellschaft: Lebensstandard oder Lebensqualität?, Stuttgart 1972

Eppler, Erhard, Wenig Zeit für die Dritte Welt, Stuttgart, 1971

Erler, Brigitte, Tödliche Hilfe, Köln 1985

Faust, Jörg; Neubert, Susanne, Wirksamere Entwicklungspolitik: Befunde, Reformen, Instrumente, Baden-Baden, 2010

Feil, Moria; Stumm, Mario; Zattler, Jürgen, Wichtige Co-Benifits, in: Entwicklung und Zusammenarbeit, 10/2013

Fischer, Dorothee, Die Entwicklungspolitik in der Ära Erhard Eppler (1968–1974), in: Acta Universitatis Carolinae, Studia Territorialia III, 2009

Franzmeyer, Fritz (zusammen mit Harald Trabold u.a.), Herausforderung Globalisierung, Marburg 2001

Fricke, Dietmar, Hans-Jürgen Wischnewski, 1966–1968, in: Wolfgang Gieler (Hrsg.), Deutsche Entwicklungsminister von 1961–2008, Biographie, Konzeptionen und Einfluss auf nationale und internationale Entwicklungspolitik, Bonn, 2008

Geis, Heinz, Absorptionsprobleme der Entwicklungsländer als Defekte der öffentlichen Entwicklungszusammenarbeit, Berlin 1983

Gemeinsam für Gerechtigkeit und Frieden, Vierzig Jahre entwicklungspolitische Zusammenarbeit zwischen Staat und

Kirchen. / Evangelischer Pressedienst (epd). Frankfurt a.M.: epd 2002

Gieler, Wolfgang, 50 Jahre deutsche Entwicklungszusammenarbeit. Das BMZ von Walter Scheel bis Dirk Niebel, Bonn, 2011

Gieler, Wolfgang, Deutsche Entwicklungsminister von 1961 bis 2008, Bonn 2008

Gieler, Wolfgang, Die Entwicklungspolitik der Bundesrepublik Deutschland, Die Bedeutung der 25 Thesen von Gymnich für den Wandel in der deutscher Entwicklungspolitik, Bonn, 2010

Gieler, Wolfgang; Mitsch, Rebecca, Heidemarie Wieczorek-Zeul, in Wolfgang Gieler (Hrsg.): Deutsche Entwicklungsminister von 1961–2008, Biographie, Konzeptionen und Einfluss auf nationale und internationale Entwicklungspolitik, Bonn, 2008

Gieler, Wolfgang; Mitsch, Rebecca, Walter Scheel, in: Wolfgang Gieler (Hrsg.): Deutsche Entwicklungsminister von 1961–2008: Biographie, Konzeptionen und Einfluss auf nationale und internationale Entwicklungspolitik, Bonn, 2008

Glagow, Manfred (Hrsg.), Deutsche und internationale Entwicklungspolitik, Opladen, 1990

Glagow, Manfred, et al, Die Organisation deutsche Entwicklungspolitik – Geschichte, Struktur, Arbeitsweise. Die Deutsche Stiftung für Entwicklung, Bielefeld, 1983

Glagow, Manfred; Stucke, Andreas, Die Etablierung des Bundesministeriums für wirtschaftliche Zusammenarbeit (BMZ) und die Rolle seiner Gründungsmitglieder 1961–1963, Universität Bielefeld 1987

Green, Duncan, Entwicklung neu denken, in: Weltsichten 4/2013

Hädrich, Sabine; Seidel, René, Egon Bahr, in: Wolfang Gieler (Hrsg.): Deutsche Entwicklungsminister von 1961–2008.

Biographie, Konzeptionen und Einfluss auf nationale und internationale Entwicklungspolitik, Bonn, 2008

Hanf, Theodor (Hrsg.), Entwicklung als Beruf, Festschrift für Peter Molt, Baden-Baden, 2010

Harnisch, Sebastian; Schmidt, Siegmar, Auf Augenhöhe, 50 Jahre Bundesministerium für wirtschaftliche Zusammenarbeit und Entwicklung, Baden-Baden 2012

Hausmann, Jeannine, Turkey as a donor country and potential partner in triangular cooperation, DIE, Discussion Paper 14/2014

Hein, Bastian, Die Westdeutschen und die Dritte Welt, Entwicklungspolitik und Entwicklungsdienste zwischen Reform und Revolte 1959–1974, München, 2006

Hemmer, Hans-Rimbart, Wirtschaftsprobleme der Entwicklungsländer, Dritte Auflage, München, 2001

Hermle, Reinhard, Akteure der Zivilgesellschaft, Die veränderte Rolle der Nichtregierungsorganisationen in der Entwicklungspolitik, in: N. Janowski und Th. Leuenberger (Hrsg.): Globale Akteure der Entwicklung. Die neuen Szenarien, Wiesbaden 2008, S. 175–186

Holtz, Uwe (Hrsg.), Probleme der Entwicklungspolitik, Bonn, 1997

Holtz, Uwe, Abschied von der Gießkanne, Stationen aus 50 Jahren deutscher Entwicklungspolitik, in: Entwicklungspolitik Information Nord-Süd, 23–24/2006

Holtz, Uwe, Entwicklungspolitik – Bilanz und Herausforderungen, in: Karl-Kaiser, Hans Peter Schwarz (Hrsg.), Weltpolitik im neuen Jahrhundert, Baden-Baden 2000, S. 481–508

Holtz, Uwe, Entwicklungspolitik im Bundestag, Uwe Holtz: 20 Jahre AwZ-Vorsitzender, Vorlage für die Sitzung des Bundestagsausschusses für wirtschaftliche Zusammenarbeit und Entwicklung am 07.03.2012

Holtz, Uwe, Glanz und Elend der Entwicklungspolitik. Anmerkungen zu 20 Jahren Vorsitz im Bundestagsausschuss für wirtschaftliche Zusammenarbeit, in: Roland Röscheisen (Hrsg.): Nord-Süd-Politik an der Schwelle zum nächsten Jahrtausend, Unkel/Rhein, 1994

Holtz, Uwe, Licht und Schatten, Rückblick und Ausblick auf die deutsche Entwicklungspolitik. In: epd – Entwicklungspolitik, Frankfurt a.M. (1995) 10.

Ihne, Hartmut; Wilhelm, Jürgen, Einführung in die Entwicklungspolitik, Münster, 2006

Jahresberichte der Bundesregierung, verschiedene Jahrgänge, Bonn, von 1960 bis 1966 unter dem Namen „Deutsche Politik"

Janus, Heiner; Klingenbiel, Stephan; Paulo, Sebastian, „Beyond Aid" und die Zukunft der Entwicklungszusammenarbeit, DIE, Bonn 7/2014

Kaiser, Martin; Wagner, Norbert, Entwicklungspolitik, Grundlagen – Probleme – Aufgaben, 3. Auflage, Bonn, 1991

Kebschull, Dietrich; Fassbender, Karl; Naini, Ahmed, Entwicklungspolitik, 3. Auflage, Düsseldorf, 1976

Kevenhörster, Paul; von der Boom, Dirk, Entwicklungspolitik, Wiesbaden, 2009

Kevenhörster, Paul, Entwicklungshilfe auf dem Prüfstand, Münster 2014

Kirchschläger, Markus; Lüwer, Jan-Lukas, Dirk Niebel, in: Wolfgang Gieler (Hrsg.): 50 Jahre deutsche Entwicklungszusammenarbeit. Das BMZ von Walter Scheel bis Dirk Niebel, Bonn, 2011

Klein, Hans, Deutschland Rückkehr in die Welt, Bulletin der Bundesregierung Nr. 8, 21.01.1988

Klein, Hans, Entwicklungszusammenarbeit ist kultureller Dialog, in: Entwicklung und Zusammenarbeit, 1/1989

Klein, Hans, Grundsätze und Perspektiven der deutschen Entwicklungspolitik, Bulletin der Bundesregierung Nr. 66, 01.07.1987

Klein, Hans, Rede vor dem Plenum der westdeutschen Rektorenkonferenz am 08.02.1988 in Berlin

Klein, Hans, Wege und Ziele der deutschen Entwicklungszusammenarbeit, Bulletin der Bundesregierung Nr. 88, 16.09. 1987

Klemp, Ludgera, Entwicklungspolitik im Wandel, Von der Entwicklungshilfe zur globalen Strukturpolitik, Bonn, 2000

Klingebiel, Stephan, Die Zukunft des ODA-Konzepts, Bonn, DIE 8/2014

Klingebiel, Stephan, Entwicklungszusammenarbeit, eine Einführung, Bonn 2013

Kloke-Lesch, Adolf, Funktionale Positionsbestimmung von Entwicklungspolitik, in: Internationale Politik und Gesellschaft, Nr. 3, 1998

Kohl, Helmut: Ansprache des Bundeskanzlers Helmut Kohl bei einem Festakt zum 25jährigen Bestehen des Bundesministeriums für wirtschaftliche Zusammenarbeit am 14. November 1986 in Bonn-Bad Godesberg. In: Pressemitteilung, Presse- und Informationsamt der Bundesregierung. Bonn (1986) 532

Köhler, Horst; Bahr, Egon; Holtz, Uwe u.a.: Fünfzig Jahre deutsche Entwicklungszusammenarbeit. Dossier. In: Eins. Frankfurt a.M. (2006) 23/24.

Köhler, Volkmar, Entwicklungspolitik, 2. Auflage, St. Augustin, 1981

Krahforst, Heribert; Kililan, Christiane, Marie Schlei, in: Wolfgang Gieler (Hrsg.): Deutsche Entwicklungsminister 1961–2008, Biographie, Konzeptionen und Einfluss auf nationale und internationale Entwicklungspolitik, Bonn, 2008

Lenz, Gertrud, Gertrud Meyer 1914–2002. Ein politisches Leben im Schatten Willy Brands, Paderborn 2013

Martinek, Michael, Die Verwaltung der deutschen Entwicklungshilfe und ihr Integrationsdefizit, Bad Honnef, 1981

Meadows, Dennis, Die Grenzen des Wachstums, Stuttgart 1972

Messner, Dirk, Solide Basis, In: Entwicklung und Zusammenarbeit, 7/8/2013

Meyns, Peter (Hrsg), Handbuch Eine Welt, Entwicklung im globalen Wandel, Wuppertal 2009

Molt, Peter, Steht mit der Budgethilfe ein entwicklungspolitischer Paradigmenwechsel bevor?, in: Gerhard Wahlers (Hrsg.): Budgethilfe, Sankt Augustin u.a., 2008

Morazan, Pedro, BRICS als neue Akteure der Entwicklungspolitik, Südwind, Bonn 2014

Moyo, Dambisa, Dead Aid, London 2012

Müller, Gerd, Haushaltsrede im Deutschen Bundestag, 09.04. 2014

Müller, Gerd, Rede im Deutschen Bundestag, 29.01.2014

Müller, Gerd, Weltwärts – die neue Süd-Nord-Komponente, Grußwort am 20.02.2014

Neue Akzente für die Zukunft. 30 Jahre BMZ. In: Auslandskurier. Schwäbisch Hall. 32 (1991) 11/12

Niebel, Dirk, Entwicklungspolitik als Zukunftspolitik. Heidelberger Rede zur Zukunft der deutschen Entwicklungspolitik, Universität Heidelberg, 8. November 2011, unveröffentlichtes Manuskript

Niebel, Dirk, Haupt- und Nebensache, Interview in: Entwicklung und Zusammenarbeit 1/2010

Niebel, Dirk, Krisenprävention ist das Ziel, Interview in: Entwicklung und Zusammenarbeit 10/2010

Niebel, Dirk, Rede des Bundesministers Dirk Niebel an der Universität Hohenheim, 2010

Nitsch, Manfred; Alrich, Nicolas, Lateinamerika als Passion: Ökonomie zwischen den Kulturen, ein Interview mit Manfred Nitsch, Berlin 2005

Nuscheler, Franz, Lern- und Arbeitsbuch, Entwicklungspolitik, 6. Auflage, Bonn, 2005

Oberndörfer, Dieter; Hanf, Theodor (Hrsg.), Entwicklungspolitik, Stuttgart, 1986

Ochel, Wolfgang, Die Entwicklungsländer in der Weltwirtschaft, Köln 1982

Offergeld, Rainer, Entwicklungshilfe, Abenteuer oder Politik?, Bonn, 1980

Offergeld, Rainer, Entwicklungspolitik der Bundesrepublik für die 80er Jahre. Vortrag von Bundesminister Rainer Offergeld auf der Tagung: Neue Prioritäten in der Entwicklungspolitik? der Evangelischen Akademie Loccum am 12. September 1980. / Bundesministerium für wirtschaftliche Zusammenarbeit und Entwicklung (BMZ). Bonn: BMZ 1980

Oldenbruch, Günther, Zur Strategie der Erfüllung von Grundbedürfnissen, Bad Honnef, 1978

Paulo, Sebastian, International Cooperation and Development, DIE, Discussion Paper 13/2014

Pfetsch, Frank, Die Außenpolitik der Bundesrepublik 1949–1980, München, 1981

Pfetsch, Frank, Das neue Europa, Wiesbaden 2007

Pflaumer, Gerd, Fünfzehn Jahre Bundesministerium für wirtschaftliche Zusammenarbeit. In: Auslandskurier. Schwäbisch Hall. 17 (1976) 9

Polte, Winfried, Entwicklungs- und Weltpolitik am Wendepunkt, Norderstedt, 2010

Richter, Elenor, Deutsche Entwicklungspolitik. Eine historische Analyse der Jahre 1952–1966/67. Bielefeld 1981.

Sand, Klemens van de, Menschenrechte in der Entwicklungszusammenarbeit, in: Volker Nienhaus/Udo Steinbach (Hrsg.): Entwicklungszusammenarbeit in Kultur, Recht und Wirtschaft, Opladen, 1995

Sand, Klemens van de, Neue Politische Kriterien des BMZ. In: Entwicklung und Zusammenarbeit, 10/1991, S. 4–5

Scheel, Walter, Die Zusammenarbeit zwischen Bund und Ländern im Bereich der Entwicklungspolitik, Deutsche Stiftung für Entwicklungsländer 1961, Dok/229/64

Scheel, Walter, Erinnerungen und Einsichten, Stuttgart 1984

Scheel, Walter, Konturen einer neuen Welt, Düsseldorf, Wien, 1965

Scheel, Walter, Neue Wege deutscher Entwicklungspolitik, Bonn 1966

Scheel, Walter, Rede bei der Haushaltsdebatte am 25.02.1965 in: Walter Scheel Bundestagsreden, AZ Studio Bonn, Bonn 1972

Schipulle, Hans-Peter, Einbeziehung der Umweltdimension in die Entwicklungspolitik der Bundesregierung, in: Hein, Wolfgang (Hrsg.), Umweltorientierte Entwicklungspolitik, 2. erw. Aufl., Hamburg, 1993

Schlei, Marie, Frauen im Entwicklungsprozess – neue Elemente unserer Entwicklungspolitik, Bonn, 1977

Schlei, Marie, Frauen in der Dritten Welt, in: Die Neue Gesellschaft, 10. Oktober 1978

Schloz, Rudolf, Deutsche Entwicklungspolitik, Eine Bilanz nach 25 Jahren, München, Wien, 1979

Schröder, Gerhard, Rede von Bundeskanzler Gerhard Schröder beim Festakt „40 Jahre deutsche Entwicklungspolitik" am 7. November 2001 in Bonn. 2001

Simonis, Udo Ernst, Entwicklungstheorie – Entwicklungspraxis, eine kritische Bilanzierung, Berlin, 1986

Simonis, Udo Ernst, Globale Umweltpolitik, Mannheim, 1996

Sohn, Karl-Heinz, Entwicklungspolitik, Theorie und Praxis der Deutschen Entwicklungshilfe, München, 1972

Sonnenhol, Gustav Adolf; Barthelt, Rainer, Die Dritte Welt, Mythos und Wirklichkeit, Bonn, 2007

Spranger, Carl-Dieter, Deutsche Entwicklungspolitik, Ausgewählte Reden (1995–1998), BMZ, Bonn, 1998

Spranger, Carl-Dieter, Verantwortung für die Eine Welt. Deutsche Entwicklungszusammenarbeit, Frankfurt/M., 1994

Stockhausen, Joachim von, Theorie und Politik der Entwicklungshilfe, München, Köln, London, 1986

Stockmann, Reinhard; Menzel, Ulrich; Nuscheler, Franz, Entwicklungspolitik, München 2010

Taschbach-Hörsch, Ulrike: Der Einfluss des Bundestagsausschusses für wirtschaftliche Zusammenarbeit auf die bilaterale Entwicklungspolitik der Bundesregierung von 1980 bis 1987 (9. und 10. Wahlperiode). Aachen 2003.

Thiel, Reinhold E., Entwicklungspolitiken. 33 Geberprofile, Hamburg, 1996

Venro – die ersten 15 Jahre, Bonn, 2011

Verburg, Maria Magdalena, Ostdeutsche Dritte-Welt-Gruppe vor und nach 1989/1990, Göttingen 2012

Wagner, Norbert; Kaiser, Martin; Beimdieck, Fritz; Ökonomie der Entwicklungsländer, 2. Auflage, Stuttgart, 1989

Warnke, Jürgen, Auf gutem Kurs, Neuorientierung der deutschen Entwicklungspolitik, Herford, 1986

Warnke, Jürgen, Die Entwicklungspolitik der Bundesrepublik Deutschland – Leitlinien, Ziele, Schwerpunkte?, in: Rüther, Günther (Hrsg.), Die notwendige Hilfe: Grundlagen, Leitlinien und Instrumente der Entwicklungszusammenarbeit, St. Augustin, 1988

Weiter, Matthias, Noch die internationale Solidarität? Ansichten und Informationen zur Vereinigung der deutsch-deutschen Entwicklungspolitik, Berlin, 2000

Weltsichten, Fachzeitschrift für globale Entwicklung und ökumenische Zusammenarbeit, erscheint monatlich, Frankfurt a.M.

Wickert, Jürgen D., Der Berg im Koffer, Lernen mit der fremden Kultur Indonesiens, Frankfurt 1982

Wieczorek-Zeul, Heidemarie, Entwicklungspolitik als globale Strukturpolitik, in: Ludgera Klemp (Hrsg.): Entwicklungspolitik im Wandel. Von der Entwicklungshilfe zur globalen Strukturpolitik, Bonn, 2000

Wieczorek-Zeul, Heidemarie, Globalisierung gestalten, in: Soziale Demokratie im 21. Jahrhundert, 2007

Wieczorek-Zeul, Heidemarie, Wege zur Einen Welt, Etappen sozialdemokratischer Entwicklungspolitik, Berlin, 2012

Wieczorek-Zeul, Heidemarie, Welt bewegen, Erfahrungen und Begegnungen, Berlin 2007

Wiemann, Jürgen, Globale Verantwortung, in: Entwicklung und Zusammenarbeit, 4/2014

Wilhelm, Jürgen, Ihne, Hartmut, Einführung in die Entwicklungspolitik, 2. Auflage, Münster u.a., 2006

Wilmsen, Christian, Omnipotenzfalle – Zur Erosion der Entwicklungspolitik in der deutschen Öffentlichkeit, in: epd – Entwicklungspolitik 3/1996

Winter, Johannes, Fünfzig Jahre Entwicklungspolitik. Rückblick auf ein halbes Jahrhundert Entwicklungshilfe und wirtschaftliche Zusammenarbeit, Saarbrücken, 2010

Wischnewski, Hans-Jürgen, Mit Leidenschaft und Augenmaß, in: Mogadischu und anderswo, Politische Memoiren, München, 1989

Wischnewski, Hans-Jürgen, Nord-Süd-Konflikt. Beiträge zur Entwicklungspolitik, Hannover 1968

Wolff, Jürgen H., Entwicklungspolitik – Entwicklungsländer, Fakten – Erfahrungen – Lehren, 2. Auflage, München, 1998

Zawadsky, Karl, Mut zum Strukturwandel, 25 Jahre BMZ. In: Auslandskurier, Schwäbisch Hall, 27/1986

Personenverzeichnis

E

F

G

H

J

K

L

M

N

O

P

R

S

T

U

V

W

Z

Stichwortverzeichnis

D

E

H

I

J

K

L

M

N

O

P

R

S

T

U

V

W

Z

Endnoten

[1] http://www.bmz.de/de/service/glossar/O/oda.html
[2] Sohn, Karl-Heinz, Entwicklungspolitik, München 1972, S. 11
[3] Kaiser, Martin, Wagner, Norbert, Entwicklungspolitik 1991, S. 220
[4] von Stockhausen, Joachim, Theorie und Politik der Entwicklungshilfe, Köln 1986, S. 169
[5] von Stockhausen, Joachim, a.a.O., S. 169
[6] Dennert, Jürgen, Entwicklungshilfe geplant oder verwaltet? Bielefeld 1968, S. 13
[7] von Stockhausen, Joachim, a.a.O., S. 170
[8] siehe auch Bodemer, Klaus, Entwicklungshilfe-Politik für wen? München 1974, S. 33–41
[9] Dumke, Horst, Anfänge der deutschen staatlichen Entwicklungspolitik, Sankt Augustin 1991, S. 12
[10] Dennert, Jürgen, a.a.O., S. 14
[11] von Stockhausen, Joachim, a.a.O., S. 171
[12] von Stockhausen, Joachim, a.a.O., S. 171
[13] Schloz, Rudolf, Deutsche Entwicklungspolitik, München 1979, S. 61/62
[14] Wolff, Jürgen H., Entwicklungspolitik – Entwicklungsländer, München 1995, S. 168
[15] Dennert, Jürgen, a.a.O., S. 33
[16] von Stockhausen, Joachim, a.a.O., S. 172
[17] Dumke, Horst, a.a.O., S. 11
[18] Schloz, Rudolf, a.a.O., S. 63
[19] Dennert, Jürgen, a.a.O., S. 36
[20] Dennert, Jürgen, a.a.O., S. 50
[21] von Stockhausen, Joachim, a.a.O., S. 172/173
[22] Dennert, Jürgen, a.a.O., S. 19/20
[23] Presse-und Informationsamt der Bundesregierung, Deutsche Politik 1962, Bonn 1963, S. 472
[24] Hein, Bastian, a.a.O., S. 45
[25] Scheel, Walter, Erinnerungen und Einsichten, Stuttgart 1984, S. 43/ 44
[26] Hein, Bastian, Die Westdeutschen und die Dritte Welt, München 2006, S. 45
[27] Schloz, Rudolf, a.a.O., S. 67/68
[28] Hein, Bastian, a.a.O., S. 45
[29] Kebschull, Dietrich, u.a., Entwicklungspolitik, Düsseldorf 1971, S. 111
[30] Dennert, Jürgen, a.a.O., S. 57
[31] Dennert, Jürgen, a.a.O., S. 50
[32] Hein, Bastian, a.a.O., S. 46/47

[33] Dennert, Jürgen, a.a.O., S. 55
[34] Kaiser, Martin, Wagner, Norbert, a.a.O., S. 221
[35] Dennert, Jürgen, a.a.O., S. 73
[36] Köhler, Volkmar, Entwicklungspolitik, Bonn 1980, S. 86
[37] Schloz, Rudolf, a.a.O., S. 66/67
[38] von Stockhausen, Joachim, a.a.O., S. 174
[39] Scheel, Walter, Rede bei der Haushaltsdebatte am 25.02.1965 in: Walter Scheel Bundestagsreden, AZ Studio Bonn, Bonn 1972, S. 30
[40] Dumke, Horst, a.a.O., S. 30
[41] siehe auch Kebschull, Dietrich, a.a.O., S. 69/70
[42] Schloz, Rudolf, a.a.O., S. 18
[43] Dumke, Horst, a.a.O., S. 30
[44] Ochel, Wolfgang, Die Entwicklungsländer in der Weltwirtschaft, Köln 1982, S. 229
[45] Scheel Walter, Konturen einer neuen Welt, Düsseldorf/Wien 1965, S. 47
[46] Scheel, Walter, Die Zusammenarbeit zwischen Bund und Ländern im Bereich der Entwicklungspolitik, Deutsche Stiftung für Entwicklungsländer 1961, Dok/229/64, S. 5
[47] Scheel, Walter, Neue Wege deutscher Entwicklungspolitik, Bonn 1966, S. 8/9
[48] Schloz, Rudolf, a.a.O., S. 16/17
[49] siehe auch Sohn, Karl-Heinz, a.a.O., S. 239–242
[50] Scheel, Walter, Neue Wege deutscher Entwicklungspolitik, a.a.O., S. 13/14
[51] Bodemer, Klaus, a.a.O., S. 187
[52] Schloz, Rudolf, a.a.O., S. 29–33
[53] Friedrich-Naumann-Stiftung für die Freiheit, Archiv des Liberalismus, Gummersbach
[54] Scheel, Walter, Konturen, a.a.O., S. 98
[55] Presse- und Informationsamt der Bundesregierung, Deutsche Politik 1965, Bonn 1966, S. 349
[56] Deutsche Politik 1965, Bonn 1966, S. 349
[57] Friedrich-Naumann-Stiftung für die Freiheit, Archiv des Liberalismus, Gummersbach
[58] Friedrich-Naumann-Stiftung für die Freiheit, Archiv des Liberalismus, Gummersbach
[59] Scheel, Walter, Aktuelle Probleme der Entwicklungspolitik, Kiel 1965, S. 1, 3
[60] Scheel, Walter, Neue Wege der deutschen Entwicklungspolitik, Bonn 1966, S. 21, 22
[61] Deutsche Politik 1963, Bonn 1964, S. 470
[62] Scheel, Walter, Konturen einer Neuen Welt, Düsseldorf, Wien 1965, S. 185
[63] Scheel, Walter, Konturen, a.a.O., S. 186
[64] Scheel, Walter, Konturen, a.a.O., S. 192
[65] Deutsche Politik 1964, Bonn 1965, S. 363

[66] Deutsche Politik 1962, Bonn, 1963, S. 472

[67] Dumke, Horst, Anfänge der deutsch staatlichen Entwicklungspolitik, St. Augustin 1997, S. 64/65

[68] Deutsche Politik 1963, Bonn, 1964, S. 471

[69] Schloz, Rudolf, Deutsche Entwicklungspolitik, München, Wien 1979, S. 85/86/87

[70] Scheel, Walter, Konturen, a.a.O., S. 181/184/185

[71] Dennert, Jürgen, Entwicklungshilfe, geplant oder verwaltet?, Bielefeld 1968, S. 57/58

[72] Scheel, Walter, Konturen, a.a.O., S. 43

[73] Klee, Ernst, Das Personenlexikon zum Dritten Reich, Frankfurt 2003, S. 640

[74] Der Spiegel, 8/1970, S. 173

[75] Baring, Arnulf, Mr. Bundesrepublik, über Walter Scheel, in: Walter Scheel, Erinnerungen und Einsichten, Stuttgart 2004, S. 255

[76] Schneider, Hans Roderich, Walter Scheel, Handeln und Wirken eines liberalen Politikers, Bonn 1974, S. 7

[77] Henkels, Walter, ... aber der Wagen der rollt, Walter Scheel anekdotisch, Düsseldorf und Wien 1974, S. 14

[78] Vorlage des Auswärtigen Amtes Referat 802 vom 7.2.1962 Bundesarchiv B126 8610, 63–64

[79] Besprechung des Interministeriellen Referentenausschuss für Entwicklungshilfe am 2.5.1962. Vermerk Molt vom 8.5.1962 Archiv für Christlich-Demokratische Politik 07-001-12150.

[80] Wieczorek-Zeul, Heidemarie, Wege zur Einen Welt, Berlin 2012, S. 35

[81] Wischnewski, Jürgen, Mit Leidenschaft und Augenmaß, Politische Memoiren, München 1989, S. 51

[82] Fricke, Dietmar, Hans-Jürgen Wischnewski, in: Wolfgang Gieler, Deutsche Entwicklungsminister, Bonn 2008, S. 35

[83] Fricke, Dietmar, a.a.O., S. 36

[84] Wischnewski, Hans-Jürgen, Nord-Süd-Konflikt, Hannover 1968, S. 46

[85] Jahresbericht 1967, a.a.O., S. 528

[86] Jahresbericht der Bundesregierung 1967, Bonn 1968, S. 523

[87] Wischnewski, Hans-Jürgen, Mit Leidenschaft und Augenmaß, a.a.O., S. 51 und Der Spiegel Nr. 44, 23.10.1967, Tegtmeier als Entwicklungshelfer

[88] Wischnewski, Hans-Jürgen, Mit Leidenschaft und Augenmaß, a.a.O., S. 51

[89] Wischnewski, Hans-Jürgen, Nord-Süd-Konflikt, a.a.O., S. 96

[90] Wischnewski, Hans-Jürgen, Nord-Süd-Konflikt, a.a.O., S. 98

[91] Wischnewski, Hans-Jürgen, Nord-Süd-Konflikt, a.a.O., S. 99/100

[92] Jahresbericht 1967, a.a.O., S. 516

[93] Wischnewski, Hans-Jürgen, Mit Leidenschaft und Augenmaß, a.a.O., S. 51

[94] Wischnewski, Hans-Jürgen, Mit Leidenschaft und Augenmaß, a.a.O., S. 51/52

[95] Eppler, Erhard, Sozialdemokratische Entwicklungspolitik, in: Kurt Beck, Hubertus Heil (Hrsg.), Sozialdemokratische Außenpolitik für das 21. Jahrhundert, Baden Baden 2007, S. 132/133

[96] Cernicky, Jan: Erhard Eppler, in Wolfgang Gieler, Deutsche Entwicklungsminister, Bonn 2008, S. 40

[97] Cernicky, Jan, a.a.O., S. 40

[98] Cernicky, Jan. a.a.O., S. 42

[99] Ehrlich, Paul R., Ehrlich Annette, Population, Resources, Environment, San Francisco 1970

[100] Meadows, Dennis, Die Grenzen des Wachstums, Stuttgart 1972

[101] Cernicky, Jan, a.a.O., 47

[102] Eppler, Erhard, Wenig Zeit für die Dritte Welt, Stuttgart 1971, S. 28 ff

[103] Eppler, Erhard, Die Qualität des Lebens, Vortrag auf der 4. Internationalen Arbeitstagung der IG Metall in Oberhausen am 11. April 1972, in ders. (Hrsg.), Maßstäbe für eine humane Gesellschaft: Lebensstandard oder Lebensqualität?, Stuttgart 1972

[104] Wieczorek-Zeul, Heidemarie; Wettig, Hannah, Wege zur Einen Welt, Etappen sozial-demokratischer Entwicklungspolitik, Berlin 2012, darin Nachklang, „Grußwort von Erhard Eppler, das nicht gehalten werden durfte", S. 124

[105] Jahresbericht der Bundesregierung, 1970, Bonn 1971, S. 706

[106] Jahresbericht 1970, a.a.O., S. 714

[107] Sohn, Karl-Heinz, Entwicklungspolitik, München 1972, S. 26

[108] Bundesministerium für wirtschaftliche Zusammenarbeit: Die entwicklungspolitische Konzeption der Bundesrepublik Deutschland und die Internationale Strategie für die 2. Entwicklungsdekade, Bonn 1971, S. 11

[109] Jahresbericht der Bundesregierung 1969, Bonn 1970, S. 643

[110] Bundesministerium für wirtschaftliche Zusammenarbeit, Bericht zur Entwicklungspolitik der Bundesregierung, Bonn 1973, S. 30

[111] Harnisch, Sebastian und Schmidt, Siegmar, Auf Augenhöhe, 50 Jahre Bundesministerium für wirtschaftliche Zusammenarbeit und Entwicklung, Bonn, 2012, S. 65 und BMZ, a.a.O., S. 17

[112] Wieczorek-Zeul, Heidemarie, Wettig, Hannah; Wege zur Einen Welt, Etappen sozialdemokratischer Entwicklungspolitik, Berlin, 2012, darin: Interview Erhard Eppler „Sozialdemokratische Entwicklungspolitik ist dauerndes Lernen", S. 73/74

[113] BMZ, a.a.O., S. 19, S. 69

[114] BMZ, a.a.O., S. 29

[115] BMZ, a.a.O., S. 30

[116] Cernicky, Jan, a.a.O., S. 48

[117] BMZ, a.a.O., S. 19

[118] Jahresbericht der Bundesregierung, 1972, Bonn 1972, S. 655

[119] Jahresbericht der Bundesregierung, 1973, Bonn 1974, S. 620

[120] Jahresbericht der Bundesregierung, 1974, Bonn 1975, S. 561

[121] Jahresbericht der Bundesregierung, 1973, Bonn 1974, S. 668
[122] Jahresbericht der Bundesregierung, 1974, Bonn 1975, S. 561
[123] Harnisch, Sebastian, Schmidt, Siegmar, a.a.O., S. 193–195
[124] Eppler, Erhard, Wenig Zeit, a.a.O., S. 129
[125] Cernicky, Jan, a.a.O., S. 50
[126] Cernicky, Jan, a.a.O., S. 51
[127] BMZ, o.a.O., S. 59/60
[128] Jahresbericht der Bundesregierung, 1970, Bonn 1971, S. 731
[129] Harnisch, Sebastian, Schmidt, Siegmar, a.a.O., S. 73
[130] Zitiert nach Cernicky, Jan, a.a.O., S. 59
[131] Cernicky, Jan, a.a.O., S. 59
[132] Eppler, Erhard, der Querdenker, eine Biographie, von Renate Faerber-Husemann, Bonn 2010, S. 101
[133] Bahr, Egon, Ein Gefühl der Scham, in: Eins, Entwicklungspolitik, 23/24-2006 Dezember, S. 29
[134] Wieczorek-Zeul, Heidemarie, Wege zur Einen Welt, Berlin 2007, S. 52
[135] Bahr, Egon, Zu meiner Zeit, München 1999, S. 465/466
[136] Bahr, Egon, Rede anlässlich der 20-Jahre-Feier der deutsch-indischen Handelskammer am 23.01.1976 in Bombay, S. 4
[137] Bahr, Egon, Zu meiner Zeit, a.a.O., S. 467
[138] Jahresbericht der Bundesregierung 1976, Bonn 1977, S. 587
[139] Jahresbericht 1976, a.a.O., S. 587
[140] Hädrich, Sabine; Seidel, René; Egon Bahr, in: Wolfgang Gieler, Deutsche Entwicklungsminister, Bonn 2008, S. 63
[141] Bahr, Egon, Koexistenz auf Deutsch, Rede vor der Evangelischen Akademie Tutzing am 11.07.1973 in. Dettmar Cramer (Hsrg), Gefragt Egon Bahr, Bornheim 1975, S. 149 – 156
[142] Jahresbericht 1976, a.a.O., S. 578
[143] Bahr, Egon, Zu meiner Zeit, a.a.O., S. 478
[144] Bahr, Egon, Interview mit dem Auslandskurier, Oktober 1974, S. 13
[145] Bahr, Egon, Rede anlässlich der 20-Jahres-Feier der deutsch-indischen Handelskammer, a.a.O., S. 4
[146] Bahr, Egon, Rede anlässlich der Deutsch-Japanischen Wirtschaftsgespräche am 28.01.1976 in Osaka, S. 20
[147] Bahr, Egon, Interview mit dem Auslandskurier, a.a.O., S. 13
[148] Hädrich, Sabine; Seidel, René: Egon Bahr, a.a.O., S. 61
[149] Bahr, Egon, Zu meiner Zeit, a.a.O., S. 470
[150] Hädrich, Sabine; Seidel René: Egon Bahr, a.a.O., S. 63
[151] Bahr, Egon, Zu meiner Zeit, a.a.O., S. 469
[152] Hädrich, Sabine; Seidel René: Egon Bahr, a.a.O., S. 63
[153] Wieczorek-Zeul, Heidemarie, Wege zur Einen Welt, Berlin 2012, S. 91
[154] Wieczorek-Zeul, Heidemarie, a.a.O., S. 90

[155] Wieczorek-Zeul, Heidemarie, a.a.O., S. 91

[156] Wieczorek-Zeul, Heidemarie, a.a.O., S. 90

[157] Schlei, Marie, Frauen in der Dritten Welt, in: Die Neue Gesellschaft, 10. Oktober 1978, S. 840

[158] Schlei, Marie, Frauen in der Dritten Welt, a.a.O., S. 841

[159] Schlei, Marie, Frauen in der Dritten Welt, a.a.O., S. 842

[160] Schlei, Marie, Frauen in der Dritten Welt, a.a.O., S. 843

[161] Kilian, Christian; Krahforst, Heribert: Marie Schlei, in: Wolfgang Gieler, Deutsche Entwicklungsminister Bonn 2008, S. 70, zitiert nach Marie Schlei, Der kalte Krieg der Männer, in: Rainer Oltmanns (Hrsg.), Frauen an der Macht, Protokolle einer Aufbruchära, Frankfurt 1990, S. 55

[162] Kilian, Christian; Krahforst, Heribert: Marie Schlei, a.a.O, S. 75

[163] Kilian, Christian; Krahforst, Heribert: Marie Schlei, a.a.O., S. 71

[164] Kilian, Christian; Krahforst, Heribert: Marie Schlei, a.a.O., S. 76
zitiert nach Marie Schlei, Verdient die Nachtigall Lob, wenn sie singt?, in Antje Huber (Hrsg.), Frauen in der Politik, Die Sozialdemokratinnen, Stuttgart 1984, S. 101

[165] Jahresbericht, 1977, a.a.O., S. 640

[166] Kilian, Christian; Krahforst, Heribert: Marie Schlei, a.a.O., S. 72

[167] Jahresbericht der Bundesregierung, 1977, Bonn 1978, S. 647

[168] Kilian, Christian; Krahforst, Heribert: Marie Schlei, a.a.O., S. 73

[169] Kilian, Christian; Krahforst, Heribert: Marie Schlei, a.a.O., S. 72/73

[170] Wieczorek-Zeul, Heidemarie, Wege zur Einen Welt, a.a.O., S. 94/95

[171] Kilian, Christian; Krahforst, Herbiert: Marie Schlei, a.a.O., S. 55

[172] Wieczorek-Zeul, Heidemarie, Wege zur Einen Welt, a.a.O., S. 102

[173] Wieczorek-Zeul, Heidemarie, Wege zur Einen Welt, a.a.O., S. 102

[174] Harnisch, Sebastian; Schmidt, Siegmar, Auf Augenhöhe, 50 Jahre BMZ, Baden-Baden 2012, S. 93

[175] Wieczorek-Zeul, Heidemarie, Welt bewegen, Erfahrungen und Begegnungen, Berlin 2007, S. 242

[176] Bohnet, Michael, Deutsche Entwicklungspolitik, Bilanz und offene Fragen, in: Glagow, Manfred (Hrsg.), Deutsche Entwicklungspolitik, Saarbrücken 1983, S. 291/292

[177] Hädrich, Sabine; Seidel, René: Rainer Offergeld, in Wolfgang Gieler (Hrsg.), Deutsche Entwicklungsminister, Bonn, 2008, S. 81/92

[178] Offergeld, Rainer, Entwicklungshilfe – Abenteuer oder Politik, Bonn 1990, S. 67

[179] Jahresbericht der Bundesregierung 1979, Bonn 1980, S. 639

[180] Hädrich, Sabine; Seidel, René: Rainer Offergeld, a.a.O., S. 82

[181] Bohnet, Michael, Brandt-Bericht und deutsche Entwicklungspolitik am Beginn der 80iger Jahre, in: Nuscheler, Franz (Hrsg.), Entwicklung und Frieden im 21. Jahrhundert, Bonn 2000, S. 96 ff

[182] Jahresbericht der Bundesregierung 1981, Bonn 1982, S. 499

[183] Bohnet, Michael, Wechselnde Akzente der Entwicklungspraxis, in Bohnet, Michael, 40 Jahre Brücken zwischen Entwicklungsforschung und Entwicklungspolitik, Bonn 2011, S. 238

[184] Bohnet, Michael, Wechselnde Akzente der Entwicklungspraxis, in Bohnet, Michael, 40 Jahre Brücken zwischen Entwicklungsforschung und Entwicklungspolitik, Bonn 2011, a.a.O., S. 239/240

[185] Offergeld, Rainer, a.a.O., S. 17

[186] Jahresbericht der Bundesregierung, 1980, Bonn 1981, S. 564

[187] Jahresbericht der Bundesregierung 1979, Bonn 1980, S. 655

[188] Offergeld, Rainer, a.a.O., S. 15/16

[189] Offergeld, Rainer, a.a.O., S. 98

[190] Harnisch, Sebastian; Schmidt, Siegmar, Auf Augenhöhe, 50 Jahre BMZ, Baden-Baden 2012, S. 102

[191] Jahresbericht der Bundesregierung, 1980, Bonn 1981, S. 560

[192] Kulman, Henrike, Langsdorf, Susanne: Jürgen Warnke, in: Wolfgang Gieler (Hrsg.), Deutsche Entwicklungsminister, Bonn 2008, S. 87

[193] Warnke, Jürgen, Auf gutem Kurs, Neuorientierung der deutschen Entwicklungspolitik, Herford 1986, S. 25

[194] Warnke, Jürgen, a.a.O., S. 101/102

[195] Jahresbericht der Bundesregierung 1984, Bonn 1985, S. 583

[196] Jahresbericht der Bundesregierung 1984, a.a.O., S. 611

[197] Kulmann, Henrike, Langsdorf, Susanne: Jürgen Warnke, a.a.O., S. 87

[198] Warnke, Jürgen, a.a.O., S. 92/93

[199] Kulmann, Henrike, Langsdorf, Susanne: Jürgen Warnke, a.a.O., S. 87

[200] Warnke, Jürgen, a.a.O., S. 126/127

[201] Kulmann, Henrike, Langsdorf, Susanne: Jürgen Warnke, a.a.O., S. 87

[202] Bohnet, Michael, Wechselnde Akzente der Entwicklungspraxis, in: Bohnet Michael, 40 Jahre Brücken zwischen Entwicklungsforschung und Entwicklungspolitik, Bonn 2011, S. 257

[203] Bohnet, Michael, Aus Fehlern lernen, Neun Jahre Erfolgskontrolle der Projektwirklichkeit, Ergebnisse und Schlussfolgerungen. BMZ 1986, Bonn

[204] Warnke, Jürgen, a.a.O., S. 120

[205] Warnke, Jürgen, a.a.O., S. 16

[206] Warnke, Jürgen, a.a.O., S. 53

[207] Warnke, Jürgen, a.a.O., S. 54/55

[208] Jahresbericht 1984, a.a.O., S. 603

[209] Jahresbericht 1984, a.a.O., S. 610

[210] Jahresbericht 1983, Bonn 1984, S. 599

[211] Harnisch, Sebastian; Schmidt, Siegmar, Auf Augenhöhe, 50 Jahre BMZ, Bonn 2012, S. 115

[212] Warnke, Jürgen, a.a.O., S. 40

[213] Regierungserklärung von Helmut Kohl am 18. März 1987, Die Schöpfung bewahren, die Zukunft gewinnen, Bonn 1987, S. 2

[214] Langen, Marc; Laue, Franziska: Hans Klein, in: Wolfang Gieler (Hrsg.), Deutsche Entwicklungsminister, Bonn 2008, S. 102

[215] Klein, Hans, Grundsätze und Perspektiven der deutschen Entwicklungspolitik, Bulletin der Bundesregierung Nr. 66, 1. 7. 1987, S. 577/ 578

[216] Klein, Hans, Wege und Ziele der deutschen Entwicklungszusammenarbeit, Bulletin der Bundesregierung Nr. 88, 16.09.1987, S. 758

[217] Klein, Hans, Wege und Ziele der deutschen Entwicklungszusammenarbeit, a.a.O., S. 759/760

[218] Klein, Hans, Wege und Ziele der deutschen Entwicklungszusammenarbeit, a.a.O., S. 759/760

[219] Klein, Hans, Deutschland Rückkehr in die Welt, Bulletin der Bundesregierung Nr. 8, 21.01.1988, S. 60

[220] Klein, Hans, Entwicklungszusammenarbeit ist kultureller Dialog, in: Entwicklung und Zusammenarbeit, 1/1989, S. 6

[221] Klein, Hans, Rede vor dem Plenum der westdeutschen Rektorenkonferenz am 08.02.1988 in Berlin, S. 11

[222] Jahresbericht der Bundesregierung 1986, Bonn 1987, S. 693

[223] Jahresbericht 1986, a.a.O., S. 693

[224] Langen, Marc; Laue, Franziska: Hans Klein, a.a.O., S. 106

[225] Jahresbericht der Bundesregierung, 1988, Bonn 1989, S. 656

[226] Harnisch, Sebastian; Schmidt, Siegmar, Auf Augenhöhe, Baden-Baden 2002, S. 130

[227] Harnisch, Sebastian; Schmidt, Siegmar, a.a.O., S. 132

[228] Jahresbericht der Bundesregierung, 1990, Bonn 1991, S. 736

[229] Jahresbericht 1990, a.a.O., S. 737

[230] Weiter, Matthias (Hrsg.), Noch die Internationale Solidarität? Aussichten und Informationen zur Vereinigung der deutsch-deutschen Entwicklungspolitik, Berlin, 2000, darin. Informationsvermerk für den Ausschuss für wirtschaftliche Zusammenarbeit des Deutschen Bundestages vom 29. Juli 1991, S. 181/182

[231] Der Spiegel, 18/1990, S. 52

[232] Der Spiegel, 18/1990, S. 52

[233] Der Spiegel, 18/1990, S. 52

[234] Der Spiegel, 18/1990, S. 52

[235] Jahresbericht 1990, a.a.O., S. 771

[236] Jahresbericht 1990, a.a.O., S. 763

[237] Jahresbericht 1990, a.a.O., S. 768

[238] Hauptmann, Mark: Carl-Dieter Spranger, in: Wolfgang Gieler (Hrsg.), Deutsche Entwicklungsminister, Bonn 2008, S. 115

[239] Hauptmann, Mark: Carl-Dieter Spranger, a.a.O, S. 120

[240] Hauptmann, Mark: Carl-Dieter Spranger, a.a.O., S. 110

[241] Spranger, Carl-Dieter, Verantwortung für die Eine Welt, Berlin 1998, S. 113

[242] Spranger, Carl-Dieter, Deutsche Entwicklungspolitik, Ausgewählte Reden 1995–1998, BMZ Materialien Nr. 98, Bonn, 1998, S. 9

[243] Spranger, Carl-Dieter, Verantwortung für die Eine Welt, Berlin 1998, S. 113–117

[244] Spranger, Carl-Dieter, Verantwortung für die Eine Welt, Berlin 1998, S. 116

[245] Spranger, Carl-Dieter, Verantwortung für die Eine Welt, Berlin 1998, S. 44

[246] Spranger, Carl-Dieter, Verantwortung für die Eine Welt, Berlin 1998, S. 49/50/51

[247] Spranger, Carl-Dieter, Verantwortung für die Eine Welt, Berlin 1998, S. 49/50/51

[248] Jahresbericht der Bundesregierung 1992, Bonn 1993, S. 841

[249] Jahresbericht der Bundesregierung 1993, Bonn 1994, S. 848

[250] Bundesministerium für wirtschaftliche Zusammenarbeit, Medienhandbuch 2008/2009, Bonn, 2008, S. 376/377

[251] Jahresbericht 1994, a.a.O., S. 883

[252] Jahresbericht 1994, a.a.O., S. 887

[253] Jahresbericht 1994, a.a.O., S. 887/878

[254] Jahresbericht 1994, a.a.O., S. 846

[255] Bohnet, Michael, Konsequenzen der Entwicklungszusammenarbeit aus den Weltkonferenzen der letzten Jahre, in: Bohnet, Michael, 40 Jahre Brücken zwischen Entwicklungsforschung und Entwicklungspolitik, Bonn 2011, S. 344–359

[256] Bohnet, Michael, Konsequenzen der Entwicklungszusammenarbeit aus den Weltkonferenzen der letzten Jahre, in: Bohnet, Michael, 40 Jahre Brücken zwischen Entwicklungsforschung und Entwicklungspolitik, Bonn 2011, a.a.O., S. 345

[257] Jahresbericht der Bundesregierung 1998, Bonn 1999, S. 809

[258] Harnisch, Sebastian; Schmidt, Siegmar, Auf Augenhöhe, 50 Jahre BMZ, Baden-Baden 2012, S. 158

[259] Wieczorek-Zeul, Heidemarie, Gerechtigkeit und Globalisierung, in: Kurt Beck, Hubertus Heil (Hrsg.), Sozialdemokratische Außenpolitik für das 21. Jahrhundert, Baden-Baden 2007, S. 186–196

[260] 11. Bericht zur Entwicklungspolitik der Bundesregierung, Bonn 2001, S. XIV

[261] 11. Bericht zur Entwicklungspolitik, a.a.O., S. XX

[262] 11. Bericht zur Entwicklungspolitik, a.a.O., S. XIV

[263] Bohnet, Michael, Armutsbekämpfung, in: Bohnet, Michael, 40 Jahre Brücken zwischen Entwicklungsforschung und Entwicklungspolitik, Bonn 2011, S. 430–453

[264] 12. Bericht zur Entwicklungspolitik der Bundesregierung, Bonn 2005, Vorwort S. 2

[265] 13. Entwicklungspolitischer Bericht der Bundesregierung, Berlin 2008, S. 133

[266] Deutscher Bundestag, Förderung der Weltausstellung Expo 200 aus Mitteln des BMZ, Drucksache 14/237, 29.12.1998, S. 2, 3, 4, 5

[267] Bohnet, Michael, Konzentration und Schwerpunktbildung in der Entwicklungszusammenarbeit, in: Bohnet Michael, 40 Jahre Brücken zwischen Entwicklungsforschung und Entwicklungspolitik, a.a.O., S. 304–314

[268] Bohnet, Michael, Entwicklungspolitik in einer sich globalisierenden Welt, in: Bohnet, Michael, 40 Jahre Brücken zwischen Entwicklungsforschung und Entwicklungspolitik, a.a.O., S. 285–288

[269] Wieczorek-Zeul, Welt bewegen, a.a.O., S. 39

[270] Wieczorek-Zeul, Welt bewegen, a.a.O., S. 30

[271] Bohnet, Michael, Der Stabilitätspakt für Südosteuropa aus der Sicht des Bundesministeriums für wirtschaftliche Zusammenarbeit und Entwicklung in: Bohnet, Michael, 40 Jahre Brücken zwischen Entwicklungsforschung und Entwicklungspolitik, a.a.O., S. 564–576

[272] Bohnet, Michael; Mohs, Ralf M.; Kaiser, Annette, Afghanistan: Wiederaufbau eines zerstörten Landes: der deutsche Beitrag zum internationalen Programm in: Bohnet, Michael, 40 Jahre Brücken zwischen Entwicklungsforschung und Entwicklungspolitik a.a.O., S. 546–533

[273] Bohnet, Michael; Mohs, Ralf M.; Kaiser Annette, Afghanistan: Wiederaufbau eines zerstörten Landes: der deutsche Beitrag zum internationalen Programm in: Bohnet, Michael, 40 Jahre Brücken zwischen Entwicklungsforschung und Entwicklungspolitik a.a.O., S. 549

[274] Wieczorek-Zeul, Heidemarie, Welt bewegen, a.a.O., S. 149/150

[275] Wieczorek-Zeul, Heidemarie, Welt bewegen, a.a.O., S. 171–173

[276] Wieczorek-Zeul, Heidemarie, Welt bewegen, a.a.O., S. 173

[277] Bohnet, Michael, Entwicklungspolitik in einer sich globalisierenden Welt, a.a.O., S. 293–296

[278] Bohnet, Michael, Entwicklungspolitik in einer sich globalisierenden Welt, a.a.O., S. 296–301

[279] Bundesministerium für wirtschaftliche Zusammenarbeit und Entwicklung. Auf dem Weg in die Eine Welt, Weißbuch zur Entwicklungspolitik, Berlin 2008, S. 190–192

[280] Wieczorek-Zeul, Heidemarie, Welt bewegen, a.a.O., S. 35

[281] Bundesministerium für wirtschaftliche Zusammenarbeit und Entwicklung. Auf dem Weg in die Eine Welt, S. 117

[282] Bundesministerium für wirtschaftliche Zusammenarbeit und Entwicklung, Medienhandbuch 2008/2009, Bonn 2008, S. 313

[283] Bundesministerium für wirtschaftliche Zusammenarbeit und Entwicklung, Medienhandbuch 2008/2009, Bonn 2008, S. 89/90

[284] 13. Entwicklungspolitischer Bericht, a.a.O., S. 36

[285] Bundesministerium für wirtschaftliche Zusammenarbeit und Entwicklung (BMZ), Chancen schaffen, Zukunft entwickeln, Berlin 2011, S. 1–26

[286] Harnisch, Sebastian; Schmidt, Siegmar, Auf Augenhöhe, 50 Jahre BMZ, Baden-Baden, 2012, S. 179

[287] BMZ, Chancen schaffen, Zukunft entwickeln, Berlin 2011, a.a.O., S. 9

[288] Niebel, Dirk, Entwicklungspolitik als Zukunftspolitik, Heidelberger Rede, 8.11.2011, S. 1
[289] BMZ, 14. Entwicklungspolitischer Bericht, Berlin 2013, S. 10
[290] BMZ, 14. Entwicklungspolitischer Bericht, a.a.O., S. 8
[291] Niebel, Dirk, Haupt- und Nebensache, Interview in: Entwicklung und Zusammenarbeit 1/2010, S. 28–29
[292] BMZ, 14. Entwicklungspolitischer Bericht, Berlin 2013, S. 18
[293] BMZ, 14. Entwicklungspolitischer Bericht, a.a.O., S. 18
[294] Niebel, Dirk, Entwicklungspolitik als Zukunftsaufgabe, a.a.O., S. 5
[295] BMZ, 14. Entwicklungspolitischer Bericht, a.a.O., S. 15
[296] BMZ, 14. Entwicklungspolitischer Bericht, a.a.O., S. 15
[297] BMZ, 14. Entwicklungspolitischer Bericht, a.a.O., S. 15
[298] BMZ, 14. Entwicklungspolitischer Bericht, a.a.O., S. 15
[299] Niebel, Dirk, Krisenprävention ist das Ziel, Interview in: Entwicklung und Zusammenarbeit 10/2010, S. 364–366
[300] BMZ, 14. Entwicklungspolitischer Bericht a.a.O., S. 17
[301] Niebel, Dirk, Entwicklungspolitik als Zukunftsaufgabe, a.a.O., S. 7
[302] BMZ, 14. Entwicklungspolitischer Bericht, a.a.O., S. 17
[303] BMZ, 14. Entwicklungspolitischer Bericht, a.a.O., S. 16
[304] BMZ, 14. Entwicklungspolitischer Bericht, a.a.O., S. 21
[305] BMZ, 14. Entwicklungspolitischer Bericht, a.a.O., S. 12
[306] BMZ, 14. Entwicklungspolitischer Bericht, a.a.O., S. 13
[307] BMZ, 14. Entwicklungspolitischer Bericht, a.a.O., S. 13
[308] Harnisch, Sebastian; Schmidt, Siegmar, Auf Augenhöhe, 50 Jahre BMZ, a.a.O., S. 183
[309] Harnisch, Sebastian; Schmidt, Siegmar, Auf Augenhöhe, 50 Jahre BMZ, a.a.O., S. 183
[310] Müller, Gerd, Rede im Deutschen Bundestag, 29.01.2014, a.a.O., Protokoll, S. 1f
[311] Müller, Gerd, Zukunftsaufgabe: Klima und Entwicklungspolitik müssen sich ergänzen, in: Entwicklung und Zusammenarbeit, 3/2014, S. 107
[312] Müller, Gerd, Rede im Deutschen Bundestag, 29.01.2014, a.a.O., S. 2
[313] Müller, Gerd, Rede im Deutschen Bundestag, 29.01.2014, a.a.O., S. 2/3
[314] Presseerklärung des BMZ „UN-Klimagipfel 2014" vom 23.09.2014
[315] Müller, Gerd, Rede im Deutschen Bundestag, 29.01.2014, a.a.O., S. 6
[316] Müller, Gerd, Zukunftsaufgabe, a.a.O., S. 106
[317] Presseerklärung des BMZ „Biodiversität – Unsere gemeinsame Verantwortung" vom 26.09.2014
[318] Müller, Gerd, Haushaltsrede im Deutschen Bundestag, 09.04.2014, S. 5
[319] Müller, Gerd, Haushaltsrede im Deutschen Bundestag, 09.04.2014, S. 2
[320] Bundesministerium für wirtschaftliche Zusammenarbeit und Entwicklung. Ein Jahr Entwicklungspolitik von Bundesentwicklungsminister Gerd Müller,

17.12.2014, S. 4 und Martina Zapf, Müllers Wohlfühlplan, in: Weltsichten, Januar 2015. S. 63/64

[321] Kitschelt, Friedrich, Rede beim Flagship-Forum „Global Partnership“ am 12.05.2014 in Bonn, S. 3

[322] Müller, Gerd, Rede im Deutschen Bundestag, 29.01.2014, a.a.O., S. 3

[323] Müller, Gerd, Zukunftsaufgabe, a.a.O., S. 106

[324] BMZ, Die neue Politik des BMZ, 100-Tage-Bilanz, Eine Welt ohne Hunger, 27.03.2014

[325] Müller, Gerd, Impulse für den Strukturwandel, in: Entwicklung und Zusammenarbeit, 6/2014, S. 239

[326] Müller, Gerd, Impulse, a.a.O., S. 238/239

[327] BMZ, Die neue Politik des BMZ, 100-Tage-Bilanz, Eine neue Afrikapolitik des BMZ, 27.03.2014

[328] Presseerklärung des BMZ „Gemeinsam Chancen nutzen, Minister Müller im Dialog über die neue Afrika-Politik des BMZ“ vom 11.09.2014

[329] Presseerklärung des BMZ „Nach Ebola darf es nicht zur Hungerkatastrophe kommen“ vom 20.10.2014

[330] Müller, Gerd, Haushaltsrede im Deutschen Bundestag, 09.04.2014, S. 5/6

[331] BMZ, Die neue Politik des BMZ, 100-Tage-Bilanz, Fluchtursachen bekämpfen – Flüchtlinge reintegrieren, 27.03.2014

[332] Müller, Gerd, Die Flüchtlinge wollen zurück in ihre Heimat, Die Welt, 23.06.2014, S. 2, Presseerklärung des BMZ „Syrien-Konferenz“ vom 29.10.2014

[333] Presseerklärung des BMZ „Bundesminister Müller übergibt Wohneinheiten an Flüchtlinge in Charkiw“ vom 14.10.2014

[334] BMZ, Die neue Politik des BMZ, 100-Tage-Bilanz: Stabilisierung und Entwicklung in Nordafrika und Nahost, 27.03.2014

[335] Presseerklärung des BMZ „Regierungsverhandlungen mit Marokko“ vom 10.10.2014

[336] Presseerklärung des BMZ „Ein Bündnis der Fairness, Start des Textilbündnisses im Bundesentwicklungsministerium“, 16.10.2014, Presseerklärung des BMZ „China ist auf einem guten Weg vom 24.10.2014 und Presseerklärung des BMZ „Hans-Joachim Fuchtel besucht Bangladesch“ vom 23.10.2014

[337] BMZ, Die neue Politik des BMZ, 100-Tage-Bilanz: Sport für Entwicklung, 27.03.2014

[338] Müller, Gerd, Weltwärts – die neue Süd-Nord-Komponente, Grußwort am 20.02.2014

[339] Süddeutsche Zeitung, 24.06.2014, S. 5

[340] Süddeutsche Zeitung, 24.06.2014, S. 5

[341] Bohnet, Michael, Überlegungen zur Zukunft der Entwicklungspolitik, in: Reinhold Thiel (Hrsg), Neue Ansätze der Entwicklungstheorien, Bonn 1999, S. 96–109

[342] Holtz, Uwe, Entwicklungspolitik im Bundestag, Uwe Holtz: 20 Jahre AWZ-Vorsitzender, Vorlage für die Sitzung des Bundestagsausschusses für wirtschaftliche Zusammenarbeit und Entwicklung am 7.3.2012, S. 17

[343] Holtz, Uwe, Probleme und Perspektiven der Entwicklungspolitik, in: Holtz, Uwe (Hrsg.), Probleme der Entwicklungspolitik, Bonn 1997, S. 42

[344] Burnside, Craig, Dollar, David, Aid, Policies and Growth, in: The American Review, September 2000, S. 863 ff.; auch Kevenhörster, Paul, Entwicklungshilfe auf dem Prüfstand, Münster 2014, S. 14

[345] Bohnet, Michael, Wirksamkeit der Entwicklungspolitik in: El Shagi (Hrsg.), Deutsche Entwicklungspolitik, Studien zur Entwicklungstheorie und -politik, Bochum 1988,

Bohnet, Michael; Lehren aus der Projektwirklichkeit, in Bohnet, Michael, 40 Jahre Brücken zwischen Entwicklungsforschung und Entwicklungspolitik, Bonn 2011,

Bohnet, Michael, Aus Fehlern lernen, Bonn 1986

[346] Green, Duncan, Entwicklung neu denken, in: Weltsichten 4/2013, S. 45ff.

[347] Spahn, Paul Bernd, Zur Durchführbarkeit einer Devisentransaktionssteuer, Bonn 2002

[348] Green, Duncan, a.a.O., S. 46

[349] Feil, Mario; Stumm, Mario; Zattler, Jürgen, Wichtige Co-Benefits, in: Entwicklung und Zusammenarbeit, 10/2013, S. 386

[350] Messner, Dirk, Solide Basis in: Entwicklung und Zusammenarbeit, 7/8/2013, S. 296

[351] Bliss, Franz, Ethisch korrekt, in: Entwicklung und Zusammenarbeit, 11/2013, S. 433

[352] Messner, Dirk, a.a.O., S. 297

[353] Green, Duncan, a.a.O., S. 46

[354] Green, Duncan, From Poverty to Power, Warnickshire, 2012

[355] Wiemann, Jürgen, Globale Verantwortung, in: Entwicklung und Zusammenarbeit, 4/2014, S. 164

[356] Feil, Mario; Stumm, Mario; Zattler, Jürgen, a.a.O., S. 386

[357] Janus, Heiner, Klingebiel, Stephan, Paulo, Sebastian; "Beyond Aid" und die Zukunft der Entwicklungszusammenarbeit, DIE, Bonn, 7/2014, S. 2

[358] Janus, Heiner, a.a.O., S. 2 und Ashoff, Guido, Klingebiel, Stephan, Transformation of a Policy Aco, Bonn DIE 9/2014, S. 15 ff.

[359] Kevenhörster, Paul, Entwicklungshilfe auf dem Prüfstand, Münster 2014, S. 296

[360] Klingebiel, Stephan, Entwicklungszusammenarbeit – eine Einführung, Bonn 2013, S. 6

[361] Janus, Heiner, a.a.O., S. 2

[362] Morozan, Pedro, BRICS als neue Akteure der Entwicklungspolitik, Bonn, 2014

[363] Hausmann, Jeannine, Turkey as a Donor Country and Potential Partner in Triangular Cooperation, DIE, 14/2014, S. 1

[364] Die Zahlen im Einzelnen: Die öffentlichen Entwicklungsleistungen betragen derzeit etwa jährlich

- OECD-Länder	135 Mrd. $
- Arabische Länder, insbesondere Saudi-Arabien, Vereinigte Arabische Emirate, Kuweit	7 Mrd. $
- BRICS-Länder (China 2 Mrd. $, Indien 700 Mio. $, Russland 500 Mio. $, Brasilien, 500 Mio. $, Südafrika 300 Mio. $)	4 Mrd. $
- Türkei	2,5 Mrd. $
- Südkorea	1,7 Mrd. $
- Venezuela	1,0 Mrd. $
- private Stiftungen	5 Mrd. $
gesamt	156,2 Mrd. $
somit OECD-Länder	86 % (135 Mrd. $)
andere Geber	14 % (21 Mrd. $)

[365] Janus, Heiner, a.a.O., S. 2 und Klingebiel, Stephan, Die Zukunft des ODA-Konzepts: Die politischen Aspekte einer scheinbar technischen Diskussion, DIE 8/2014, S. 2

[366] Kevenhörster, Paul, Entwicklungshilfe auf dem Prüfstand, Münster, 2014, S. 284

[367] Klingebiel, Stephan, a.a.O., S. 72

[368] Green, Duncan, Entwicklung überdenken, a.a.O., S. 47

Gold in all seinen Facetten

Michael Bloss
Die Gier nach Gold
200 Seiten, 80 Farbbilder
ISBN 978-3-86764-392-4

»Am Golde hängt, zum Golde drängt doch alles.«

Dieses Faust-Zitat von Goethe bringt es auf den Punkt. Gold strahlt seit Menschengedenken den Mythos von Werterhalt, Reichtum und Macht aus. In der Literatur und in der Philosophie finden wir zahlreiche Einflüsse. Von den Religionen ganz zu schweigen. Doch welche Rolle spielt Gold in unserem Leben wirklich? Wie viel Gold gibt es überhaupt? In welchen Schmuck- und Alltagsgegenständen steckt es? Und ist Gold tatsächlich der sichere Hafen für privates Vermögen?
Alle Seiten des Edelmetalls werden beleuchtet; nicht nur mit Hilfe des Buches, sondern auch mit vielseitigem Zusatzwissen rund um das Thema Gold: Wissens- und Schätzfragen, Bilder und Videos, sind mittels QR-Codes abrufbar.

www.die-gier-nach-gold.de

UVK